ハイデガーの哲学

『存在と時間』から後期の思索まで

轟 孝夫

講談社現代新書
2711

目次

はじめに

今、なぜハイデガーなのか

ハイデガーは二〇世紀のもっとも重要な哲学者であり、その後の哲学の展開にも大きな影響を与えたのだから、彼の哲学に人びとが関心をもつのは当然のことだと思われるかもしれない。日本ではハイデガーの主著『存在と時間』は翻訳が一〇種類以上も存在し、そのうち三種の翻訳は二一世紀に入ってから刊行されたものである。ハイデガーに関する研究書や解説書も毎月とまでは言わないにせよ、年に数冊は刊行されている。

こうした状況を見ると、ハイデガーの人気は今なお盤石《ばんじゃく》のように見える。しかし外の世界に目を向けると、このことはまったく自明ではなくなる。ハイデガーの生国ドイツでさえも、日本のように一般読者向けの「ハイデガー本」がこれほど刊行されることはちょっと想像しがたいのだ。

もちろんドイツでも、ハイデガーはまったく関心をもたれていないわけではない。しかし彼が関心を集めているのは、圧倒的にナチス加担に関わる「負の側面」においてである。二〇一四年、俗に「黒いノート」と呼ばれる、ハイデガーの覚書が記されたノート群が全集版として刊行されはじめた（「黒いノート」という呼び名自体は、覚書を書き留めたノートが黒いカバーをもつことに由来するのであって、それ以上の深い意味合いはそこにはない）。そのうちの、一九三〇年代終わりから一九四〇年代はじめにかけて書かれたいくつかの覚書の中に、反ユダヤ主義的な言辞が含まれていることが大きなスキャンダルとして報じられたことは、いまだ記憶に新しい。

ハイデガーが一時期、ナチスを支持していたことは、以前から周知の事実だった。しかしハンナ・アーレント（一九〇六―一九七五）やカール・レーヴィット（一八九七―一九七三）をはじめとする多くのユダヤ人の教え子や友人と親交を結んでいたこともあり、彼を反ユダヤ主義者と捉える向きはこの刊行以前にはそれほど多くはなかった。ところが「黒いノート」の刊行によって、紛《まご》う方なき反ユダヤ主義者と見なされることになったのだ。

衝撃の大きさは、フライブルク大学のハイデガーの哲学講座を引き継ぐ著名な教授が、彼の反ユダヤ主義を理由にハイデガー協会の会長を辞任してしまったことにも示されている。彼は現代ドイツの代表的なハイデガー研究者と目されており、それゆえ私の知る何人かの日本人研究者も彼のもとに留学したりしていた。つまり傍《はた》から見れば、彼こそはだれよりもハイデガーの名声の恩恵を被《こうむ》った人物だったのだ。にもかかわらず、その教授があっさりハイデガーを切り捨てたことに、いささか私は驚いた。

仮に問題となったハイデガーの言明が反ユダヤ主義的なものだとしても、その「反ユダヤ主義」なるものが何を意味するのかについてはなお解釈の余地があるだろう。しかも本書で論じるように、くだんの言明は、少し検討すればそう単純に反ユダヤ主義的と言い切れるものではないことが明らかになる。にもかかわらず、例の教授はそのような留保もすることなく、ハイデガーを反ユダヤ主義者と決めつけて縁を切ろうとしたのである。こうしたエピソードからも、ドイツにおいてハイデガーと関わること自体が今やいかに危険で、割に合わないと見なされているかがよくわかる。

この「黒いノート」の刊行をきっかけとして、いわゆるハイデガーの「反ユダヤ主義」をめぐる研究集会やシンポジウムが世界各地で開かれ、日本でも全集版の「黒いノート」の編者であるハイデガー研究者がドイツから招かれてワークショップが開催された。この研究者はハイデガー全集の「黒いノート」以外の覚書を収録した巻の編集も数多く担当しており、「黒いノート」の内容はもちろん、それが置かれた思想的コンテクストをもっとも熟知しているはずの人物である。

私もそのワークショップで発表する機会を与えられた。私はその場において、物議を醸《かも》した「黒いノート」の言明がハイデガー哲学のいかなる思想的文脈のうちに位置づけられるかを示し、それがむしろナチスの反ユダヤ主義的政策に反対するものであると主張した。こうした私の議論に対して、「黒いノート」の編者は開口一番、「ドイツでは政治家が反ユダヤ主義的な発言をすると政治生命を失うのですよ」という趣旨のことを述べた。

欧米において、また日本においても、政治家など公的な立場にある人物が反ユダヤ主義的な発言をすれば大きな問題になることは当然、私も弁えている。それゆえ「黒いノート」の編者に、そうした事情についてまるで無知であるかのような扱いを受けたのは不愉快だった。しかし他方で彼の発言は、問題の覚書が何を意味しているかをテクストに即して解釈するという姿勢そのものが、すでに政治的に不適切な行為と見なされることを示唆していた。この件について許されるのは、ただただハイデガーを政治的、道義的に非難することだけだというわけだ。

その後、私は在外研究の機会を与えられ、二〇一九年四月よりほぼ一年間、ドイツのミュンヘンに滞在した。滞在中は自分を受け入れてくれたミュンヘン大学哲学科の教授が主催する大学院生向けのゼミナールに毎週参加していた。そのゼミは教授が指導する修士課程や博士課程の学生が執筆中の学位論文の内容について発表して、参加者のコメントを受けるというものだった。

私はその演習で夏学期から冬学期にかけて二〇人以上の発表を聞いた。プラトン、アリストテレス、アウグスティヌス、カント、シェリング、フッサール、ヴィトゲンシュタイン、サルトル、アーレントなどを研究テーマとする学生はいたが、ハイデガーを取り上げた者は一人もいなかった。またゼミ中にその名前が言及されることもほとんどなかった。

教授にいつもこのような感じかと尋ねると、苦笑して、今回は極端だが、基本的にはハイデガーは二一世紀になってから研究する人が少なくなったという。まだ二〇世紀にはハンス・ゲオルク・ガダマー（一九〇〇―二〇〇二）などハイデガーの直弟子が何人も存命していた。そのため、そうした人びとの薫陶《くんとう》を受けたこの教授の世代あたりまではハイデガーを重要視する研究者は多かったが、そのあとの世代では関心をもつ人が少なくなったとのことであった。

私自身、せっかくゼミに参加しているので、冬学期に自分の研究について発表させてもらうことにした。私はドイツ滞在中ずっと、ハイデガー哲学の政治的含意を主題とする書物を執筆していた（二〇二〇年二月に明石書店より『ハイデガーの超‐政治』として刊行）。ゼミでは同書からその内容の一部、すなわち反ユダヤ主義的と非難された「黒いノート」の覚書を解釈した箇所を抜き出して発表することにした。

これまでの経験から、この主題での発表があまり歓迎されないことは予想された。それゆえ当初はもう少し無難なテーマを取り上げようと思ったが、逆に、この問題に対するドイツの若い哲学研究者の反応を見るのはかえって貴重な経験になると思い直し、あえてこのテーマで発表することにしたのである。

その内容については本書でも詳しく論じる予定だが、ハイデガーはユダヤ教が、キリスト教を介する形で西洋形而上学という西洋の支配的な「存在」理解のあり方に大きな影響を与えたと見なしていた。そして彼の「存在への問い」とは、まさしくこの、ユダヤ教的にしてまた同時にキリスト教的なものでもある、いわゆる形而上学的な「存在」理解の克服を目指すものであった。その限りにおいて、西洋文明をその根本において規定しているユダヤ - キリスト教との対決というモチーフが、彼の哲学のうちにはたしかに含まれていたのである。

しかしハイデガーは、ナチスのように「科学的人種主義」なるものに基づいて「ユダヤ性」なるものの根絶を説いたりなどは、当然だがまったくしていない。なぜならば、ナチスが立脚するこの「人種主義」自体が、彼が批判して止まない西洋形而上学をその基盤とするものだからである。したがってハイデガーは、「人種主義」に基づいたナチスのユダヤ人迫害を、彼自身が問題視する「ユダヤ的なもの」の真の次元をまったく理解できていない無意味な所業と見なしていた。「黒いノート」における「ユダヤ的なもの」への言及もまた、基本的にはこのようなナチスの哲学的な無知蒙昧を批判する文脈においてなされたものであったのだ。

しかし事前にある程度、覚悟していたことではあったが、ゼミでの討論がかみ合うことはなかった。参加者の議論は結局のところ、ハイデガーの覚書はユダヤ人に対するステレオタイプ的な偏見を示すものにすぎず、政治的、道徳的に不適切だというところに帰着するのだった。ハイデガーを批判するためにも、まずは問題となっている覚書の趣旨を価値判断抜きで明らかにすることが必要だと説いても、だれも聞く耳をもたなかった。とにかくハイデガーは政治的、倫理的に非難されるべき存在であるというのが、あたかもそこでは不動の前提となっているかのようだった。

ハイデガーがナチスに加担したことはもちろん、これまでも周知の事実だった。それゆえ彼の偉大な哲学的業績には敬意を表しつつも、その政治加担には批判的な態度を取るというのが従来のハイデガー研究の暗黙のルールだった。こうした姿勢は、多くのハイデガー研究者が研究の指針として好んで口にする「ハイデガーとともに、ハイデガーに抗して」というモットーに表現されている。

しかし、一方ではハイデガーの哲学的声望を自身の箔付けに利用しながら、その一方では彼のナチス加担を批判することで自身の政治的、道徳的健全性も確保するという虫のよい姿勢は「黒いノート」の刊行以降、完全に不可能になってしまった。というのも、例の覚書によって、彼の哲学そのものが反ユダヤ主義、すなわちナチズム（国民社会主義）に汚染されていることはもはや疑問の余地がないと見なされるようになったからである。以後とりわけ欧米では、ハイデガーの哲学から明確に距離を取ることが「政治的に正しい」態度になっている。

そうしたドイツの状況と比べると、日本ではハイデガー研究はほとんど異例なほどに盛んである。そもそも本書のような入門書の需要が見込まれるぐらい、研究者以外の読者の関心も高い。もちろん日本でも「ハイデガーはナチだから、彼の哲学をまじめに取り合う必要はない」と言われることがまったくないというわけではない。しかしそれでも、そのような決めつけがドイツのように研究そのものを抑圧するような状況にはなっていない。

ドイツ人からすると、こうした日本の状況はあまりにも生ぬるく見えるらしい。近年、日本でもなぜかもてはやされている現代ドイツの哲学者マルクス・ガブリエル（一九八〇―）は、中国哲学研究者の中島隆博との対談を収録した『全体主義の克服』（集英社新書、二〇二〇年）で、ハイデガーを「筋金入りの反ユダヤ主義信者」、「完璧なまでのナチのイデオローグ」、「本物のナチ」などとさんざんこき下ろしたうえで、次のように述べている。「だから二〇一八年に京都大学で講演をしたとき、『ハイデガーを読むのはやめなさい！』と言ったのです。わたしは人々の眼を覚ましたかった。ハイデガーが日本でとても力をもっていることは知っています」（同書、一〇一頁）。

ハイデガーとナチの「真の関係」

このようにドイツの著名な哲学者が日本人に向けて、ハイデガーなど相手にするなという親身な勧告をしてくれている。こうした勧告に対して、私が本書をとおしてあえて主張したいのは、それでもわれわれはハイデガーを読むべきだということである。

とはいえ、こう主張することで、私はハイデガーの思想的業績をナチス加担とは切り離して扱うべきだと言いたいわけではない。むしろナチスへの積極的な関与は、彼の哲学に全面的に基づいたものであった。

ハイデガーの思索の根本課題は「存在への問い」であった。そしてこの「存在」は、彼にとっては「フォルク」共同体を基礎づける原理という意味をもっていた。（「フォルク（Volk）」というドイツ語は、一般に「民族」、「国民」、「民衆」などと訳されるが、どの訳語を取っても何らかの予断をもちこむことになるので、以下では便宜的に「フォルク」と記載することにする）。

ドイツは第一次世界大戦に敗北したのち、大幅に領土を失い、ドイツ語を母語とする多くの人びとがドイツ国外に取り残された。またヴェルサイユ条約によって莫大な賠償金を課され、軍備も制限されていた。こうした中、ハイパーインフレや経済恐慌がドイツを襲い、社会格差は広がる一方だった。またワイマール共和国の政党政治はつねに不安定でこの困難な状況に対処できず、ワイマール体制に対する国民の失望は高まるばかりだった。

このような状況において、当時の若者たち、とりわけ青年運動、学生運動の影響下にあった大学生のあいだでは、「フォルク」の結束と再生が至上の課題と意識されるようになっていた。青年運動は、一九世紀終わりに始まったヴァンダーフォーゲル運動に端を発する、若者を主体とする運動である。産業化、都市化の流れに抗して自然体験を重んじ、小グループで山野を旅行し、心身の鍛錬や人格の陶冶《とうや》を通じて「フォルク」の原初的な生に立ち返ろうとするロマン主義をその特徴としていた。学生運動もこのような青年運動のエートスを共有しつつ、学問が過度の専門化、功利主義化により「生」から疎遠になった現状を批判するとともに、学問が「フォルク」にとって意義あるものになることを求めていた。

じつはハイデガーの哲学も、こうした時代状況を背景として、知の刷新により「フォルク」を新たに基礎づけようとする試みであった。つまり彼は「存在への問い」において、「フォルク」共同体の真の根拠となるものを追求していたのである。そしてこの自身の哲学に立脚し、大学が「フォルク」を基礎づける新たな知の教育の場になることを早い時期から求めていた。まさに彼の思索は、当時の学生たちの学問、大学の刷新への待望に哲学的基礎を与えるものであったのだ。彼が学生たちのあいだで絶大な人気を誇ったのは、こうした彼の哲学の意図がある意味、正しく受け止められていたことを示している。「フォルク」に根ざした共同体を求める学生たちは、ナチスが「フォルク」の再生を唱える政治勢力として台頭してきたとき、大挙してその支持へとなだれ込んでいった。こうしてナチスは政権を獲得する以前から、大学生たちを掌握することに成功していた。そしてナチスがドイツを支配すると、学生たちはそれまで大学運営を独占していた正教授たちを圧倒し、大学においてナチスの「強制的同質化」を推進していった。

ハイデガーは大学の変革を求める学生たちが学内でイニシアティブを握った状況を、自身が年来構想していた大学改革を実現する絶好のチャンスと捉えた。そして大学内のナチ系の教授はもとより、ナチ批判派の教授も事態を収拾できるのはハイデガーだけだと考えるようになっていった。こうして、時代の流れに押し出されるような形でハイデガーは、四三歳という異例の若さでフライブルク大学の学長に就任した。

ナチスは政権を奪取した当初、明確な大学政策を用意できていなかった。また学生たちも改革を推進するにはあまりに知的に未熟だった。そこでハイデガーは学生たちを指導することにより、大学改革を正しい軌道に乗せることを試みた。つまり彼はこの時点では、自身の哲学によってナチズムを正しい方向に導くことが可能である、すなわちナチズムはいまだ哲学的に確定されたものではなく、自分の力でその内実を変えることができると信じていたのである。

しかし周知のとおり、ハイデガーの試みはすぐに行き詰まり、就任後、わずか一年足らずで学長職を辞任した。彼はのちになって、ナチスの政権奪取という歴史的瞬間をあまりにも短絡的に自分の哲学に引き付け、西洋の精神的覚醒のチャンスと安易に捉えてしまった性急さのうちに、自身の「誤り」を見て取っている。哲学的思索は「一撃」で実現できるようなものではなく、もっと「長いとき」を必要とするが、一九三三年にはそのことが理解できていなかった、そう反省したのである。

ここで注意しなければならないのは、ハイデガーは自身のナチス加担の「誤り」は認めるが、それはあくまでも自身の「性急さ」によるものであり、自身の思索そのものに問題があったとは考えていない点である。実際、彼は学長辞任後、それまでの立場を変えるどころか、むしろ同じ立場に基づいて、ナチズムの貧弱な哲学的基礎を批判するようになってゆく。こうしたナチズムとの思想的対決の根拠となったのが、まさしく彼の「存在の思索」に基づく「フォルク」概念なのである。ハイデガーは自身の「フォルク」概念に依拠して、ナチズムの人種主義イデオロギーを徹底的に解体しようとしたのである。

それゆえ、もしわれわれがハイデガーのナチス加担を理由として、彼の思想的業績をすべて否定してしまうと、皮肉なことだが、そのことによってナチズムの弱点を根本から剔《てっ》抉《けつ》する思想的立場もまた手放すことになるのである。しかもハイデガーによると、ナチズムはドイツにおけるある一時期の特異な事象などではなく、むしろ近代的主体性、西洋の合理主義の究極的な帰結と見なされるべきものなのである。この見方に従えば、「ナチズム的なもの」はわれわれの社会を今なお暗黙のうちに規定していることになる。彼の思索を否定するということは、現代社会に潜む「ナチズム的なもの」を見過ごし、さらには助長してしまう危険に晒されたままになるということを意味するのである。

ハイデガーの根本問題「存在への問い」に迫る

ハイデガーのこうしたナチズム批判もまた、突き詰めれば、彼の哲学的思索の核心をなす「存在への問い」に基づいている。つまり彼の「存在への問い」とは、われわれが生きている時代の危険の本質、さらにはその克服のために目指されるべき方向を明らかにしようとするものであった。そしてこの点こそが、そのナチス加担にもかかわらず、ハイデガーの哲学を取り上げることが今日とりわけ重要だと私が考える理由である。

ハイデガーは自らのこの「存在への問い」を、過去の哲学においてはまったく問われることのなかった、前代未聞の問いであると位置づけていた。つまり彼が「存在」として問題にしようとした事象は、既存の哲学においてはまったく語られたことがないものなのだ。それゆえ彼はこの問いの遂行にあたって、「存在」を適切に語ることのできる言葉をもっていなかった。かくしてハイデガーは、この「存在」を適切に示す言葉を自分自身で一から作りあげていくことを余儀なくされた。彼の生涯にわたる哲学の歩みは、この「存在」という事象を適切に語ろうとする苦闘そのものであった。

「存在」についての考察はもちろんハイデガー以前からあったが、基本的にわれわれの目の前に対象として見出される事物に関して、その属性を捉えようとするものでしかなかった。それに対して、本論でも詳しく述べるように、彼は「存在への問い」において、事物の「存在」とはある固有の「場所」による限定を受けるものだと主張する。ごく簡単に言うと、彼の「存在への問い」は、「存在」が「場所」、「環境」と切り離しえないことを強調し、さらに「存在」を規定するそうした「場所」――ハイデガー的には「世界」――がいかなるものであるのかに考察の視線を向けようとするものなのである。この意味において、「存在の思索」は、もっぱら事物のみに注目するという伝統的な哲学／学問の根本姿勢から脱却し、事物の「存在」が繰り広げられる「場所」そのものに身を晒《さら》し、それを熟知することを要求する。ハイデガーはこの思惟《しい》の根本的転換を「転回（ケーレ）」と呼んだ。

「転回」は通常、一九三〇年代半ばに起こったハイデガーの思索の根本的変化を指す語と解されているが、それは誤りである。今も述べたように、「転回」は対象的な事物のみに注目するこれらの思考態度から脱却し、「場所」と不可分な事物の「存在」、ないしは「場所」そのものを思索することを指している。つまり「転回」とは、ハイデガーの「存在への問い」が当初から要求していた、哲学的態度の根本的な変更を意味するものでしかないのである。

ところが、この「転回」という事態を的確に表現することは、ハイデガー自身の予想を大幅に超えた非常に困難な作業となった。というのも、これまでのすべての哲学的言語があくまでも事物について語るというスタンスに立脚したものであったため、場所的に限定された事物の「存在」、ないしは「場所」そのものをそれとして言い表す言葉を、彼は自分自身で一から築き上げなければならなかったからである。そもそも『存在と時間』が未完に終わったのも、その既刊部分が対象的な事物に定位した伝統的哲学の語り口を完全には払拭できておらず、自身の意に反して既存の思考様式を助長してしまうという問題を克服できないと考えたからだった。

こうしてハイデガーの思索は、「存在」を的確に言い表す言葉を探し求めながら、その表現をつねに変えていくという性格をもつことになった。「黒いノート」が典型だが、彼の後期の作品に特徴的な断片化された覚書は、「存在」を指し示そうとする思索の反復的な営みを目に見える形として示すものである。後期のテクストは難解なものとして敬遠されるのが常だが、そのような言語表現がなぜ必要とされたのかを捉えられない限り、彼の「存在」を真に理解できたとは言えないだろう。前期の著作『存在と時間』だけでは彼の思索の真髄を捉えることはできない。それはたとえて言うなら、ピカソの芸術を「青の時代」だけで語ろうとするようなことなのである。

こうして、「ハイデガーの哲学」を理解しようとすればわれわれには、彼の語り口の変化にどこまでも付き従い、そうした変化を促した「存在」なる事象そのものを見届ける努力が必要となる。本書ではこれから、まさにこのハイデガーの思索の「道」を、読者のみなさんとともにたどっていくことにしたい。

凡例

一、以下の本論でハイデガーの著作の参照個所を表示する場合、次に示す記号と原著のページ数を（　）内に記載する。GA は Gesamtausgabe、すなわち「全集」の略号であり、そのあとの数字は巻数を示す。

一、全集版はすべてヴィットリオ・クロスターマン社からの刊行である。

一、ページ数の次に f. と記されている場合は、引用箇所ないしは参照箇所が次ページにまたがることを示し、ff. と記されている場合は、参照箇所が以下数ページにわたることを示している。なおハイデガーの著作以外のドイツ語文献の参照ページ前に記載されている "S" はドイツ語の "Seite"、すなわち「ページ」の略語である。

一、ハイデガーからの引用テクスト中の傍点は、ドイツ語原文ではイタリックで強調されている箇所に付されている。また引用テクスト中の〔　〕は、筆者の注記である。

一、ハイデガーの著書の略号の右肩に付された※は、邦訳があることを示す。日本語版『ハイデッガー全集』や『存在と時間』の邦訳には、余白に原著のページ数との対照が示されているので、原文に当たりたい方はそれを手がかりにしていただきたい。

一、本書におけるハイデガーのテクストの翻訳は、基本的にすべて筆者自身によるものである。まれに既存の翻訳書から引用した場合もあるが、その場合はその旨、注記する。

一、全集版の翻訳以外で、比較的入手しやすい後期の著作の日本語訳も以下に記載しておくので、そちらも適宜ご参照願いたい。

I．ハイデガーの著作

SZ※　『存在と時間』マックス・ニーマイヤー社、第一六版、一九八六年。

EM※　『形而上学入門』マックス・ニーマイヤー社、第五版、一九八七年。

ID※　『同一性と差異』ネスケ社、第九版、一九九〇年。

GA1※　『初期著作集』第二版、二〇一八年。

GA5※　『杣道』、一九七七年。
GA6.2※　『ニーチェ　第二巻』、一九九七年。
GA7　『講演と論文』、二〇〇〇年。
GA9※　『道標』、一九七六年。
GA10　『根拠律』、一九九七年。
GA13※　『思索の経験から』第二版、二〇〇二年。
GA14　『思索の事柄へ』、二〇〇七年。
GA15　『ゼミナール』、一九八六年。
GA16　『演説と生涯のその他の証』、二〇〇〇年。
GA24※　『現象学の根本問題』第二版、一九八九年。
GA26※　『論理学の形而上学的な始元諸根拠――ライプニッツから出発して』第二版、一九九〇年。
GA27※　『哲学入門』第二版、二〇〇一年。
GA28　『ドイツ観念論（フィヒテ、シェリング、ヘーゲル）と現代の哲学的問題状況』、一九九七年。
GA29/30※　『形而上学の根本諸概念　世界‐有限性‐孤独』第三版、二〇〇四年。

GA38　『言葉の本質への問いとしての論理学』新版、二〇二〇年。
GA39※　『ヘルダリーンの讃歌「ゲルマーニエン」と「ライン」』、一九八九年。
GA42※　『シェリング：人間的自由の本質について』、一九八八年。
GA45※　『哲学の根本的問い』第二版、一九九二年。
GA48※　『ニーチェ：ヨーロッパのニヒリズム』、一九八六年。
GA54※　『パルメニデス』第二版、一九九二年。
GA55※　『ヘラクレイトス』第二版、一九九二年。
GA56/57※　『哲学の使命』、一九八七年。
GA65※　『哲学への寄与論稿（性起について）』第二版、一九八九年。
GA66　『省察』、一九九七年。
GA67　『形而上学とニヒリズム』、一九九九年。
GA69　『存在の歴史』第二版、二〇一二年。
GA77※　『野の道の対話』、一九九五年。
GA80.2　『講演集』、二〇二〇年。
GA90　『エルンスト・ユンガーに寄せて』、二〇〇四年。
GA94　『諸考察Ⅱ―Ⅵ（黒いノート一九三一―一九三八）』、二〇一四年。

GA95『諸考察Ⅶ―Ⅺ（黒いノート一九三八／三九）』、二〇一四年。

GA96『諸考察Ⅻ―ⅩⅤ（黒いノート一九三九―一九四一）』、二〇一四年。

GA97『諸注記Ⅰ―Ⅴ（黒いノート一九四二―一九四八）』、二〇一五年。

二．ハイデガーの著作の翻訳（全集版の翻訳を除く）

エトムント・フッサール、マルティン・ハイデッガー、マックス・ホルクハイマー『30年代の危機と哲学』清水多吉、手川誠士郎編訳、平凡社ライブラリー、一九九九年（これには学長就任演説「ドイツの大学の自己主張」が収録されている）。

『形而上学入門』川原栄峰訳、平凡社ライブラリー、一九九四年。

『芸術作品の根源』関口浩訳、平凡社ライブラリー、二〇〇八年。

『シェリング講義』木田元、迫田健一訳、新書館、一九九九年。

『ニーチェⅠ　美と永遠回帰』細谷貞雄監訳、杉田泰一、輪田稔訳、平凡社ライブラリー、一九九七年。

『ニーチェⅡ　ヨーロッパのニヒリズム』細谷貞雄監訳、加藤登之男、船橋弘訳、平凡社ライブラリー、一九九七年。

『「ヒューマニズム」について　パリのジャン・ボーフレに宛てた書簡』渡邊二郎訳、ちくま学芸文庫、一九九七年。

『技術への問い』関口浩訳、平凡社ライブラリー、二〇一三年。

『技術とは何だろうか　三つの講演』森一郎編訳、講談社学術文庫、二〇一九年。

『言葉についての対話　日本人と問う人とのあいだの』高田珠樹訳、平凡社ライブラリー、二〇〇〇年。

序論

1　従来のハイデガー研究の限界

忌避され続けてきた「存在への問い」

ハイデガーの哲学について、多くの人びとが抱いているイメージは、おおよそ次のようなものではないだろうか。彼が自分の思索の唯一の主題としている「存在」が何を意味するのかがよくわからない。しかも後期になると、その「存在」の語りはますます謎めいたものになって、理解不能になってしまう。

人びとはハイデガーの「存在への問い」についてこのような先入見をもち、敬遠する。とはいえ、ハイデガーについては本書のような入門書の需要が見込まれるぐらいだから、彼の思想を敬遠するというのは言い過ぎではないかと思われる方もいるだろう。しかし実際のところ、「存在への問い」という彼の思索の根本問題に限って言うと、やはりそれは徹底的に敬遠されていると言わざるを得ない。

だが、二一世紀になってからも、主著『存在と時間』（一九二七年刊）の新たな日本語訳が三種類も刊行されているし、最近では同書の入門書が何冊も立て続けに出ているのだから、「存在」というハイデガー哲学の根本問題に関心をもつ人が少ないというのはやはり誇張しすぎではないだろうか。

しかし、矛盾するように聞こえるかもしれないが、じつはこの『存在と時間』の異様な人気こそが「存在への問い」に対する無関心の端的な表れなのである。

ハイデガーは『存在と時間』で、自身の思想的立場を表現するに当たって、現象学や解釈学など既存の哲学的方法に依拠した。またそこで扱われた思想的モチーフには、アリストテレス、アウグスティヌス、カント、キルケゴール、ニーチェ、ディルタイ、フッサールなど、過去や同時代の哲学者から引き継がれたものが多かった。つまり同書には、ハイデガーが他の哲学者から受けた影響がわかりやすい形で示されている。

また『存在と時間』においては、「頽落《たいらく》」、「世人《せじん》」という人間の非本来的なあり方、またそれとは対極的な「死への先駆」、「覚悟（決意性）」という本来的なあり方について語られている。それで人びとは、思い思いの仕方で現代文明批判や人生論をそこから読み取ろうとする。

こうした『存在と時間』の特色ゆえ、読者は「存在の意味の解明」という『存在と時間』の本来の意図には触れることなく、同書からそれぞれ好みの主題だけを引き出し論じることができるのだ。

もちろん『存在と時間』においても、「存在への問い」は西洋哲学の二千数百年の歴史においてまったく問われたことのない前代未聞の問いであることが明確に述べられている。しかしこの「存在への問い」は既存の哲学用語を使って表現されているために、問題設定の独自性が目立ちにくくなっているのである。しかしそうであるがゆえに、何を言っているのかがまったく意味不明と評される後期の著作と比べると、『存在と時間』は相対的に理解しやすいように感じられる。この「わかりやすさ」のために、『存在と時間』はハイデガーの著作の中でも唯一無二の人気を誇るのだ。

ハイデガーは一九二七年の『存在と時間』の刊行後、「存在への問い」が在来の哲学的問題設定とはまったく異質の問いであることをより明確に示す努力を開始した。「存在への問い」を既存の哲学用語に頼ることなく、その問いにふさわしい独自の言語で表現しようとしたのである。こうした努力を経て、ハイデガーが「存在」という事象を的確に言い表すことのできる言葉を見出したという確信に到達したのが、彼自身の証言に従えば、だいたい一九三六年ごろのことである。「性起《しょうき》」や「存在の真理」といった独特の用語によって特徴づけられる後期の思想は、この時期以降の仕事である（なお専門家が「ハイデガー後期の思想」という場合、基本的には一九三六年以降の思想が念頭に置かれている。本書もこの用法に従う)。

ところがハイデガーが「存在への問い」をそのように独自の言葉で語るようになると、『存在と時間』の表現様式に慣れ親しんだ読者は、彼が何かわけのわからないことを語り出したように感じてしまう。ハイデガーの後期の思索は秘教的だとか、神秘主義的だとかいう、よく耳にする評価も、読者のこうした感覚を言い表したものにほかならない。

こうした後期の思索と比べると、前期の『存在と時間』は、むしろ取っつきやすいようにさえも見えてくる。ハイデガーの研究者でさえも、『存在と時間』しか取り上げず、後期の思索には関心を示さない人は意外と多い。『存在と時間』についての入門書や解説書がやたらと目立つわりに、後期の思索についてはそうしたものがほとんど見当たらないのも今述べたような事情がその背景にはある。

このように、『存在と時間』への高い関心は、必ずしもハイデガーの生涯の問いであった「存在への問い」への関心を意味するものではない。同書の人気は、むしろ「存在への問い」の独自の意義がいまだそれほど表に出てきていないために、読者が自分たちになじみの思考の枠組みで理解できそうな印象をもつことによる。しかしそれでは彼がもっとも重要な問いであるとした「存在への問い」は基本的に視野の外に押しやられてしまう。すなわち『存在と時間』の人気とは、「存在への問い」、ひいてはその固有性を前面に押し出した後期思想への無関心と表裏一体をなしているのである。

『存在と時間』偏重の問題点

『存在と時間』の執筆は、一九二二年に「アリストテレスの現象学的解釈」という論文の刊行を計画したことに端を発する。この刊行計画が紆余曲折《うよきょくせつ》を経て、『存在と時間』という書物の出版につながった（同書執筆の経緯については、拙著『ハイデガー「存在と時間」入門』で詳しく論じたのでそちらを参照してほしい）。同書は刊行後、ただちに大きな反響を呼び起こし、ドイツ国内のみならず国外にもハイデガーの名を轟《とどろ》かせた。

先ほども述べたように、『存在と時間』は今日に至るまでハイデガーの「主著」として、きわめて高い人気を誇っている。しかし同書は主著と見なされているにもかかわらず、じつは未完の著作でしかない。もともと上・下二巻に分けて刊行されるはずであったが、下巻は刊行されなかったのである。その結果、『存在と時間』がその目標として掲げていた「存在の意味」の解明も実際には果たされないままに終わっている。上巻でそのための準備作業を終え、ようやく本題に入ろうかというところで途絶しているのだ。

よく考えてみれば奇妙だが、『存在と時間』はこのように本来の目標に到達できていないにもかかわらず、完結した作品のように崇め奉られているのである。多くの人が上巻だけを読んで満足し、下巻が刊行されていないことは意識しない。そもそも同書が未完であることを、だれも問題視しないのだ。それどころか、この不完全な『存在と時間』を主著と見なし、ハイデガーの思想の核心がそこに示されていると捉えている。同書の内容さえ押さえれば、彼の思想全般が理解できたことになる、そう考えているのである。

それゆえ、ハイデガー哲学に関する研究書や一般向けの解説書は『存在と時間』に大きな紙幅《しふく》を割いている。その後の思索を取り上げる場合も、どちらかというと付け足しの印象を免れない。端的に言って、比較的よく知られた戦後の技術論などは別として、ハイデガーの『存在と時間』以降の思索に光を当てた入門書や解説書はきわめて少ない。人びとの関心は圧倒的に『存在と時間』を中心とする彼の前期思想に向けられてきたのである。

言うまでもないことだが、ハイデガー自身は『存在と時間』を世に出してからも、一九七六年五月に逝去《せいきょ》するまで、たゆまぬ思索の歩みを続けていた。ハイデガー存命中の一九七四年に開始された全集の刊行が進んだ結果、今日では予定された全一〇二巻のうちのほぼすべてがすでに刊行されているが、そのうちの八割以上が『存在と時間』以降の仕事である。にもかかわらず、人びとは『存在と時間』の内容を知ることだけで満足して、その後の思索の展開にはあまり興味を示さないのだ。

そして研究者でさえも、ハイデガーの思想を『存在と時間』の内容に限定し、それ以外の業績を視野から外している人は少なくない。そしてそうした研究者が今度は、彼の思想にはあれやこれやの哲学的問題に対する目配りが欠けていると非難しだす。たとえばハイデガーは『存在と時間』で、他者関係や公共性を現存在の非本来性と結びつける一方、本来性における現存在の単独性を強調しているから、彼の哲学は真の他者性や人間の条件としての「複数性」を度外視しているという批判がなされたりする。

こうした批判においては、ハイデガー哲学の「欠落」を補うものとして、カール・レーヴィットやハンナ・アーレント、エマニュエル・レヴィナス（一九〇六―一九九五）など、ハイデガーに教えを受け、そこから独自の思索を展開した哲学者の業績が参照されるのが常である。そもそもここに名前を挙げた哲学者自身が、自分の思索によってハイデガー哲学の欠落部分を補うという自負をもっていた。

このような『存在と時間』への批判は、ハイデガーを早くから受容した日本人のあいだでも見られた。たとえばドイツ留学中に刊行されたばかりの『存在と時間』を読んだ和辻《わつじ》哲郎《てつろう》（一八八九―一九六〇）は『風土』（一九三五年刊）の序文で、同書は人間存在の時間性、すなわち個人の意識しか問題にしておらず、空間性（風土性）、ならびにそれに基づいた人間の共同性を取り逃がしているという批判を展開している。

ハイデガーが人間存在を構成する空間性、またそれと密接に結びついた身体性を軽視しているという論難は今日でもしばしば見られるものである。そしてこうした批判の文脈において、モーリス・メルロ＝ポンティ（一九〇八―一九六一）の身体性の現象学や、ハイデガーの教え子だったハンス・ヨナス（一九〇三―一九九三）の環境倫理学が、ハイデガーが軽視した側面に光を当てたものとして高く評価されることになる。

このように、『存在と時間』だけを読み、そこにあれやこれやの問題に対する目配りが欠けているというのが、ハイデガーの哲学に対するこれまでの批判の典型的なパターンであった。ところが、彼が取り上げていないとされている主題でも、『存在と時間』においてでさえ、ある一定の考察を見出せることが多い。さらには、『存在と時間』以降のテクストを見れば、彼がそれらの問題を真正面から論じている箇所はいくらでも見つけることができる。

具体例を挙げると、ハイデガーが一九三〇年代後半に展開した西洋形而上学についての批判的考察は、それ自身がナチスの全体主義的体制の本質を捉えようとするものだった。全体主義との対決は、何もアーレントの専売特許ではないのである。また彼は一九二〇年代から人間存在が風土によって規定されていることを強調しており、むしろそうした点を主題化することこそが「存在への問い」のひとつの眼目でさえあった。このような風土性の考察においては、風土によって規定された身体性も同じく視野に入れられている。またそこでは究極的には、風土性に基づいた根源的な共同性（フォルク）が問題とされているのである。

『存在と時間』以降の思索に対する無関心

以上で見たように、これまでのハイデガー解釈は、彼の思想を『存在と時間』の内容とほぼ同一視したうえで、そこに欠けていると思えるものを他の哲学者の思索で補うのが典型的なやり方であった。しかし先ほど指摘したように、ハイデガーの哲学に足りないとされる要素は、たいてい『存在と時間』後の作品のどこかで論じられているのである。つまり『存在と時間』を暗黙のうちに基準としている既存のハイデガー解釈は、非常に残念なことだが、こうした彼の思索の拡がりを取り逃がしてしまっている、そう言わざるをえないのだ。

それにしても、なぜ人びとはハイデガーの『存在と時間』以降の思索にこれほどまでに冷淡なのだろうか。

まずは非常に単純な理由だが、後期の作品を読んでも何が言われているのかが、さっぱり理解できないことがある。後期の思索は通常の哲学用語とはまったくかけ離れた言葉で語られているので、とにかく取っつきにくいのだ。私自身、かつては「存在の真理」、「性起（Ereignis）」、「転回（Kehre）」、「生起（Wesung）」、「拒み（Verweigerung）」、「おのれを隠すとのための明るみ（Lichtung für das Sichverbergen）」、「存在の立ち去り（Seynsverlassenheit）」などの「ハイデガー語」が次々と繰り出される後期の覚書を読んでいると、あまりにもわけがわからず、えも言われぬ焦燥感に襲われることがたびたびだった。しかもドイツ語でも理解しにくいのだから、日本語に翻訳したら、ますます何を言っているのかがわからなくなってしまうのだ。

ハイデガーの専門家でさえ、「ハイデガーの後期をやっても何も出てこない」とか、「ハイデガーの後期思想はまったく無意味だ」と公言する人が少なくないありさまだ。専門家にとって自分の研究対象を理解できないと認めるのは、本来はあまり大きな声では言えないことではないだろうか。ところが不思議なことに、ハイデガーの後期の思索についてはなぜかそうした態度が許容され、それどころかそれが当人の知的良識の誇示という響きさえもつのである。

もちろん『存在と時間』も、決してわかりやすい書物ではない。しかし先ほども述べたように、そこで用いられている言葉は既存の哲学用語の枠内にとどまっている。同時代や過去の哲学者の影響が、なお目に見える形で残されているのである。したがって、そうした影響関係を踏まえれば、何とか読み解けそうな希望も湧いてくる。それとは対照的に、後期の哲学では、われわれが慣れ親しんでいる哲学用語や哲学史の知識がまったく役に立たない。そこで理解の手がかりを失い、ただただ途方に暮れてしまうばかりとなってしまうのだ。

研究者はハイデガーの後期思想をしばしば秘教的とか神秘主義的と形容する。これは実質的には、後期の哲学は理解できない、お手上げだということを言い換えているにすぎない。そして彼らは次のように自分に言い聞かせる。後期の思索はどのみちわけがわからないのだから、前期の主著『存在と時間』を取り上げるだけで十分だ、と。

しかし注意しなければならないのは、何度も繰り返すように『存在と時間』は未完の著作であり、刊行された部分だけではその書が本来、目指していた「存在の意味」の解明が果たされていないということだ。ハイデガーは『存在と時間』の刊行後、まさに同書では論じられないままに終わってしまった「存在の意味」を直接的に示すことを試みた。そしてそれは、既存の哲学の表現様式とは一線を画した仕方で「存在」という事象の固有性を言い表すという形を取った。後期の独特の表現は、こうした努力の帰結なのである。

つまりハイデガー後期の思索においてこそ、『存在と時間』で立てられた「存在への問い」の究極的な答えが示されているのである。したがって、人びとがハイデガーの後期の思想は理解不可能だと言うということは、彼の「存在への問い」が理解できないと認めているに等しいのだ。そしてこのことは、「存在への問い」こそは『存在と時間』がその解明を目指していたものである以上、『存在と時間』についても本来の趣旨を捉えていないということにほかならない。逆に『存在と時間』の意図を正しく把握できていれば、後期の思索も必ず理解できるはずである。

ナチズムの影

以上で論じたのは、『存在と時間』以降の思索に対する無関心が、根本的には「存在への問い」そのもののむずかしさに由来するということだった。これと比べるとやや間接的だが、後期の思索が敬遠される別の要因として、ナチス加担の問題がある。

一九三三年一月、ヒトラー率いる国民社会主義ドイツ労働者党が政権を獲得した。そして同年三月には全権委任法を成立させ、独裁政治の基礎を確立した。ハイデガーはナチスの支持者として同年四月、フライブルク大学の学長に選出され、五月にナチスに入党した。

ハイデガーがナチスに加担したことは、以前から周知の事実だった。しかし彼の哲学について語るとき、ナチズムとの関係を必ず問題にしなければならないという意識は薄かった。そうした状況が、一九八七年にチリ人のヴィクトル・ファリアスが『ハイデガーとナチズム』でハイデガーの思想とナチズムとの密接な関係を指摘し、欧米で大きな反響を呼び起こしたことを契機として一転した。つまりそれ以降は、ハイデガーの哲学について論じるときには、彼の思想とナチズムとの関係について何らかの態度を示すことが避けられなくなったのだ。

しかも「はじめに」でも述べたように、二〇一四年に刊行された「黒いノート」に反ユダヤ主義的だと疑われるような覚書が見出されることがセンセーショナルな仕方で報じられてからは、ハイデガーの思想はナチズムと何らかの親和性をもつというだけにとどまらず、それ自身が反ユダヤ主義的な性格をもつと見なされるようになった。

人びとがハイデガーの『存在と時間』以降の思索を敬遠するのは、先ほども指摘したように、まずは思想として単純に理解しにくいという事情があった。このことに加えて、一九三〇年代以降の彼の思索を扱う場合、ナチズムとの関係というやっかいな問題を抱えこんでしまうことになる。ハイデガーをナチだと非難しないわけにもいかないし、しかし彼がナチだとすれば、逆にそのような人物の思想を取り上げることが許されるのかという問いを突きつけられる。『存在と時間』後の思索を問題にすると、こうしたジレンマに直面させられてしまうのだ。

したがって、『存在と時間』以降の思索には手を付けず、同書の内容だけを扱っていれば、そうした面倒な問題はとりあえず避けることができる。それでもなおハイデガーの哲学とナチズムの関係について語る必要があれば、そのときは『存在と時間』に依拠して、そこでの人間存在の本来性の議論が「決断」のみを説き、何ら具体的な倫理的規範を提示していないことがナチスへの無防備な賛同をもたらしたといったような説明でお茶を濁すこともできる。ナチス加担の思想的な動機は『存在と時間』にもすでに示されているのだから、わざわざ後年の思索を取り上げる必要はないと自分に言い聞かせることができるのだ。

しかし『存在と時間』に依拠するまでもなく、ハイデガー自身、ナチスに加担していたときも、またナチスと訣別《けつべつ》してからも、ナチズム運動をどのように解釈し、それにどのように関わろうとしていたのか、隠し立てすることなく、至るところでむしろ饒舌《じょうぜつ》に語っているのである。にもかかわらず、多くの論者は彼自身の説明をまったく無視し、『存在と時間』の内容だけに基づいて彼のナチス加担を説明しようとするのである。

彼らがこのような態度を取るのは、ハイデガー自身のナチズムに対する評価に立ち入ると面倒なことになると、うすうす感づいているからだろう。一九三〇年代のハイデガーの言説は、とりわけ学長を辞任して以降、ナチズムとの哲学的な対決という色彩を濃くしていく。それゆえ、それをまともに取り上げると、「ハイデガー＝ナチ」という単純な図式を否定せざるをえなくなる。ところが「はじめに」で述べたように、ハイデガーをナチだと言い募って非難することは、自分の「政治的正しさ」を証明する公認の身振りとなっている。「ハイデガー＝ナチ」という図式を否定してしまうとこのように、ハイデガーをだしにして自分の政治的、道徳的な健全性を誇示することが不可能になってしまうのだ。

こうした事情もあって、ハイデガーの『存在と時間』後の思索の歩みは、多くの人にとって扱わないに越したことのないものとなった。『存在と時間』の異様なまでの人気と比べると、後年の思索に寄せられる関心が小さく、しかもこのことにだれも違和感をもたない理由の一端もここにある。

しかしハイデガーの思想そのものを理解するためには『存在と時間』以降の思索を避けて通るわけにはいかない。なぜならそこにこそ、『存在と時間』では示されなかった、「存在への問い」に対する答えがはじめて提示されているからだ。つまりわれわれはこの時期の思索を理解することによって、『存在と時間』の真の射程もはじめて捉えることができるということだ。そしてナチズムに対する当初の共感、そしてその後の批判も、まさにこの、彼の「存在の思索」そのものに基づいているのである。

2 ハイデガー哲学の政治的含意

西洋近代文明に対する批判

　今も述べたように、一九三〇年代に入ってナチス加担という形で顕在化するハイデガー哲学の政治性は、まさに「存在への問い」に由来するものとして、「存在」の意味を理解するに当たって決して無視できない要素である。すなわち「存在への問い」を突き詰めると、どうしてもそこに内在する政治性に突き当たらざるを得なくなる。このようなハイデガーの思索の政治的含意は、現代に生きるわれわれが彼の哲学を取り上げることにどのような意味があるのかに密接に関わっている。「はじめに」でも簡単に触れた点だが、ここではそれとは別の、より原理的な観点から見ておきたい。

　ごく簡単に言うと、ハイデガーの哲学がもつ政治性は、彼の思想が現代のわれわれのあり方を全面的に規定している西洋近代文明の本質をあらわにし、同時にその克服を目指したことに由来する。ここで言う西洋近代文明とは、ギリシア・ローマの古代文明、そしてキリスト教を二本の柱とする西洋世界の歴史の帰結である西洋近代の知的、政治的、社会的体制を指している。

　こうした西洋近代文明、より具体的にはその思想的基盤に対する批判は、すでに一九世紀のアルトゥア・ショーペンハウアー（一七八八―一八六〇）やフリートリヒ・ニーチェ（一八四四―一九〇〇）の思想のうちに表れている。西洋近代文明を形作る知や文化のあり方に対することのような懐疑は、二〇世紀に入るとジクムント・フロイト（一八五六―一九三九）の精神分析学やエトムント・フッサール（一八五九―一九三八）の現象学、アンリ・ベルクソン（一八五九―一九四一）の生の哲学などにも見られるものである。

今挙げた諸思想は、西洋近代文明の本質をある固有の知のあり方のうちに見て取り、何らかの仕方でそれを乗り越えようとするものであった。ごく大ざっぱに言うと、それらは「理性」に軸足を置く西洋の伝統的哲学が、われわれが直接的に経験する現実を捉えられないことを問題視したと言ってよいだろう。理性によっては取り逃されてしまうそうした生《なま》の「現実」を、右で挙げた哲学者たちは「意志」、「力」、「生」、「時間」、「無意識」、「志向的体験」などとして主題化しようとしたのである。このことによって、彼らはわれわれが普段、もっとも身近に接している現実を「仮象」の世界と見なし、理性によって捉えられた理念的世界こそが真なる実在であるとする伝統的な西洋哲学の理性中心主義に異を唱えた。そして彼らはそれぞれなりの仕方で、われわれにとって身近な現実に立ち返り、それをまさに経験されているがままに記述することを試みたのである。

「近代批判の批判」としてのハイデガー哲学

ハイデガーも西洋近代文明の本質をある種の理性中心主義に見る点においては、右に挙げた諸思想と立場は変わらない。しかし彼は、この理性中心主義の意味をどのように解釈するかという点で、他の思想家とは大きく立場が異っていた。彼はまず、西洋的な理性が「存在」についてのある独特の理解と不可分であることを強調する。そしてそうした「存在」理解が、彼によると、これまでの西洋哲学において明示的、体系的に示されているのである。

これまでの西洋哲学は、「真実在」、「真の存在」を明らかにすることを標榜《ひょうぼう》してきた。しかしハイデガーは、西洋哲学がこれまで「真の存在」と見なしてきたものはじつは「真の存在」などではなく、むしろそれを覆い隠すものでしかなかったと主張する。彼は古代ギリシア以来、二千数百年の西洋哲学の歴史をとおして、この「真の存在」は隠されつづけてきたとして、このことを「存在忘却」と名づけた。そして自身の「存在への問い」において、これまで隠されてきた「真の存在」を明らかにすることを目指すと宣言したのである。

すなわちハイデガーは、彼以前の近代文明批判の思想をある意味で集大成するような形で、「存在への問い」という究極の立場を打ち出したのだった。そしてこの独自の立場から、既存の近代批判的な思想が、「存在忘却」という西洋近代文明の真の本質を捉えられていないため、それ自身の意図に反して西洋近代文明を温存し、結果としてそれを助長してしまったことを問題視した。

　したがって、彼の哲学的立場を単に近代批判と銘打つだけでは、その批判の射程の長さと深さを取り逃がしてしまうことになる。むしろ「存在への問い」に立脚して、他の近代批判的な諸思想が近代批判として不徹底であることを指弾しているという意味においては、彼の思想は「近代批判の批判」でもあったのだ。

　二〇世紀前半は、西洋近代文明に対する批判に立脚したラディカルな政治運動が大きな影響力をもった時代だった。ファシズムやナチズムも西洋近代文明の空虚さ、すなわちニヒリズムに対する対抗運動であることを自負していた。ハイデガーがある時期、ナチズムに共感を示したのにも、こうした事情がその背景にはあった。他方で彼は、人種主義的なフォルク観に基づいたナチズムのニヒリズム克服の処方箋には哲学的に根拠がないと見なしていた。それゆえ当初、彼は大学における知の変革を起点として、ナチズム運動にニヒリズム克服への正しい道筋を示すことを試みたのだった。

　しかし、ナチズムを思想的に変容させようとする彼の試みは失敗に終わった。その後、ハイデガーはナチズムが不完全な近代批判にすぎないため、かえって近代性を無自覚に助長していることを厳しく批判するようになってゆく。このようにハイデガーのナチスへの関わりとは、積極的な加担にせよ、あるいは逆にその徹底的な批判にせよ、先に述べた

「近代批判の批判」という彼の思想的スタンスが示されたものなのである。

戦後になると、ハイデガーはナチス加担の責任を問われ、公職追放の処分を受けた。しかし他方、彼の思索は、とりわけフランスにおいて、まずはジャン゠ポール・サルトル（一九〇五―一九八〇）、モーリス・メルロ゠ポンティ（一九〇八―一九六一）らによって現象学の発展形態として受容された。またハイデガー思想における西洋哲学の歴史全般に対する批判的相対化という側面は、ジル・ドゥルーズ（一九二五―一九九五）、ミシェル・フーコー（一九二六―一九八四）、ジャック・デリダ（一九三〇―二〇〇四）を代表とする、フランスのいわゆるポスト構造主義の哲学者たちに継承された。

しかしながら、今名前を挙げたフランス現代思想の哲学者たちも、ハイデガーによる西洋の理性中心主義の哲学に対する批判は継承したものの、その批判の根拠となっている「存在への問い」の意義を捉えることはできていない。そのため中途半端な近代批判が近代性をむしろ温存し、助長するというハイデガーの警告は、彼らの思想にも適用されることになるだろう。ハイデガーの哲学は、これら現代思想によっても決して乗り越えられてはいないのだ。

日本人の高い関心

以上に見てきたように、ハイデガーは西洋近代文明を、古代ギリシア哲学、さらにはユダヤ－キリスト教に由来する、「存在」についての独特の理解に基づくものと捉えていた。しかし西洋近代文明の問題は、いまや単に西洋だけの問題ではなくなった。この数世紀のあいだ、西洋の文明は世界中に拡散した。まさに「近代」という時代そのものが、西洋文明が規範と見なされ、それが世界中に拡がった時代である。今日われわれが「グローバル化」と呼んでいる事態も、近代における「世界の西洋化のプロセス」のほんの一端を捉えたものにすぎないのだ。

この意味において、ハイデガーの思索は近代世界において前提とされてきた、西洋文明の普遍性、規範性に異を唱えたものであったと言ってよい。そしてまさにこの点こそが、日本人がなぜこれほどまでにもハイデガーを好むのかと密接に関連しているのである。

すでに触れたように、日本人のあいだでハイデガーの哲学は非常に人気が高い。しかしこの日本人のハイデガーへの偏愛は、昨日今日に始まったものではない。一九二七年に『存在と時間』が刊行される以前、彼がフライブルク大学で師フッサールの助手を務めていた一九二〇年代初頭から、第一次世界大戦後のドイツに大挙して押し寄せていた日本人留学生のあいだで、すでに彼の名はよく知られていた。一九二四年には年俸一万円という破格の待遇で、彼を東京の研究所に招聘《しょうへい》する話さえもち上がった。当時マールブルク大学の員外教授として教鞭《きょうべん》を執っていたハイデガーにこの話を取り次いだのが、彼のもとで学んでいた三木清《みききよし》（一八九七―一九四五）である（この件の詳細については、拙著『ハイデガー「存在と時間」入門』を参照）。

日本は一九世紀半ば以来、西洋文明をわがものとすることに全力を傾けていた。だが西洋文明への同化の努力は、同時にそれが自分たちにとっては借り物でしかないという意識をつねに伴うものだった。そしてこの意識が、西洋文明とは異なる自分たちの文化的伝統の固有性は何なのかという問いへと収斂《しゅうれん》していった。哲学界においては、西田幾多郎《にしだきたろう》（一八七〇―一九四五）の業績に代表されるように、単なる西洋哲学の輸入紹介にとどまらない、東洋の思想的伝統を踏まえた独自の哲学的思索としてそれは結実を見た。

先ほど、ヨーロッパにおいて一九世紀以降、西洋近代文明を批判するさまざまな哲学が現れたことに触れた。西田に代表される近代日本の哲学も、基本的にはこうした近代批判の系譜に属している。西田は学問的に対象化される以前の世界そのものの直接的な経験を「純粋経験」として明らかにしようと試みた。また先ほど名前を挙げた和辻哲郎も、われわれの生にとって身近な世界を「風土」という概念によって捉えようとした。

このように、近代日本を代表する哲学は、いずれも大局的に見ると、西洋の理性中心主義への批判という形を取っていた。と同時に「日本」というコンテクストにおいては、西洋的な理性によって覆い隠されてしまった日本の伝統的世界観への回帰という意味も併せもっていた。

近代日本の思想的状況がこのようなものであったからこそ、日本人は、西洋世界の内側で西洋文明の限界を乗り越え、これまで長いあいだ隠蔽されてきた「真の存在」をあらわにしようとしていたハイデガーの試みに自分たちの求めていたものを見出したのだろう。日本人がハイデガーの思索のうちに仏教的なものを見て取るのも、このことと関連している。つまりわれわれは、ハイデガーが「真の存在」と見なすもののうちに、自分たちの伝統的な存在理解に通じるものを感じ取っているのである。

近代批判の陥穽

今も述べたように、もともと日本の近代哲学は、西洋文明に対しての、日本人の思想的な自己主張という側面をもっていた。この日本哲学のナショナリズム的な側面は、一九三〇年代に入り日本が東アジア、東南アジアに独自の勢力圏を築くことを目指し、アメリカやイギリスとの政治的対立を深めるにつれ先鋭化されていくことになる。西田幾多郎や京都帝国大学におけるその門下生たち、いわゆる京都学派の哲学者はアメリカ、イギリスといった欧米勢力を排除した独自の勢力圏の樹立を、西洋近代文明の超克という世界史的意義をもつ出来事であると解釈した。つまり自分たちの近代批判の哲学によって、「大東亜共栄圏」の形成を目的とする「大東亜戦争」を正当化しようとしたのである（この京都学派の戦争協力については以下の拙論で詳しく論じたので、興味のある方は参照されたい。「総力戦時代の哲学――ハイデガーと京都学派」軍事史学会編、『第一次世界大戦とその影響』第五〇巻、第三・四合併号、錦正社、二〇一五年、四五四～四七二頁）。

こうした京都学派の哲学者の戦争協力のうちに、近代批判の哲学がもつ危うさが顕著に示されている。先ほど、ファシズムやナチズムが近代批判的な要素をもっていたことを指摘した。これらの例に見られるように、近代批判の思想はある特定の政治勢力の支配意志をしばしば正当化し、戦争やそれに伴う破壊を促進するという役割を果たしてきたのである。

ハイデガーは、近代の超克を標榜する運動がこのような無残な結果をもたらすのは、そうした運動が近代の本質を捉え損なったためだと見なしていた。近代批判の運動は多くの場合、近代の本質とは無縁のものを問題の元凶と見定め、それに対処しようとする。このとき近代の本質は手つかずのまま温存される一方、そうした運動が「敵」と見なしたものの徹底的な破壊が目指されることになる。そしてこの破壊の是認が、皮肉なことに、おのれの無制限の適用を求め、その障害となるものの排除を要求する近代文明の拡張をかえって促進してしまう。

これはあたかも病気の正しい原因を把握することなく、的を外した治療を行い、かえって病状を悪化させることに似ている。ハイデガーの近代性批判は、思想的な徹底性を欠いた近代批判がかえって近代性の支配に拍車をかけてしまうことを近代性の病理そのものとする。彼の思索の眼目は、まさにそうした危険性を見据えたうえで、「存在への問い」という根源的な立場から、「正しい」近代批判の方向性を示すことに置かれていたのである。先ほど指摘した彼の思索がもつ「近代批判の批判」という特徴も、まさにこのことを示している。

近代批判に伴う危険性は、現代に生きるわれわれにも無縁ではない。近代批判的な言説は今日においても至るところで流通している。政治的右派、左派どちらの立場にもそれは結合しうる。また宗教的原理主義の運動も、近代性との対決という性格をつねに帯びているし、環境保護運動なども近代文明批判と切り離すことはできないだろう。このように、近代の問題を指摘し、その克服を唱える思想がいろいろな形を取って現れては、多くの人びとを惹きつけるという現象は今も繰り返されているのである。

ハイデガーから見れば、こうしたさまざまな近代批判は思想的な徹底性を欠いているために、よくて無意味、悪ければ大きな破壊をもたらすものでしかない。彼は、こうした失敗を避けるためには、まず何よりも、近代の本質を正しく洞察しなければならないと考えていた。そして彼自身は、この西洋近代の本質を「存在忘却」のうちに見定めた。したがって、ハイデガーによれば、今日のわれわれが近代批判と適切な仕方で関わるためには、まずはこの、忘却された「存在」が何を意味するのかを正しく理解しなければならないのだ。

3　本書の構成

以上を踏まえて、本書ではハイデガーの「存在への問い」の意義を明らかにすることを最優先の目標とする。彼とても、ことの最初から彼自身が立てた「存在への問い」の射程をすべて明確に見通せていたわけではなかったし、また「存在」という事象にふさわしい表現を当初から見出せていたわけでもなかった。むしろその思索の歩みをつうじて、そうした課題を少しずつ、彼は克服していったのだ。このことを念頭に置いて、本書では『存在と時間』の成立過程から後期の思索に至るまでのハイデガーの思索の展開をおおむね時代順にたどり、「存在への問い」の全体像を明らかにすることを試みたい。

「第一章　『存在への問い』の概要」では、本書全体の議論に先立って、ハイデガーが「存在」ということでどのような事象を捉えようとしていたのかを概略的に提示する。とくに『存在と時間』の読まれ方において顕著だが、ハイデガーの哲学は「存在の意味の解明」という本来の趣旨においては受け止められず、むしろそれを解釈する者自身の立場に都合のよい部分だけを切り取って論じられることが多い。こうしたやり方を避け、あらかじめ問題の所在を明確にするために、本書では最初に、ハイデガーが「存在」として捉えようとしていたものを私なりに再構成して示すことを試みたい。後続の章で彼の思索の展開を時代順に追っていく際に、ここで暫定的に示された「存在」の意味を評価基準とすることで、彼がその時々にどのような問題に突き当たり、またそれをどのように克服しようとしたのかがより明確に捉えられるようになるだろう。

「第二章　前期の思索」では、前期の代表的著作『存在と時間』の内容を検討する。そこでは『存在と時間』成立に至るまでの前史として、まずハイデガーがどのようにして「存在への問い」を着想するに至ったのかを見る。簡単に言うと、「神」の根源的な超越性、絶対性を単なる心理学的事実や主観的意識に解消するのではなく、どのようにすれば哲学的に正しく位置づけられるかという神学生時代からの問いが、「存在」という新たな問題次元を切り開くことにつながった。『存在と時間』は一般的には、神的なものとは無縁の著作だと見なされることが多い。本章では、そうした解釈に対して、「存在への問い」の「神学的な」動機がむしろ強調されるだろう。

こうした「存在への問い」の根本動機を踏まえて、同章ではさらに、『存在と時間』で論じられている人間存在を構成するさまざまな要素、さらには人間存在が取る「本来性」と「非本来性」という二つの様態を具体的に検討する。その際、それらが「存在への問い」との連関で、どのような役割を果たしているかがとりわけ注目されるだろう。まさにこの点に着目することで、「存在への問い」という観点から見た、『存在と時間』という著作の限界も露呈され、同書がなぜ未完に終わったのか、その理由もおのずと明確になるだろう。

「第三章　中期の思索」では、『存在と時間』刊行後、すなわち一九二〇年代終わりから一九三〇年代半ばまでのハイデガー中期の思索を取り上げる。この時期の議論は、『存在と時間』では直接、論じられることのなかった「存在の意味」を示すことに主眼が置かれている。『存在と時間』では「存在」の主題化のために、人間存在の分析を経由するという方法が取られていた。しかしこのやり方では自分の立場を主観的意識から出発する近代哲学と区別できないことに気づいたハイデガーは、同書刊行後、人間を経由することなく「存在」を直接的に示すことを試みるようになる。

すでに述べたように、ハイデガーの「存在への問い」は、人間にとって真に超越的なものとしての「神」の所在を解明するという神学的な問題設定をその背景としていた。それゆえ中期において「存在」の主題化がなされるとともに、この「存在」こそが「神」の超越性の真の所在であることが同時に示されることになる。本章ではこの時期に初めて顕在化することになった、「存在への問い」の「神学的」意義を明らかにしたい。

「存在」という事象が主題化されるとともに、そうした「存在」についての知がいかなる性格をもつのかもより明確に意識されるようになってゆく。つまり「存在」が西洋的学問を特徴づける対象化という態度によっては捉えられないという洞察は、そうした学問知の優位のもとでは従来、価値をもたないとされてきた芸術を「存在」の知として再評価することにつながった。こうして一九三〇年代に入ると、「存在」の開示において芸術作品の果たす特権的な役割が、論文「芸術作品の根源」やドイツの詩人フリートリヒ・ヘルダリーン（一七七〇―一八四三）の詩作品をめぐる数々の論考において論じられるようになってゆく。第三章ではハイデガーの中期思想の重要な主題として、彼の芸術論も取り上げることにしたい（なお"Hölderlin"は日本語では「ヘルダーリン」と表記されることも多いが、本書ではドイツ語の発音により忠実なものとして「ヘルダリーン」という表記を採用する）。

「第四章　ハイデガーのナチス加担」では、前章までの議論を踏まえたうえで、「ハイデガー・ナチズム」問題を正面から取り上げる。ハイデガーはナチスの政権獲得後、フライブルク大学の学長に就任し、大学改革を積極的に推進しようとした。彼の大学行政への積極的関与もまた、一九二〇年代以来の学問論的な省察に基づくものだった。本章では学長就任の背後にあったハイデガーの学問論的スタンスを明らかにする。

ハイデガーの学問論は、学問の本質を「存在」についての知として捉え直すものだった。すでに指摘したように、「存在への問い」においては「存在」とは「フォルク共同体」を基礎づける原理と位置づけられていた。したがって「存在」についての知としての学問も、それ自身が「フォルク」を根拠づけるものとされていた。ハイデガーは大学をこうした学問を教育する場へと変貌させ、このことによってナチズムを自分の思想に沿ったものにしようと試みた。本章ではこの点を、彼の学長期の言説を分析することによって明らかにしたい。このことをとおして、ハイデガーの「存在への問い」の政治的含意も明確に示されることになるだろう。

「第五章　後期の思索」では、一般にきわめて難解なものと受け止められている一九三〇年代後半以降の「存在の思索」を紹介したい。彼の「存在の思索」は、次に述べる二つの課題を含んでいる。第一に「存在」そのものが何を意味するのかを明らかにすること、第二にそうした「存在」が古代ギリシアにおける西洋形而上学の始まりとともにいかに忘却され、また形而上学がその後、時代ごとにどのような変遷を遂げていったかを「存在の歴史」として示すことである。第五章では、「存在の思索」を構成するこれら二つの課題をハイデガーがどのように扱っているかを順に見ていくことにしたい。

「存在」の意味の解明は、「存在」を語るにふさわしい言葉を見出すことと不可分であった。ハイデガーは後期において、「存在」を単純に言う言葉として「性起」という語を見出した。本章では「存在」がなぜ「性起」と言い換えられるかを明らかにし、そのことをとおして、ハイデガーが「存在」として捉えようとしていたものの内実をさらに具体的に明らかにすることを試みたい。

こうした「存在」の所在の明確化は、他方において、それを隠蔽する西洋形而上学の本質に対する認識の深まりを伴うものだった。「存在」を度外視し、存在者の操作のみを目指す形而上学の本質的動向をハイデガーは「作為性」と呼んだ。そして西洋形而上学の歴史を「作為性」という形而上学の本質が次第に表に現れ出て、支配的となる過程として描き出したのだった。本章では、ハイデガーの後期思想を特徴づける、こうした「存在の歴史」をめぐる議論を概観する。

すでに述べたように、「存在への問い」は元来、神性の本質の解明を目指したものだった。このことからすれば、ハイデガーが「存在の思索」において、「存在」について彼自身が満足できる定式化に至ったということは、神性の本質についても相応の見通しが得られたことを意味するだろう。こうして第五章ではハイデガーの後期の「神」論を取り上げ、彼の思索を最初期から突き動かしていた根源的な神性の追求が、最終的にどのような地点に到達したのかを確認する。

「第六章　ナチズムとの対決」では、ハイデガーの後期の思索に内在する政治的含意を明らかにする。通常、後期の思索は、この世の現実とは無縁の非政治的な思弁と見なされている。しかし「存在の歴史」の思索として展開された彼の西洋形而上学への批判は、じつはそれ自身、ナチス体制との思想的対決という意義を帯びていた。ハイデガーは西洋形而上学が生み出した近代の「主体性」が、あらゆるものをおのれの支配下に収めようとする「力」をその本質とすると見なしていた。そしてこのような主体性が近代国家のうちに体現されていると考えた。こうした観点からハイデガーは、ナチスの全体主義体制も主体性の本質の究極的な帰結と捉えていた。

「黒いノート」の「ユダヤ的なもの」に言及する覚書も、じつは今述べたような「主体性の形而上学」（＝ナチズム）批判の文脈に属している。以上でも指摘したように、そもそもナチズム自身が近代文明のニヒリズムへの対抗運動であった。ナチズムはこのニヒリズムの責任をユダヤ人に負わせ、迫害を正当化したのである。ハイデガーの立場からすると、ナチスのユダヤ人迫害もまた「主体性の形而上学」というニヒリズムの本質を捉え損ねたまったく無意味な措置でしかなく、むしろそれ自身が「主体性の形而上学」の病理を示すものでしかなかった。つまりあの物議を醸した「黒いノート」の覚書は、ナチズムの反ユダヤ主義を肯定するものであるどころか、むしろそれを根本から否定するものであったのだ。第六章ではハイデガーの西洋形而上学批判の政治性を明らかにしたうえで、「黒いノート」の問題となった覚書についてもその真意を明らかにしていきたい。

「第七章　戦後の思索」では、第二次世界大戦後にハイデガーがおのれの思索をどのように展開したのかを概観する。戦後、ドイツでは「非ナチ化」と呼ばれるナチ協力者の洗い出しとパージが実施された。その手続きの枠内で、ハイデガーもナチス加担の罪を問われ、教職停止の処分を受けた。こうした非ナチ化は、「ナチ的なもの」が社会から除去されさえすれば社会の健全な秩序が取り戻されるという前提の上に立っていた。しかし、ハイデガーはこうした戦後社会の大前提を問いに付した。つまり彼は戦争の終結にもかかわらず、ナチズムの本質をなしていた「主体性の形而上学」はそのまま温存されていると見なしたのだ。本章では、戦後の新たな状況においてハイデガーの「存在の思索」の政治性がどのような形で示されたのか、またそれが彼と戦後社会とのあいだにどのような軋轢《あつれき》を生み出したのかを見ていきたい。

ハイデガーの戦後の業績としてよく知られている「技術への問い」も、戦後社会の本質をあらわにしようとする彼の努力のうちに属している。本章ではハイデガーの技術論を、その政治的含意に注目しつつ概観する。彼は技術についての考察において、原子力技術、遺伝子工学など、技術進歩の新たな展開につねに注意を払っていた。そして一九六〇年代に入ると、ハイデガーは今日のわれわれが情報化やＩＴ化と呼んでいる技術発展の様相にも目を向け、この「あらゆるものの情報化」という現象のうちに西洋形而上学の究極の帰結を見て取ったのだった。

ハイデガーは現代技術の根本的問題を、それが事物の別の現れ、言ってみれば真の現れの可能性を阻害する点に見ていた。それゆえハイデガーの技術論は、事物の真の現れを想定している、つまりそうしたものの記述と表裏一体をなしている。彼はこの、事物の本来の現れを、「もの」として主題化するようになってゆく。こうした「もの」はある固有の「世界」によって守られており、つまりそうした「世界」と不可分である。こうして「もの」の記述はおのずと「世界」の記述とならざるをえない。また「世界」も本質上、「もの」を介して現れ出てくるものである以上、その解明は「もの」の解明に帰着する。本章では、こうした「もの」と「世界」の関係をめぐる議論を、ハイデガーの「存在への問い」の到達点を示すものとして紹介する。

そして最後に「エピローグ」では、戦後にいよいよ目立つようになってくる、彼の「故郷的なもの」への言及を手がかりとして、その最終的な思索の境地を際立たせることを試みたい。本質上、「普遍的なもの」を志向する既存の学問知によっては取りこぼされてしまうような、ささやかで目立たない、しかし無限の豊かさを秘めた「故郷的なもの」にその尊厳を取り戻させること——これが究極的に彼の思索が目指していたものであった。「エピローグ」では本書のそれまでの議論の総括として、この「故郷的なもの」を、彼の思索がその最初から立っていた「場所」として明らかにしていきたい。

第一章　「存在への問い」の概要

「存在」とは何か？

序論でも述べたように、本書はハイデガーの「存在への問い」の意義を明らかにすることを第一の目標としている。彼はその哲学において終始、この「存在」という一つの同じ事象を問い続けていたからである。とは言え、最初から「存在」という事象に含まれるすべての要素を完全に見通していたわけではなかった。ハイデガーは生涯にわたる思索を通じて、「存在」に含まれるさまざまな契機を徐々にあらわにし、それらに適切な表現を与えていったのだ。

したがって、ハイデガーが「存在」という事象によって何を捉えようとしていたのかは、彼の思索のプロセス全体を概観することによってはじめて明らかになる。逆に言うと、彼の思索の展開の個々の局面を見ているだけでは、なかなか彼の考える「存在」の全体像を把握することはできない。こうした状態に耐えられない読者は、どうしてもハイデガーの議論を自分にとって既知のものと結びつけて、それで彼の思想を理解できたということにしてしまいがちである。

このような事態を予防するために、本書では最初に、とにかくできる限り簡潔かつ明快に、ハイデガーが「存在」によって何を問題にしようとしていたのかを明らかにしたい。

ハイデガーが考えていた「存在」とは何なのかをおおざっぱにつかむことで、第二章以降でハイデガーの思索をその時代的展開に即して概観するときにも、それぞれの局面をこの「存在」という事象に含まれるさまざまな要素を明らかにするという、それら本来の趣旨を見失うことなく読み解くことができるだろう。

われわれは通常、確固たる姿で目の前に見出される「事物」を起点として、それ「がある」とか、それは何々「である」と規定を行う場面において「存在」を問題にする。まさに西洋哲学が、こうした仕方で「存在」を捉えてきた。しかしこのように「存在」を押さえてしまうと、ハイデガーの「存在」は取り逃がされてしまう。

ハイデガーは「存在」にはさまざまに、種別的に異なるものがあるとする。たとえば生物と道具とは、まったく異なった存在様式をもっている。伝統的な哲学の「である」や「がある」という存在規定においては、こうした「存在」の種別性はまったく問題になっていないことがわかるだろう。

そのうえでハイデガーは、そうした「存在」が本質上、ある固有の場によって規定され、特殊化されていること、つまり場所と不可分であることを強調した。生物はある固有の環境においてしか生きられないし、道具もある固有の場所においてこそ道具としてその役割を果たしうる。それぞれのものが置かれた「場所」がそれぞれのあり方を規定し、特定化しているという意味で、「存在」は「場所」と切り離せないのである。

したがって、われわれが「存在」を今述べたような相において理解するためには、われわれ自身が「存在」を限定するこの「場所」におのれを晒し出し、そうした「場所」を何らかの仕方で理解していることがその前提となる。ハイデガーが人間を意味する術語として用いる「現存在」は、このような「場所」へと関わり、また「場所」によって規定された存在として人間を捉えようとするものである。

このように、ハイデガー的な意味での「存在」を主題化するということは、それ自体がわれわれ人間のあり方の変貌を要請するような事態となる。万人に妥当する普遍的真理を捉える「理性」を備えた人間という従来の人間観を捨て、「場所」によって規定され、同時にそうした「場所」を保護する現存在となることが求められるのだ。この人間のあり方の変化は簡単に言うと、「普遍的理性を行使する主体から、『場所』によって規定されたあり方へ」と表現することができるだろう。

今、ハイデガーの「存在」が何を問題にしようとしているのか、また「存在」をそのように捉えることが人間自身の捉え方をどのように変えるかについて、大まかな方向性を示しておいた。とは言え、もちろんこれだけでは何を言っているか、まだわかりにくいだろう。以下では、具体例に即しつつ、今述べた点をより詳しく見ていくことにしたい。

1　「存在」の意味

存在者と「存在」の区別

たとえば鳥を思い浮かべていただきたい。ないしは鳥を直接、見るのでもよい。そのときわれわれは、その鳥を「空を飛んでいる」とか、「木の枝に止まっている」とか、「地面でえさをついばんでいる」といった「様態」とともに捉えているだろう。つまりわれわれが鳥を捉えるときには、「鳥」という「モノ」とともに必ず、「飛んでいる」、「木の枝に止まっている」といったような「あり方」、すなわちその鳥の「存在」の様態も一緒に捉えているのである。

逆に言うと、そうしたあり方をいっさい伴わない鳥をわれわれは思い浮かべることができない。たとえば「何もしていない」鳥を思い浮かべたとしよう。しかしその「何もしていない」というのもまた、鳥のあり方のひとつであり、それは具体的に言えば、「木に止まっている」とか「巣で休んでいる」ことであったりするだろう。このように、われわれが鳥をイメージするときには、必ず何らかの「あり方」をともに思い描いているのである。

今、鳥という「モノ」を捉えるときには、その鳥の「あり方」も一緒に捉えていると述べた。しかしこれは、鳥だけに当てはまることではない。たとえば石を考えてみよう。それは河原に横たわっていたり、山の斜面を転がっていたりするだろう。われわれは石という「モノ」を捉えるときにもこのように、やはりその「モノ」のあり方も同時に把握しているのである。

これは、椅子のような道具の場合でも同じである。椅子は座られていたり、壊れて打ち捨てられていたりするだろう。椅子を捉えるときも、つねにその何らかの存在様態がこのような仕方で必ず視野に入れられているのである。

以上で「モノ」と呼んだものは、ハイデガーが言う「存在するもの／存在者(Seiendes)」に当たる。そして「モノ」のあり方、存在様態が、おおまかにいって彼が「存在(Sein)」と呼んでいるものである。簡単に言うと、「存在者」と「存在」の区別とは、「モノ」とその「モノ」が担っているあり方の区別である。この「存在者」と「存在」の区別こそはハイデガーの「存在への問い」の基礎をなす、もっとも重要な区別である。

ここで注意すべきは、「存在者」と「存在」は、このように区別されながらも、他方では切り離すことができないということだ。「存在者」は存在するものとして、必ず何らかの仕方で「存在」している。逆に存在することも、必ず何ものかが存在することであり、すなわち「存在者」の「存在」なのである。

「存在の意味」としての「時-空間」

ふたたび鳥の例に立ち返り、今暫定的にその意味が示された「存在」がどのような内実をもつのかを、より詳しく捉えることを試みたい。今われわれが、「鳥が飛んでいる」事態を捉えているとしよう。この「飛んでいる」という事態をわれわれが捉えているときには、そこには必ず「飛んでいること」についての、「どこから」と「どこへ」の理解が含まれている。

単に鳥がこの瞬間、目の前に現れているというだけでは、「飛んでいること」にはならない。「飛んでいること」とは「すでに」飛んでいたこと、さらに、「これから」飛んでいくことを含んだ現象である。このことは、鳥が「飛んでいる」ことのうちには、単に「飛んでいた」という過去と「飛んでいく」という将来が含まれていることを意味するだけではない。むしろ「これまで飛んでいたこと」、そして「これから飛んでいくこと」という、過去と将来の時間的契機こそが、「飛んでいる」ということそのものの実質をなしているのである。

このように、「飛んでいること」は「どこから」と「どこへ」、すなわち過去と将来への拡がりをもち、そうした過去と将来から成り立っている現象である。しかも鳥の「飛んでいること」はそれだけで切り離された現象ではなく、「木に止まる」、「水辺でえさを捕る」、「巣に戻る」、「ひなにえさをやる」など、その鳥の他の存在様態ともある一定の規則性をもって連関しているような現象としてある。つまりこれら一連の存在様態が、まさに今、目の前に現れている鳥の過去と将来のいわゆる「地平」を形作っている。たとえば、今、眼前を飛んでいる鳥は少し前には巣にいたし、これから水辺にえさを捕りに行く途上であったりするわけだ。

以上で確認したのは、鳥の「飛んでいること」という存在様態が過去と将来への拡がりをもつということ、すなわち過去と将来とをその本質的な構成要素として含んだ現象であるということだ。このように、「飛んでいること」が過去と将来を含むということは、「飛んでいること」がいずこより飛んできて、いずこへと飛んでいくことであることを意味している。つまり「飛んでいること」の過去と将来の把握には、その「どこから」と「どこへ」の把握が含まれているのである。

またその一方では、この「どこから」と「どこへ」は、明らかに空間的な意味も示している。つまり「飛んでいること」の「どこから」と「どこへ」は、その飛んでいることが成立している空間を指しているのである。その「どこから」が具体的には樹上の巣であったり、また「どこへ」が餌場としての水辺であったりというように。

このように、「飛んでいる」という現象を構成する「どこから」と「どこへ」は、時間的な拡がりであるとともに、それ自身が空間的な拡がりでもある。すなわち「飛んでいること」という事象は必ず、ある質的に差別化された固有の「時‐空間（Zeit-Raum）」を伴っている。より正確に言うと、それはそうした「時‐空間」の生起そのものなのである。

しかしこの「時‐空間」は、そこにおいてある存在者の「存在」が繰り広げられる舞台の書割《かきわり》のようなものと捉えてはならない。たとえば鳥がそこから飛んできたところである巣や、これから飛んでいく餌場があらかじめすでに用意されており、しかる後にそこに今度は「鳥が飛ぶ」という事態が生起するというわけではない。むしろ巣や餌場は、「鳥が飛ぶ」ことと同時に、つまりそのことによってはじめて「そこから飛んできたところ」、「そこへと飛んでいくところ」として、すなわち「それがそうであるところのもの」として、はじめて現れてくるのである。

このように、「時‐空間」とはある存在者の「存在」とともに開かれる場である。鳥の例で言うと、それは鳥の「飛ぶこと」とともに同時に開かれる場である。すなわちそれは「鳥が飛ぶ」という事態が起こりうる固有の「時‐空間」として、鳥の「存在」と不可分である。そうした「時‐空間」は鳥の種類によって異なるだろうし、また鳥とは異なる存在者の「存在」が生起しうる「時‐空間」とも異なるのだ。

　このように、鳥が存在するとは、ある固有の「時‐空間」が開かれることそのものを意味するのであり、これはとりもなおさず鳥の「存在」がそうした固有の「時‐空間」によって特定化されていることでもある。この「存在」の生起とともに出来するもの、否むしろ「存在」の生起そのものとも言える「時‐空間」こそは、ハイデガーが自身の哲学において「世界（Welt）」と呼んでいるものである。

　なお「時‐空間」とは、今述べたような、時間が空間であり、空間が時間であるというような仕方で時間と空間が共属しあいながら開かれた場であることを示すハイデガー後期哲学の術語である。また以上の議論では「時‐空間が生起する」とか「存在の生起」という言い方を用いたが、その際の「生起」とは、単にある事物が出来するという意味ではない。ある状況そのものが起《た》ちあがり、その状況が、そのうちにある事物や人間すべてを規定するという動向全体を指すものとご理解いただきたい。

伝統的存在論の限界

　以上、ハイデガーが「存在への問い」において捉えようとした「存在」が、どのような意味をもつものであったのか、具体例に即して説明した。彼はこのような意味における「存在」が、従来の西洋哲学によってはまったく問題にされなかったと主張する。つまり自分の「存在への問い」は、二千数百年の西洋哲学の歴史において、まったく問われたことのない事象を問う、前代未聞の問いであるというのである。

だがそもそも西洋哲学は、「存在」についてもこれまでいろいろな形で取り上げてきたのではないか、そう訝《いぶか》しがられる読者もいらっしゃるのではないだろうか。哲学とは、まさしく真の「存在」を追求してきたのではなかったか、と。

しかしハイデガーは、自分が「存在」と呼んでいるものは西洋哲学において従来、存在と呼ばれてきたものとはあくまでも異なることを強調する。だとすれば、これまで西洋哲学は存在をどのように捉え、それはハイデガーのいう「存在」とはどのように異なっているのだろうか。この点を以下で簡単に見ていこう。

先ほども述べたように、西洋哲学は基本的に目の前に見出される存在者から出発して、それ「がある」とか、それが何々「である」と規定する場面において存在を押さえてきた。このような存在規定は、「現在」眼前に見出される存在者について、「現在」確認できる状態を捉えたものである。

これに対してハイデガーは、われわれが存在者を捉えたときに、すでに同時に把握されている存在者の種別に応じたあり方を「存在」として問題にしているのだった。この意味での「存在」は、すでに見たように、過去から将来への拡がりをもつ現象である。ハイデガーの言う「存在」は単なる現在を超えて、その存在者の「こうあった」という過去と「こうありうる」という将来を包含するのであり、その意味において、ある固有の「時‐空間」の生起にほかならない。

両者の違いをより具体的に際立たせてみよう。たとえば鳥と石という存在者は、ハイデガー的な「存在」の観点から捉えると、それぞれにまったく異なる「存在」をもつ。鳥は飛んだり、えさを捕ったり、卵を産んだりする。それに対して、石は河原に積み重なり、ないしは山中に鎮座していたりする。このように両者は存在者としての種類の違いに応じて、それぞれが異なる「存在」の可能性をもつ、ということはすなわち、それぞれが異なった「時‐空間」を形作っているということだ。

これに対して、伝統的な西洋哲学においては、存在者が「現在」目の前に出来していること、すなわち現前性が存在の意味だとされてきた。ここでは鳥と石は眼前に出来する存在者である限りにおいて、その存在に差異はないことになる、つまりそれぞれに固有の「存在」は最初から視野から抜け落ちてしまっている。このように、西洋哲学においては、鳥が存在することが、単に鳥というモノがいま眼の前にあることに、切り詰められてしまうのだ。

ハイデガー的な意味での「存在」は過去と将来への拡がりをもち、しかもこの時間的な拡がりがそれ自身において、空間的な拡がりでもある。すなわち存在者の「存在」は、ある固有の「時 - 空間」の生起と捉えられている。これに対して、存在が単に存在者が目の前に出来することと理解されると、時間と空間とはどの存在者にとっても中立的な枠組みにすぎなくなる。ハイデガー的な「存在」に伴う質的に差別化された「時 - 空間」ではなく、どのような存在者も区別なく収容する容器のようなものと捉えられるのだ。

「存在」のローカルな性格

今も述べたように、ハイデガーは「存在」を固有の「時 - 空間」の生起そのものと捉えていた。しかしこのことは、ある存在者が何か中立的な「時 - 空間」という枠内に単に見出されるということではない。たとえば鳥の「えさを捕ること」は、鳥の種類に応じて、川の魚を捕ることであったり、葉についている虫を捕ることであったり、木の実をつつくことであったりする。つまり「えさを捕ること」という鳥の存在様態は、そのつどある特定の「世界」と結びついており、またそうした「世界」によって質的に限定されている。ある鳥が「えさを捕る」その様態は、ある特定の「世界」と不可分なのである。

一般化して言えば、その鳥の「存在」は、ある特定の「世界」に即した、ある特定の「様態」を取っているということだ。たとえば「トキ」という鳥の「存在」を思い浮かべるとき、われわれはそれをある固有の世界とともに思い浮かべざるを得ない。そしてそれは、「カワセミ」の「存在」を思い浮かべるときにイメージする「世界」とは異なる。このように、異なった「世界」において存在者がそれぞれ異なった「存在様態」をもつことこそ、われわれが通常、地域性や風土性として理解しているものなのである。

こうしてハイデガーの「存在の思索」それ自身のうちに、「存在」が風土的、地域的に限定されたものだという主張が含まれている。彼がしばしば「田舎」に愛着を示し、「土着性」や「故郷」について語るのをご存じの方も多いだろう。こうした言説は、陳腐なロマン主義として一笑に付されたり、偏狭な排他性の表れとして敬遠されたりする。しかしそれらは右で述べたような彼の「存在」の捉え方に根ざしたものなのである。「存在」とはだれにとっても共通なものではなく、「場所」に規定されたものだということ、このような「存在」についての考え方が彼の「土着性」をめぐる言説の背後にはあるのである。

これに対して、存在とは「共通なもの」、「普遍的なもの」という捉え方が西洋哲学に由来する存在理解のあり方である。今日、われわれが前提としている西洋的な知の普遍性も、じつはそうした知によって開示された存在が普遍的なものだという想定に基づいている。ハイデガーの「存在への問い」は、この西洋哲学特有の存在理解、またそれに基づく西洋的な知の普遍性の要求に対して、「存在」の地域性を強調することによって異を唱える。そしてまさに彼のこうしたスタンスこそが、序論で述べたハイデガー哲学の政治性の根幹も、同時になしているのである。

先ほども述べたように、「土着性」や「故郷」や「フォルク」をめぐるハイデガーの言説をまじめに受け止める人は現代人の中にはほとんどいない。しかし彼の思索における「土着性」や「フォルク」の概念は、あくまでも、「存在への問い」のうちに位置づけて理解されるべきものである。つまりそれらの概念についてわれわれがイメージしているものを、彼の議論のうちにそのまま読み込むことは厳に慎まねばならないのだ。ほかならぬハイデガー自身が、「土着性」や「フォルク」に関する通俗的な理解に対抗して、それらの概念を「存在の思索」によってあらためて基礎づけることを試みていた。第四章で詳しく取り上げるが、彼のナチス加担もこのようなスタンスに基づいて行われたのであった。

2　ハイデガーの真理論

「非隠蔽性」としての真理

以上、ハイデガーが「存在」をどのように捉えていたのか、またそれが伝統的な存在の解釈とはどのように異なるのかを見た。「存在への問い」におけるこうした「存在」の意味の捉え直しは、必然的に「真理（Wahrheit）」の概念の見直しへとつながらざるを得ない。この点を以下で検討し、ハイデガーの言う「存在」とはいかなるものかをさらに明確にしていきたい。

伝統的な哲学においては、真理とは、「ものと知性との合致」であるとされてきた。ここで言う「もの」とは、先ほど述べた、眼前に出来している存在者である。いっぽう「知性」とは、より具体的に言うと、そうした「もの」についての「表象」、すなわち「言明」である。そしてこの「言明」は、「SはPである」をその基本的形式とする。この「言明」が「もの」の実際のあり方に「合致」していること、すなわち「言明」が「もの」へとまっすぐに向かっていることとしての「正当性（Richtigkeit）」が、伝統的哲学においては真理とされてきたのである。

たとえば「壁にかかっている絵が傾いている」という「言明」がなされたとしよう。その際、壁にかかっているその絵が実際に傾いていれば、その「言明」は「正しい」、すなわち真理だということになる。ここでは真理は「言明」の特性と考えられている。そしてその「言明」が「知性」の産物だとすれば、真理は「知性」の特性でもあるということになる。

このように伝統的哲学が、真理の座を「知性」、「心」のうちに見て取るのに対して、ハイデガーは「存在者が立ち現れていること」そのものを「真理」だとする。そして、この「真理」を「非隠蔽性（Unverborgenheit）」という用語によって表現した。彼はこの真理概念を、古代ギリシアの真理概念、すなわち「アレーテイア」を継承するものと位置づける。ハイデガーの説明によれば、このギリシア語「アレーテイア」、“alētheia”は「忘却」、「隠蔽」を意味する“lēthe”と否定の接頭辞“a-”から成り立つ、すなわち「隠蔽を除去すること」を意味していた。この解釈に基づいて、「ア‐レーテイア」をドイツ語に直訳したのが「非隠蔽性」である。つまり“Unverborgenheit”とは、ドイツ語の否定の接頭辞“un-”と、「隠されていること」を意味する“Verborgenheit”からなる、ハイデガーの造語である。今述べたことからすると、「非隠蔽性」とは、何かが「隠れなくあらわになっている」事態を指すと言ってよいだろう。

　ところで、ある存在者が立ち現れているとき、同時に「存在」が生起していることについては、本章でもすでに指摘した。しかもこうした「存在」の生起は、「時‐空間」の拡がりそのものでもあった。つまり存在者の立ち現れという「非隠蔽性」の根底には、つねにこのような意味における「存在」の「立ち現れ」が潜んでいるのである。

　しかも、これもすでに論じたように、存在者が存在‐者として現れるということは、その根本において、この「存在」の開示により初めて可能となる事態である。それゆえハイデガーは、この存在者の立ち現れとともに生起している「存在」の開示を「真理の本質」と見なし、その次元を「存在の真理」や「存在の明るみ」という表現によって示そうとしたのである。

以上で述べたことからもわかるように、ハイデガーが「真理」について語る場合、それは二重の側面をもつことに注意しなければならない。彼は「真理」をまず、「存在者の立ち現れ」という場面で押さえる。しかし他方では、この「存在者の立ち現われ」の根底において「存在」の開示が生起していることに注意を促し、こちらも同じく「存在」の「非隠蔽性」という意味で「真理」と呼ぶ。この二つの「真理」の関係性は、存在者の「非隠蔽性」としての「真理」は「存在」の「非隠蔽性」としての「真理」に基づく、と言い表すことができるだろう。そしてハイデガーは後者の「存在」の「非隠蔽性」を「真理の本質」とするのである。

「現れ」と「隠れ」の交錯

今、「非隠蔽性」としての真理には、存在者の「非隠蔽性」と「存在」の「非隠蔽性」という二つの次元があると述べた。そしてこの両者の関係を、後者、すなわち「存在」の「非隠蔽性」が、前者、すなわち存在者の「非隠蔽性」を基礎づけているという仕方で表現した。注意すべきは、存在者の「非隠蔽性」が生起しているとき、「存在」の「非隠蔽性」はたいていの場合、見落とされてしまっていることだ。つまり「存在」の「非隠蔽性」においてて「存在」は、ある意味においてて現れてはいるのだが、ある意味においては隠れているという、独特の動向を示している。この「現れつつ、隠れる」、ないしは「隠れつつ、現れる」が、「存在」の本質動向なのである。

これに対しては、「存在への問い」が「存在」を主題化しようとするものである以上、「存在」は究極的には「隠れ」から取り出して明らかにすることが可能ではないのか、そう疑問に思われる方もいるだろう。この疑問に答えるには、「図」と「地」の関係がアナロジーとしてわかりやすいかもしれない。「地」は「地」として目立たないものであるからこそ、「図」を「図」として際立たせることができる。「地」が目立つものとなれば、それはすでに「図」となっているのであってもはや「地」ではない。「地」が「地」であるためには、本質上、目立たないものであり続けなければならないのだ。しかし目立たないからといってそれは、まったく現れていないわけではない。「図」に対する「地」としては、ある意味ではやはり現れているのである。

これと同様に「存在」も、「地」のようなものとして隠れている限りにおいて「存在」でありうる。しかし同時に、そのように隠れたものとして、ある意味において、それは現れてもいる。というのも、「存在」が何らかの仕方で捉えられなければ、存在者は存在者ではありえないからだ。もっともそうでありながら、「存在」はやはり、存在者のようには現れ出ることはない。それゆえ既存の哲学／学問が、存在者を対象として目の前に引き出し、あらわにすることをその本質とする限り、決して真の意味における「存在」は捉えられないことになる。「存在」を捉えているつもりでもそのときには、「存在」は「存在」でないものにすでに歪められているのである。

以上で見てきたように、ハイデガーは「真理」の根本的意味を「非隠蔽性」と捉えている。そしてその上で、伝統的な真理概念は、この「非隠蔽性」としての「真理」から派生したものにすぎないとする。伝統的な真理観は、眼前に出来する存在者に関する「言明の正当性」を真理とする。しかし、そもそもそうした存在者についての「言明」をなすためには、すでに存在者がそれとして立ち現れていることがその前提となっている。すなわち「言明の正当性」としての真理は存在者の「非隠蔽性」としての「真理」に依存しているということだ。そしてこの存在者の「非隠蔽性」が究極的には「存在」の「非隠蔽性」に基づく以上、「言明の正当性」は「存在」の「非隠蔽性」から派生した、真理の二次的形態にすぎないことになるのである。

ハイデガーが「存在」という事象を哲学的考察の主題としたことに応じて、真理の捉え方も伝統的哲学のものとは異なるもの、すなわち「存在」が開示されていることとされることになった。われわれは普通、真理というと、学問的考察によって獲得される知のようなものを想定する。しかしこうした真理観は、伝統的哲学による、「正当性」としての真理という捉え方に準拠したものにすぎない。ハイデガー的な「真理」はこれとは異なり、存在者がおのずと立ち現れてきて、有無を言わさない仕方で人間を圧倒し規定する「出来事そのもの」のことを指している。より根本的に言うと、そうした存在者の立ち現れにおいてある固有の「時 - 空間」が生起し、それが人間を捉えるという事態、それをハイデガーは「真理」の根源的意味と見なすのである。

3　人間の本質の捉え直し

なぜ「現存在」と呼ぶのか

　以上、ハイデガーが「存在」をどのように捉えたか、またそれに応じて「真理」をいかなるものとして解釈し直したかを見た。すでにお気づきと思うが、この議論では、つねに何らかの仕方でわれわれ人間のあり方が問題とされている。つまり「存在」や「真理」の捉え方の変化は人間のあり方自体の変化をもたらすということが、つねに想定されているのである。だとすると、彼の思索において人間は、新たにどのように捉えられるのだろうか。

ごく簡単に言うと、「存在への問い」において人間は、「存在」が生起する「場」と規定される。そしてこの、「存在」の生起の「場」であるということに応じて人間は、「存在」を「気遣い」、「見守ること」をその本質としてもつとされることになる。

ハイデガーが人間を「現存在」という術語によって表現したことは、多くの方がご存じだろう。この「現存在」という名称も、じつは人間を「存在」生起の場として捉えることに基づいている。

「現存在」はドイツ語では“Dasein”である。この語は「そこに」を意味する“da”と、「存在」を意味する“sein”から成る。この二つの語から構成された“dasein”とは、ドイツ語の普通の用法としては、「だれかがそこに居合わせる」こと、「何かがそこにある」ことを意味する動詞である。“Dasein”はその名詞形として、「あるものが現存すること」、存在することを指す。たとえば神の存在証明という場合の「神の存在」は、ドイツ語では“Dasein Gottes”と表現される。

したがって、ハイデガーが“Dasein”という語によって人間を言い表すのは、彼が人間を「そこに - ある」ものとして捉えようとしていることをさしあたりは意味すると言ってよいだろう。もちろんこの場合の「そこ」は単なるある空間の一角のことではなく、ハイデガー的な「存在」が生起する「場」そのもののことである。先ほど、「存在」は時‐空間的な拡がりとして生起すると述べたが、まさに「現」としての「そこ」とは、このような「時‐空間」を指している。人間は、この「現」のうちにおのれを見出す存在者であることが、「現存在」という用語によって表現されているのである。

もっとも、現存在が「そこに」あるといっても、現存在が容器の中にあるように、単に「そこ」という空間に位置を占めることをそれは意味するわけではない。この「現」とは、そこにおいて存在者の「存在」が生起し、われわれに、それに対して何らかの形で応答することを迫ってくるような場所である。すなわちそれは、われわれ各自が直面する「現場」、「状況」と言ってよい。したがって、現存在には、「そこ」に投げ出されているという、単に受動的な含意だけではなく、「そこ」に立ち会い、「そこ」を覚悟して担うという能動的な側面もまた、同じく含まれているのである。

以上で見てきたように、現存在とは人間を「存在」との関係において捉えようとする概念である。つまり人間を「存在」の生起の「場」として捉えるということだ。このとき人間の本質は、人間という存在者がそれ自身で備えている属性によってではなく、おのれとは異なる存在者の「存在」によって規定されている。つまり人間が人間であることの根拠が、人間それ自身のうちにではなく、自分にとって他なるもの、すなわち「存在」の生起のうちに見て取られているということだ。この点を強調して、ハイデガーは人間という存在者にあえて「現存在」という術語を充てているのである。

「現存在」の地域的限定性

以上で見てきたように、「現存在」とは「存在」の生起に立ち会い、またそれを担うことをその本質とする存在者である。そして先ほど指摘したように、「存在」とは本質的に風土的、地域的に限定されたものである。だとすると、「存在」によって規定される現存在も、それ自身、風土的、地域的に限定されることになる。

このような人間存在の捉え方は、人間を「理性を備えた動物」と捉える西洋哲学の伝統的人間観に意識的に対置されたものである。先ほども述べたように、西洋哲学において存在は普遍的なものと規定されていた。そして理性とは、そのような普遍的なものへの通路と見なされる限りにおいて、原理上すべての人間に共通なものとされてきた。現実的には、理性を正しく行使できない場合もあるし、むしろその方が普通かもしれない。しかしとにかく原理的には、すべての理性は同一の普遍的な真理に到達できるはずであり、その本来の性能においては他と等しいと見なされるのである。

こうした西洋の伝統的な人間観に対して、ハイデガーは「存在に聴従する」という人間像を提示して、それを「現存在」と呼ぶのである。繰り返しになるが、現存在が聴従する「存在」が風土的、地域的限定をもつことにより、現存在自身もまた風土的、地域的に限定されることになる。つまり理性的動物が地域的な差異をもたない普遍的な性格をもつのに対し、現存在はまさに地域的な限定性を、おのれの本質とするのである。

「フォルク」の意味

ハイデガーが「フォルク（Volk）」について語るときにも、この「存在」によって限定された現存在の共同性がつねに念頭に置かれている。つまり彼はそれぞれ異なった地域において、そこに固有の「存在」によって規定された人びとの集団を「フォルク」と呼ぶのである。なお「はじめに」でも注意したように、「フォルク」は日本語で「民族」、「民衆」、「国民」など、文脈に応じて訳し分けられているように、非常に多義的な意味をもっている。しかしハイデガーはそのどの用法とも一線を画し、自身の「存在への問い」によって基礎づけられた意味においてこの語を使用する。したがって、以下、ハイデガーの術語としてこの語に言及するときには、予断をもちこまないために、訳語として「フォルク」を用いることにする。

ハイデガーが「ドイツのフォルク」について語る場合にも、あくまでもその「フォルク」は今述べた意味において理解されなければならない。これは通常、「ドイツ民族」と訳されるので、われわれはそこにどうしても、ドイツ民族の特権性、優越性を主張する自民族中心主義的なニュアンスみてしまう。しかし彼はむしろ、そのような民族理解を自身のフォルク概念によって解体しようとしているのだ。つまりここでは、「文化」や「人種」といった要因によって規定された「ドイツ性」なるものが、あらかじめ前提とされているわけではない。仮に「ドイツ性」というものがあるとすれば、それは「存在」の生起に晒されることにおいてのみ、はじめてそれが何であるかが明らかにされるような何ものかでしかないのである。

それゆえにまた、ハイデガーがドイツの「フォルク」について語るとき、ドイツ人のみが彼が考えるところの真の民族性を実現できると主張しているわけではない。彼がドイツの一地域に生きている限り、彼自身の生がドイツの「フォルク」の運命と切り離せず、それゆえに、ドイツの「フォルク」の運命に特別の関心をもたざるを得ないというだけだ。そ別の地域に生きている人びとにとっては、そこで生起する「存在」に応じて、「フォルク」もまた別の仕方で規定されることになるだろう。そうした「フォルク」はドイツの「フォルク」とは異なった運命をもつというだけで、ドイツの「フォルク」に対する優劣を問題にすることには意味がない。

以上、ハイデガーがその思索において捉えようとした「存在」がいかなるものであったのかを、暫定的に明らかにすることを試みた。序論でも述べたように、ハイデガーは「存在」という事象を最初から満足できる仕方で表現できていたわけではなかった。長い試行錯誤を経て、ようやく「存在」にふさわしい定式化を見出したのである。

本章における「存在」の概略的説明も、そうした彼の思索の歩み全体を踏まえたうえでの私自身による再構成であり、後期の定式化もそこにはすでに加味されている。したがって、以上の議論がある程度、理解できれば、ハイデガーの思索をその時代的な展開に即して概観する以下の章の議論を追うことも容易になってゆくはずである。逆に本章での議論がむずかしいと感じられた場合でも、以下の章ではある意味において同じ事柄が繰り返し論じられることになるので、我慢して読み進めていただければ、ここで述べていたことの意味もやがて腑《ふ》に落ちることになるだろう。

そこで以下ではまず、ハイデガーの前期の思索を見ていくことにしたい。つまり彼がどのようにして「存在への問い」を着想するに至ったのか、またその問いをはじめて公に示した『存在と時間』において、「存在」をどのように定式化しようとしたのか、そしてそれがその段階では、なぜ失敗に終わったのか、それらを検討することにしたい。

第二章　前期の思索

「存在」を問う著作としての『存在と時間』

本章ではハイデガーの「主著」、『存在と時間』の思想を概観する。『存在と時間』の概要については、拙著『ハイデガー「存在と時間」入門』で詳しく論じたので、ここでは簡潔に、同書の議論の大きな流れをつかむことに主眼をおいてその内容を紹介する。なお『存在と時間』という書物の成立過程については、前著で詳しく取り上げたので、その説明は割愛する。その代わりにここでは、ハイデガーが『存在と時間』の根本問題である「存在への問い」の着想にどのように至ったのか最初に論じておくことにする。

まず、一つの仮説を提示したい。その仮説とは、同書における「存在への問い」とは根源的な神性への問いである、というものだ。つまりハイデガーの「存在への問い」は、神学生だった時代の「神の本質とは何か」という問いの延長線上に位置づけられるということだ。

本章では、『存在と時間』執筆の基本動機としてまず以上の点を確認したうえで、次に『存在と時間』における現存在分析を概観する。すでに前章で述べたように、現存在はもともと、人間を「存在」が生起する場として捉えた概念であった。ハイデガーは『存在と時間』では、あらかじめ「存在」と現存在の関係をこうしたものとして押さえたうえで、まずは現存在のあり方を分析し、そこで捉えられた現存在の種々のあり方がじつは「存在」との関係性を示すものであることに注意を促すという仕方で、読者を「存在」という事象へ導こうとした。

ところが、『存在と時間』は「存在」を正面から取り上げる前に途絶してしまった。そのため同書の既刊部分では、現存在のあり方の分析だけが、それらがじつは「存在」との関係性を示しているのだという種明かしがなされることなく、宙に浮いてしまっている。そしてこのことが、『存在と時間』をもっぱら人間学として捉えるような、巷《ちまた》でよく見られる解釈傾向を生み出したことは、序論で述べたとおりである。しかしそのような読み方では、現存在の分析を行うに当たってなにゆえこの契機が取り上げられ、またそうした諸契機が結局のところ、いかなる意味をもつのかが理解できなくなってしまうだろう。

本書ではこれとは逆に、『存在と時間』で扱われている現存在の諸契機が、すべて「存在」との関係性を問題にしていることを考慮することによって、初めてその諸契機それぞれの意味が明晰に理解できるようになることを示したい。この作業によって、現存在分析の議論の構造全体もシンプルに見渡しやすくなるだろう。

逆に言うと、現行の『存在と時間』は、今述べたような「存在」への現存在の本質的な関係性、究極的には「存在」の意味そのものが示されていないため、同書の「存在への問い」という本来の趣旨が見えにくくなり、つねに単なる人間学と誤解されてしまうという致命的な欠陥をもっているのである。本章では最後に『存在と時間』のこうした問題点を指摘するとともに、なぜそのような袋小路に陥ったのかについても検討する。まさにこの欠点の自覚こそが、ハイデガーに『存在と時間』の断念を余儀なくさせ、問題の新たな定式化に向けたその後の努力につながっていくのである。

1　『存在と時間』への道

『存在と時間』は神と無縁か？

そこでまず、『存在と時間』の内容を具体的に見ていく前に、ハイデガーが同書の根本問題である「存在への問い」の着想に、どのような経緯で至ったのかを見ておこう。そのことをとおして、「存在への問い」がいかなる思想的動機をその背景にもつのかが明らかになるだろう。

この点について、先ほど「存在への問い」とは根源的な「神性への問い」であるという仮説を提示した。このように言うと、『存在と時間』では「神」は主題としてまったく取り上げられていないではないかという反論が返ってくるに違いない。実際、同書では、「神」

が哲学的問題として扱われている箇所は基本的に見当たらない。そもそもハイデガーの哲学全般についても、そこで「神」が問題にされているという印象をもつ読者はきわめて少ないことだろう。

しかし実際のところ、ハイデガーは『存在と時間』を刊行した直後から、哲学的主題として「神」について論じるようになるのである。一九三〇年代後半の覚書集、たとえば『哲学への寄与論稿（性起《しょうき》について）』を読むと、それこそ冒頭から「神」への言及がなされている。同書の最後のほうには、「最後の神」と題された章まで見出される。

ただ序論でも述べたように、ハイデガー研究者でさえ後期の思索にはあまり立ち入ろうとしない。また世俗化されたリベラルな知識人の習いとして、「神」には触れたがらない傾向がある。したがって、研究者にもハイデガーの「神」についての議論はまったく視野に入っていないことが多い。ましてや彼らを介して情報を得るしかない一般読者であればそうならざるをえないだろう。

こうして多くの読者の見方は、だいたい次のようなところに落ち着く。ハイデガーは当初、カトリック教会の資金的な援助を受けて聖職者になる道を歩み、大学ではキリスト教神学の研究を行った。その後、神学に飽き足りなくなり、哲学に転向した。それでもなおしばらくは、キリスト教の哲学的な基礎づけを目指していた。しかし『存在と時間』を執筆するころには、そうした路線からは脱却しており、その時期以降の彼の仕事は基本的に宗教的なものとは無縁である。

序論で触れた『存在と時間』の人気も、同書が「神」について直接論じることがなく、したがって一見すると「神」の問題には触れずに解釈できるように見える点が、「神」や宗教を非合理的なものとして敬遠する現代人の趣味に合致していることによるのだろう。

しかしそもそもハイデガーの思索の出発点には、人間が意のままにできないような「何ものか」、すなわちそれに対しては人間は主権者ではありえないような絶対者、至高者が存在するという直観があった。これが当初は神学研究の枠内で「神」として問題にされていたのだが、やがては「存在」として捉え直されることになった。つまり『存在と時間』における「存在への問い」も、ある意味では「神的なもの」につねに関わっているのである。

近代主義に対する反発

そもそも私自身も長いあいだ、『存在と時間』は「神」とは無縁の書物だと見ていた。しかし前著『ハイデガー「存在と時間」入門』を執筆する過程で、ハイデガーが現存在を記述する際に用いているさまざまな術語がキリスト教人間学に由来することを意識するようになった。『存在と時間』を丁寧に読めば、同書のいくつかの脚注で、本文で論じられている現存在の存在様態が、キリスト教人間学においてすでに主題化されていた点に注意が促されている。それで前著では、『存在と時間』の現存在の分析が、キリスト教人間学において語られている内容を人間存在の普遍的、一般的構造として捉え直そうとする試みであったことを強調したのだった。

「神」をめぐるハイデガーの議論のむずかしさは、それが「存在への問い」と密接に結びついている点にある。つまり「存在」の意味が適切に捉えられないと、彼の思索における「神」の位置づけも明らかにならないのである。しかもハイデガーによる「神」の本質、すなわち神性の究明は、単に「存在への問い」と結びついているだけではない。より正確に言うと、「存在への問い」はもともと「神性への問い」に由来する、つまりそこから発展してきたものなのである。この点を以下で具体的に見ていきたい。

ハイデガーがその思想的遍歴の最初期、すなわちまだ神学生だったころ、もっとも力を注いでいたのは、世俗化が進みつつある社会状況に抗して、人間にとって「神」への関わりが不可欠であることを示すことだった。一九世紀半ば以降、カトリック教会内において近代的学問、とりわけ実証的な歴史学と自然科学の成果を取り入れて、信仰を現代社会に適応させようとする「近代主義（モダニズム）」が台頭した。こうした近代主義の立場をカトリック教会の保守的な主流派は、聖書の啓示を否定し、信仰を個人の内面的、主観的な経験の問題へと矮小化《わいしょうか》するものとして厳しく批判し、一九一〇年には教皇ピウス一〇世が「反近代主義の宣誓」を命じるに至った。こうしたカトリック教会内での近代主義をめぐる論争において、ハイデガーは「反近代主義（アンチモダニズム）」の立場に与していた。

ハイデガーがなぜ反近代主義を支持したのかについては、彼の出自によるところが大きいだろう。彼が一八八九年にドイツ南部のメスキルヒで生まれたとき、同地の住民は、一八七〇年にローマ教皇ピウス九世が「教皇不可謬《ふかびゅう》」をドグマ（教義）として宣言したことに反発してカトリック教会から離脱した「古カトリック教会」の信徒と、従来の教会派の信徒（ローマ派）に二分され、お互い対立しあっていた。古カトリック教会の信徒は教養市民層、すなわち同地では上流階級に属し、近代主義的なメンタリティをもった人びとによって構成されていた。こうした人びとがカトリック教会に残留した「ローマ派」を偏狭で時代遅れの存在として蔑視していたのである（この古カトリック教会によるローマ・カトリック教会に対する批判は、当時のドイツ首相ビスマルクのカトリック弾圧政策、すなわち「文化闘争」に即応した運動でもあった）。

ハイデガーの父フリードリヒは聖マルティン教会の堂守を務めていた。しかしハイデガーが生まれたときには同教会は古カトリック教会によって占拠され、ハイデガーの家族も含む「ローマ派」の人びとは別の場所に作られた仮の教会での活動を余儀なくされていた。やがて古カトリック教会の勢力は弱まり、一八九五年、教会は「ローマ派」に返還された。

その後、学業で頭角を現したハイデガーは、カトリック教会の金銭的な支援により、コンスタンツのギムナジウムに進学した。ハイデガー家はひどく貧しいというわけではなかったが、といって子どもを自前で上級の学校に進学させるほどの経済的余裕はなかった。カトリック教会はそのような家庭の子息の中から有能な人物をリクルートし司祭の後継者として養成するシステムを築いていた。ハイデガーはこのカトリック教会の人材育成のルートに乗ったわけである（以上の点については、リュディガー・ザフランスキー『ハイデガー ドイツの生んだ巨匠とその時代』山本尤訳、法政大学出版局、一九九六年、第一章を参照）。

こうしたハイデガーの出自を念頭に置けば、近代主義の攻撃からカトリックの信仰を守るという姿勢が彼にとって自明の出発点となっていたことは想像に難《かた》くないだろう。カトリック教会内における近代主義をめぐる論争において、彼がそれに反対する立場に与《くみ》したのも、ある意味において自然の成り行きであった。彼はやがてカトリック教会を「裏切り」、そこから離反することになるが、青年期までに形作られた近代主義の傲慢《ごうまん》さに対する反感は終生、彼の思索を規定し続けた。

根源的な神性の探求

　ハイデガーは一九〇九年冬学期からフライブルク大学で神学の勉強を始めた。そしてすでに一九一〇年には、カトリック系の雑誌に書評や評論という形で近代主義批判の論陣を張るようになった（『演説と生涯のその他の証　ハイデガー全集第一六巻』所収）。この時期の書評や評論では、おもにカトリック神学に関連する文献や、人びとの教化に資するような宗教的文学が取り上げられている。

　ハイデガーはそうした小論において、近代主義の基調をなす「個人主義」や「個性崇拝」を、世俗化され信仰を失った人びとの、生の目標を見失ったあり方として厳しく批判している。そして人間の生は「神」という超越的なものとの関係によってのみ、その真の意味を獲得できることを強調している（GA16, 3ff.）。

　このようなハイデガーの近代主義批判は、彼の学問の基本的方向性を規定するものともなった。この点は、一九一六年に刊行された教授資格論文『ドゥンス・スコトゥスの範疇《はんちゅう》論《ろん》と意義論』の結論部で、中世的な生の豊かさを積極的に評価するという形で示されている。中世における「主観性にとっての体験の可能性と豊かさは、魂の生がもつ、超越的なもののうちへと延びていく側面によって制約されており、今日のように魂の生の内容的、表面的な拡がりによって制約されているわけではない」（GA1, 409）。

ここでは「超越的なもの」との関係を保っている生と、「超越的なもの」との関係を見失い、体験の表面的な拡がりのみを追い求める生とが対比されている。こうした生の二つの対極的なあり方が、やがて『存在と時間』における「本来性」と「非本来性」の区別へとつながっていくことになる。

なおこのような近代文明批判は、基本的にはカトリック信仰の立場からなされたものである。しかし同時にそこには、都市的な生を批判し、「フォルク」の根源的なあり方への還帰を希求する青年運動のエートスが示されていることにも注意すべきだろう。実際、彼は当時、反近代主義の立場を取り、ドイツ民族主義的な色彩も強かった「グラール（聖杯）同盟」というカトリック青年運動に属していた（ザフランスキー『ハイデガー　ドイツの生んだ巨匠とその時代』、三三頁）。彼のこの時期の著作活動も、このような青年運動の一環としてなされていたのである。こうした青年運動のエートスは、彼がカトリックの信仰を捨てたあとにも彼の思索を規定し続けることになるだろう。

また当時のハイデガーの論考には、彼が伝統的なカトリック神学を超えて同時代の宗教心理学にも関心を向けていたことが示されている。ハイデガーは「宗教心理学と下意識」（一九一二年）という評論で、宗教心理学の研究を多数紹介し、それらについて論評している。そこでは心理学の祖ヴィルヘルム・ヴント（一八三二―一九二〇）やアメリカの心理学者ウィリアム・ジェームズ（一八四二―一九一〇）の宗教心理学の業績などが参照されている。

先ほども述べたように、近代主義は信仰を個人の経験に還元する傾向をもっていた。そして反近代主義の保守派はこうした宗教観を、宗教的事実としての啓示を否定するものとして問題視し、当時、流行していた宗教心理学をこのような近代主義的な思想傾向の表現として批判していた。

このように、宗教心理学は反近代主義の立場からすれば、基本的に否定されるべきものだった。ハイデガーも当時は反近代主義を奉じていたから、本来、宗教心理学は批判の対象であったはずである。しかし彼の宗教心理学に対する姿勢は、そうした単純な否定にはとどまらなかった。彼の上述の宗教心理学についての評論からは、神学の硬直化した体系を超えて宗教的経験の本質に迫るという点において、宗教心理学に一定の意義を見出す方向性も見て取ることができるのだ。

そういえば、先ほど参照したドゥンス・スコトゥス論においても、「超越的なもの」についての「体験」が語られていた。つまりハイデガーは当時、一方で「神的なもの」の超越性を認めつつも、それについての直接的な経験の可能性も否定していなかった。一方で「神的なもの」の絶対的な超越性、他方でそうした超越的なものについての直接的経験、このように一見対立するように見える両者を、一方を他方に還元することなく捉えること、これがハイデガーにとって、哲学的な課題として浮かび上がってきたのである。

現象学との出会い

ハイデガーは同時代の宗教心理学に一部、肯定的な側面も認めつつ、しかしながらそれが「神的なもの」に本来備わっている超越性を主観的なものへと解消することには反対していた。彼が必要としていたのは、ある意味では主観的経験に定位しつつも、同時に「神的なもの」を主観性を超え出た超越的なものとして捉えることを可能にするような哲学的立場だった。ハイデガーがエトムント・フッサールが創始した「現象学(Phänomenologie)」という哲学的方法に注目したのは、まさにこのような問題意識をその背景としていたのである。

フッサールは現象学の幕開けを告げた書物『論理学研究』の第一巻『純粋論理学への序説』(一九〇〇年刊)で、論理的なものの規範性、拘束性を、われわれが現にそのように考えているという心理学的な事実に還元しようとする「心理主義」を厳しく批判した。宗教心理学もそうだったが、心理学の隆盛は、意識のあらゆる対象を心理的作用の産物と捉える風潮をもたらした。それが論理学にあっても、論理的法則を心理作用という事実に還元する立場となって現れた。フッサールはこうした心理主義を批判して、論理的対象はそのイデア性という点においては心理作用とはまったく異なる存在性格をもち、それゆえそうした心理作用には還元できないことを強調した。

しかし他方、フッサールは、論理的対象が何らかの形で心理作用に関わっていることも否定しない。われわれがそうした対象について考えているということは、まさにそれらが心理作用に与えられていることにほかならない。それゆえフッサールは『論理学研究』の第二巻『認識の現象学と認識論のための諸研究』（一九〇一年刊）で両者の相関関係、すなわち「認識作用の主観性と認識内容の客観性との相互関係」（*Logische Untersuchungen* Bd. 1, Halle, 1901, S. vii）を哲学的考察の主題とした。「経験対象とその与えられ方との普遍的相関のアプリオリ」、すなわち経験対象が意識作用にどのように与えられるのかを記述する学が、フッサール創始になる現象学なのである。

フッサールによると、一般に意識はつねに「何ものかについての意識」である。このような意識の「何ものかに向けられている」という構造を、フッサールは「志向性(Intentionalität)」と呼ぶ。たとえば論理的思考や日常的知覚といった意識作用は、必ず何らかの対象に向けられている。そしてそれぞれの意識作用は、作用の種類に応じて異なったタイプの対象をもつ。現象学は、こうした意識の志向性という構造、すなわちその作用と対象の相関を記述する学とみずからを規定する。

ハイデガーは一九六三年に書かれた「現象学への私の道」（『思索の事柄へ　ハイデガー全集第一四巻』所収）において、大学でまだ神学を学んでいた時代に、この『論理学研究』に熱心に取り組んでいたことを回顧している。ほぼ同じ時期、すなわち一九一三年には、フッサールは『純粋現象学と現象学的哲学への諸構想（イデーン）』（通常は略して『イデーン』と呼ばれる）を刊行し、超越論的現象学の立場を明確にしていた。こちらの著作に従えば、あらゆる世界についての経験は、主観による意味構成の産物と見なされる。しかしハイデガーはフッサール現象学のこの新たな展開には関心をもたなかった。彼はむしろ、フッサール自身がすでに乗り越えた仕事と見なしていた『論理学研究』を高く評価し続けた。

このことは、ハイデガーが現象学を「神的なもの」の超越性、独立性をあくまでも尊重しつつ、それがわれわれにどのように経験されるかを記述する方法と捉えていたことに基づいている。こうした彼の立場からすると、超越論的意識による対象の構成を強調するフッサール現象学の新たな展開は、「神的なもの」の超越性を主観的意識に解消してしまうもの、つまり近代の主観主義への退行でしかなかった。

ハイデガーがフッサールと親しく交わるようになるのは一九一八年前後からだが、すでにその時点でこのように、両者のあいだには現象学の意義をどう評価するのかについて大きな隔たりが存在していた。『存在と時間』刊行後、ようやくフッサールはこの断絶を明確に認識するに至り、両者の決裂は不可避となる。この二人の仲違いの原因は、ハイデガーの悪しき人柄に求められることが多い。しかし両者の対立は、根本的には現象学の意義をめぐる見解の食い違いに由来していたのである。

宗教的生の現象学

このようにハイデガーは、「神的なもの」の超越性を尊重しつつも、同時にそれがわれわれによって生き生きと体験され、われわれの生に意義を与えているような、そのような意味においての宗教的生の全体を捉える方法として現象学を高く評価していた。

先ほども参照した一九一六年刊行の教授資格論文『ドゥンス・スコトゥスの範疇論と意義論』の結論部で、ハイデガーは「超越的なもの」への関係が「魂の生」にとって本質的であることを強調している（GA1, 409）。彼はこの、「超越的なもの」への生き生きした関係を保持した魂を「生きた精神」と呼んでいる。そして「生きた精神の形而上学的な根本構造」において、「諸作用の唯一性、個体性が、意味の普遍妥当性、自体的存立と結びつけられて生き生きとした統一を形成している」と述べている（GA1, 410）。ここではまさに、現象学的な意味における意識作用とその対象（意味）の志向的な相関関係が問題にされていることがわかるだろう。ハイデガーはこのような観点から、中世のスコラ哲学を単なる硬直化した体系としてではなく、「超越的なもの」の生き生きした経験を捉えた「生きた精神の哲学」として再評価することをここでは提唱している（GA1, 410f.）。

「超越的なもの」との関係を現象学的に捉えようとするこの試みは、フライブルク大学の助手時代の一九二〇／二一年冬学期と一九二一年夏学期に行われた「宗教的生の現象学」の講義に結実した。それらの講義では、キリスト教神学を「超越的なもの」の体験を現象学的に記述したものとして読み直すことが試みられている。

そのうちの冬学期の講義では、ハイデガーは使徒パウロ（？―六〇？）のガラテヤ書、第一、第二テサロニケ書を取り上げ、キリストの再臨を待望するキリスト者の「事実的生」を現象学的に記述している。さらに夏学期の講義では、アウグスティヌスが『告白』で展開している「神」を追い求める自己の分析を宗教的経験の現象学として再構成している。これらキリスト教的文献の現象学的な解釈の成果は、のちに『存在と時間』における現存在の分析にも取り入れられることになる（キリスト教人間学が『存在と時間』の現存在分析に与えた影響については、拙著『ハイデガー「存在と時間」入門』を参照）。

アリストテレス存在論との対決

「神的なもの」の超越性を損なうことなく、同時にその生き生きとした経験をも主題化できるような哲学的立場の模索は、現象学との出会いを経て、一九二〇年代初頭の宗教現象学の講義という形でひとまずの結実をみた。そしてその後、宗教的なテーマは表立って論じられなくなる。むしろ一九二〇年代前半の講義では、アリストテレスの哲学が繰り返し取り上げられるようになってゆく。あたかもこの時期、ハイデガーがキリスト教神学から「異教的な」古代ギリシア哲学へと関心を移したかのように。

しかしそうした見方は早計である。アリストテレスへの関心の背景にも、キリスト教が古代ギリシアの存在論をその基礎としているために、「神」に固有の超越性を適切に捉えることはできないという、それまでと変わらぬ問題意識があったのだ。

ハイデガーはプラトンとアリストテレスによって確立された古代ギリシアの存在論が、もともとは事物についての存在論であったことに注意を促す。このことは、ギリシア存在論が事物とは本質的に異なる人間固有の存在様式を捉えるものではなかったことを意味している。ハイデガーは一九二〇年前後の初期の講義では、人間の存在を「事実的生」と呼んでいる。彼はこの術語によって人間ひとりひとりが、それぞれ固有の経験、状況をもち、それこそが人間存在の実質をなすことを強調しようとしたのだった。しかし古代ギリシアの存在論は、人間を目の前に見出される単なる事物として捉える。もちろん人間にも事物として存在するという側面もあるのだが、それだけでは人間固有の存在を捉えることはできない。そしてこの人間固有の存在に「神的なもの」への関係もまたその本質上、含まれているとすると、事実的生を適切に主題化できない存在論は、「神的なもの」も人間の経験に即した形では捉えられないことになるだろう。

そしてこのような性格をもつ古代ギリシアの存在論が、キリスト教神学のまさしく基礎となっているのである。たとえばプラトンの形而上学は新プラトン主義を通して、アウグスティヌスに大きな影響を与えた。またアリストテレス形而上学も、トマス・アクィナス（一二二五頃—一二七四）によってキリスト教神学と融合させられ、その後のカトリック神学をその根本から規定した。ハイデガーは、キリスト教神学がギリシアの存在論を基盤とするものである以上、事実的生をその本来のあり方において問題にすることができず、むしろそれを隠蔽する、そう主張したのだった。

このように、ハイデガーは根源的な神性の探求を進めていくにつれ、カトリック神学ではその不適切な存在論的基盤のために、真の神性を捉えられないことを意識するようになっていった。こうして当初はカトリックを近代主義から守る立場から出発した彼だったが、カトリックの教義とはもはや折り合いをつけられないことを自覚することになったのであった。

こうしたカトリック神学への不満の高まりと軌を一にして、ハイデガーはやがてプロテスタント神学を積極的に評価するようになってゆく。一九二〇年代前半、彼は中世後期の神学、とりわけルターの神学に関する論文の構想にしばしば言及している。ルターがアリストテレス哲学によって規定されたカトリック神学の体系を厳しく批判し、キリスト教の原初的な経験へと立ち返ろうとしていた点に、自分と共通する問題意識を見出したのだ。

このように、当時のハイデガーには原初的な宗教経験を明らかにすることが最大の関心事となっていた。この観点から、根源的な宗教経験の把握を妨げるものとして、ギリシア存在論の伝統が意識されるようになったのだった。ハイデガーはキリスト教神学の基礎にある古代ギリシアの存在論が事物についての存在論に過ぎず、それゆえに、事実的生をその固有なあり方において捉えるものではないことを強調した。彼が一九二〇年代前半にアリストテレスの哲学を繰り返し取り上げたことの背景には、このような、古代存在論の限界を指摘し、その適用範囲を明確に限定しようとする意図があった。

もっとも、アリストテレスの哲学は単に批判の対象とされただけではなかった。ハイデガーはアリストテレスの『魂について』や『ニコマコス倫理学』から、『存在と時間』の現存在の分析に引き継がれてゆく多くのものを汲み取った。たとえば『存在と時間』における道具連関の議論にも、『ニコマコス倫理学』第一巻冒頭における行為の目的論的系列の記述の影響が見てとれる。また現存在の本来的様態としての「覚悟（決意性）」の叙述は『ニコマコス倫理学』の倫理的徳（エーティケー・アレテー）をめぐる議論の翻案という趣をもっている（こうした点については、拙著『ハイデガー「存在と時間」入門』参照）。

このように、ハイデガーはアリストテレスの哲学のうちにも、事実的生の記述として積極的に評価しうるものを見出していた。しかし他方、そのアリストテレス自身が「第一哲学」として提示した存在論は事物の存在を基準としたものにすぎず、それがのちの西洋存在論を規定したことによって事実的生が隠蔽されてしまったことを問題視した。一九二〇年代前半におけるハイデガーのアリストテレス哲学との集中的な取り組みは、それに対する積極的な評価と批判という二つの側面をもっていることに注意しなければならない。

「神性の問い」から「存在の問い」へ

先ほども述べたように、一九二〇年代初頭の宗教現象学の講義以降、宗教的な事柄に直接的に触れられることはほとんどなくなった。そしてそれとは対照的に、アリストテレスを中心とするギリシア哲学についての講義が繰り返し行われた。こうしたことから、ハイデガーがこの時期、キリスト教から古代ギリシア的なものの積極的な評価へとその軸足を移したと見なす人は多い。

しかし実際には、アリストテレスについての研究も、キリスト教神学の基礎となったその存在論が人間存在（事実的生）を捉えるのに適していないことを示そうとするものであった。ハイデガーは「事実的生」には「神」との関係が本質的に属していると見なしていた。したがって、「事実的生」が捉えられないということは、そこに属する「神的なもの」の本質も捉えられないことを意味していた。

このように、一九二〇年代前半における古代ギリシア哲学の主題化とは、あくまでも、それまでと同様の宗教的関心に基づいて、すなわち「神的なもの」の存在を的確に捉えるという目的からなされたものであったのだ。しかし、ここでハイデガーの思索がそれまでとは質的に異なった様相を見せはじめていることも否定できない。伝統的な存在論が「事実的生」を捉えられないという事実の指摘は同時に、では事実的生の存在とはどのように規定されるものなのかという問いを引き起こさずにはいられない。つまり既存の存在論とは異なった、「事実的生」を捉えるのに適した存在論の構築という課題が新たに出来したのである。

このように、一九二〇年代前半のアリストテレスとの集中的な取り組みにおいて、それまでの「神性の本質への問い」から「存在への問い」への転換が起こった。ハイデガーが『存在と時間』の執筆の始まりを、一九二二年に論文「アリストテレスの現象学的解釈」を書き始めた時点とするのも、このことと関係する。すなわちこの論文を書く段階で、彼は自分のそれまでの取り組みがじつは「存在への問い」にほかならないという自覚に至ったのだ。

このことは逆に言うと、『存在と時間』における「存在への問い」もまた、一九一〇年代以来の「神性の本質への問い」の延長線上に位置づけられるということだ。というのも、「神性の本質への問い」を突き詰めた結果、ハイデガーはそれを的確に捉えることのできる存在論的な基礎を確立する必要性を認識したのだからである。かくして、「神性への問い」はまずもって「存在への問い」として遂行されねばならないというのが、それ以降の彼の思索の基本的スタンスとなった。

何度も言うが、『存在と時間』では、「神」について表立って論じられているところはほとんどない。それゆえに多くの読者は、同書が無神論的であるか、少なくとも「神」に対しては中立的な立場から書かれたものと理解する。しかし今も述べたように、同書の内容は「神」と無縁であるどころか、むしろ根本において「神性の本質」への問いによって動機づけられていたのである。

このような「存在への問い」の真の動機は、同書で「存在の意味」が示されていれば、より明確になっていたのかもしれない。ところがすでに述べたように、『存在と時間』は未完に終わり、「存在の意味」は示されないままとなった。したがって「存在」と神性との本質的な連関もまた、表立って論じられることはなかった。この両者の連関は『存在と時間』刊行後、ハイデガーが「存在」を主題的に論じるようになったとき、ようやくはじめて顕在化することになるだろう（この点については、本書第三章で詳しく取り上げる）。

2　現存在の実存論的分析

『存在と時間』の二つの課題

以上で見てきたように、「存在への問い」はそれ自身、「神性の本質への問い」としてなされたのだった。では「存在への問い」の根底にある問題意識が明らかにされたところで次に、その問いが『存在と時間』においては具体的にどのように行われたのかを見ていこう。

「存在」という事象がどのようなものであるかについては前章で概略的に論じた。そこでも触れたように、「存在への問い」には本質上、次の二つの課題が含まれていた。第一に、「存在」の根源的な意味を明らかにすること、第二にそのようにして解明された「存在」の根源的な意味を基準として、伝統的存在論の存在理解の特徴を明らかにすること。『存在と時間』は二部構成を取ることが予定されていたが、その第一部において、今述べた課題の最初のものが、そして第二部において二番めのものが取り上げられることになっていた。『存在と時間』の第一部は「現存在の時間性に向けての解釈と、存在への問いの超越論的地平としての時間の解明」と題されている。この第一部の究極目標は「存在への問いの超越論的地平としての時間の解明」、すなわち「存在の意味」を「時間」として解明することにあった。この表題の前半部「現存在の時間性に向けての解釈」は、この「存在の意味」を「時間」として解明するという目的のための準備として行われる現存在の分析のことを指している。つまり『存在と時間』では、まず現存在が時間的な存在であることが示されたうえで、今度はその時間性が、現存在という場において生起する「存在」の時間的性格の反映であること、つまり「存在」の意味が時間であることが明らかにされるという立てつけになっている。

これに対して、『存在と時間』の第二部は「テンポラリテートの問題性を手引きとした存在論の歴史の現象学的破壊の基本的方向性」という表題をもつ。ここで言われている「テンポラリテート」とは、第一部で明らかにされた「存在」の時間的性格を指している。したがって、「テンポラリテートの問題性を手引きとした存在論の歴史の現象学的破壊」とは、「存在」の根源的な意味が「時間」であるという観点から、伝統的な存在論で論じられてきた存在の基本的な特徴を明らかにし、その限界を画定する作業を指している。

しかし現行の『存在と時間』には、第二部自体が存在しない。それどころか、第一部もその表題に示された課題の後半部分、すなわち「存在への問いの超越論的地平としての時間の解明」は行われなかった。これらはすべて『存在と時間』の下巻で論じられる予定だったが、その下巻が刊行されなかったからである（この経緯については、拙著『ハイデガー「存在と時間」入門』に詳細に記したので、そちらを参照していただきたい）。

結果的に『存在と時間』の既刊部分では、第一部の表題に示された内容の前半部分、すなわち「現存在の時間性に向けての解釈」だけしか論じられていない。すなわちこれのみが、われわれが『存在と時間』の内容として知っているもののすべてである。「現存在」はすでに前章で説明したように、「人間」という存在者を指すハイデガー特有の術語である。他の存在者のあり方とは区別された、この現存在に固有の存在を彼は「実存（Existenz）」と呼んでいる。したがって現存在の実存論的分析とは、現存在をそれ固有のあり方、すなわち実存に即して解明することを意味している。このように、『存在と時間』の既刊部分では、もっぱら現存在の「存在」だけが取り扱われているのである。

なぜ現存在の分析が優先されたのか

ハイデガーが「存在への問い」について語るとき、この「存在」には現存在の「存在」

だけではなく、他の存在者の「存在」も含まれている。この点を明示するために、ハイデガーは「存在への問い」を「存在一般の意味への問い」と言い換えたりもしている。しかしそうだとすると、彼は『存在と時間』において、なぜ現存在の「存在」だけを先に取り上げ、最初から「存在一般」について論じなかったのだろうか。

これには方法論的な理由がある。われわれがある存在者の「存在」について考察する場面を想定してみよう。このことは、われわれがその「存在」についてどのように了解しているかを問題にすることとそのものとなる。つまり、「存在」がどのようなものかを明らかにすることは、われわれが「存在」をどのように経験しているのかを手がかりにするよりほかはないということだ。人間はただ単に事物のように存在しているだけではなく、おのれ自身や他の存在者の「存在」についての了解ももつという仕方で存在している。こうした「存在了解」をもつことが、人間存在の固有性をなしているのである。

人間が存在了解をもつということは、人間には「存在」が与えられているということ、すなわち人間が、「存在」が生起する場であるということである。前章でも指摘したように、ハイデガーは人間のこのような特質に注目して、それを現存在と名づけたのだった。したがって、現存在が「存在」が生起する場である以上は、現存在を分析すれば「存在」を明らかにできるというのが当初の彼の考えだった。

「存在の意味」を解明するための予備作業と位置づけられた現存在の存在の分析を、ハイデガーは「基礎存在論」と呼んでいる（SZ, 13）。もちろん、現存在の実存論的分析が「存在」の解明の基礎となる存在論であるという意味で、そう名づけられているのである。

しかし今述べたことは、現存在の分析の最初から、「存在」が何であるかがすでに彼の視野に入っていたことを意味している。これは一種の循環論法に見えるかもしれない。ただしそれは「存在」という事柄の性格上、やむをえないことであった。というのも、われわれが人間、すなわち現存在である限り、「存在」はつねにすでにわれわれ各自によって経験されているからだ。「存在」を主題化するということは、このように、ある意味においてはわれわれに既知のものでありながらも学問的には把捉されていないものを、あらためて主題化することを意味している。ハイデガーはまず、われわれ自身のうちでつねにすでに生起しながらも、表立って意識されてはいない「存在」経験に注意を向けさせようとしているのだ。そしてこのことが、『存在と時間』で展開される現存在分析、すなわち基礎存在論によって行われるのである。

現存在分析に対する誤解

『存在と時間』の現存在分析が「存在」の解明の準備としてなされている以上、そこで取り上げられている現存在の存在様態と構造契機は、そのすべてが「存在」との関係性を何らかの仕方で捉えたものとなっている。しかし同書では、それらについての議論が「存在の意味」の解明に先立って展開されているために、そうした現存在の分析において「存在」との関係が問題になっていることが非常にわかりにくくなっている。しかも『存在と時間』は未完に終わったので、同書では「存在」が何を意味するかは示されないままとなってしまった。そのため現存在分析の趣旨も、現行の『存在と時間』においては最後まで表に出てこないのである。

ここで特筆すべきは、ほとんどすべての読者が『存在と時間』が未完に終わっていることを気にせず、それをあたかも完結した書物のように扱っているということだ。序論でも触れたことだが、同書の既刊部分でなされた現存在の分析を「存在への問い」とは切り離し、単なる哲学的人間学として捉えるのである。

しかしこのような「存在への問い」を度外視した解釈では、「存在」の直接的な主題化に取り組んだ『存在と時間』以降の彼の仕事すべてが、同書の内容とは異質のものと感じられてしまうだろう。そして読者は、『存在と時間』がハイデガーの「主著」である以上、この内容を押さえさえすれば、彼の思想の核心は理解できているはずと勝手に思い込み、『存在と時間』以降の仕事を扱う必要はないと正当化してしまう。

前章で「存在」の意味をスケッチしておいたのは、このような誤謬に陥るのを予防するためであった。「存在」の意味をあらかじめ押さえておけば、『存在と時間』の現存在分析が、つねにそうした「存在」との関係性を問題にしていることもすぐに理解できるはずである。それでは以下、『存在と時間』の既刊部分における現存在の分析を具体的に読み解いていこう。

「世界－内－存在」としての現存在

『存在と時間』の序論では、「存在の意味の解明」という同書の目標が提示されたうえで、同書全体の梗概が示される。次いで本論に入ると、先ほども述べたように、現存在の実存論的分析が展開される。そこではまず、現存在の存在が「世界‐内‐存在（In-der-Welt-sein）」と規定される。そのうえで、「世界‐内‐存在」を構成する要素のひとつである「世界」の分析が行われる。

前章でも見たように、「世界」とは、存在者の「存在」とともに生起する「時‐空間」を指している。つまり存在者の「存在」を捉えるということは、ある意味において、その存在者が見出される「時‐空間」としての「世界」そのものを捉えるということにほかならない。ハイデガーは『存在と時間』で、このことをわれわれに身近な「道具（Zeug）」という存在者の「存在」に即して示そうとする。この道具存在の分析は『存在と時間』の本論の最初で行われていることもあり、多くの読者にとってもっとも印象に残る部分かもしれない。

そこでは有名なハンマーの例が挙げられる。ハンマーはくぎを打つためのものであり、くぎを打つことは何かを固定するためであり、何かを固定するのは風雨を防ぐためであり、風雨を防ぐのは人間が宿るためである、という指示連関がそこでは成り立っている。つまりハンマーは、このような指示連関のうちにおのれの所在をもっている。ということは、手もとにあるハンマーをハンマーとして捉えている現存在は、今述べたような指示連関についての了解をもっているということだ。そしてこの了解とはつまり、現存在の「宿る」という目的のためには固定することが必要で、固定するためにはくぎを打つことが必要で、その打つことのためにはハンマーが必要であるという連関を了解することにほかならない。現存在が手もとの道具を道具として捉えているときに了解し、そのうちにおのれを見出している場としての、この目的から手もとの道具にまで至る連関を、ハイデガーは「世界」と呼ぶのである (SZ, 86)。

多くの読者はハイデガーの「世界」というと、基本的には『存在と時間』のこの議論を思い浮かべることだろう。そのとき「世界」は道具を道具として成り立たせている「目的

‐手段連関」と理解される。しかし「世界」をこのように捉えてしまうと、彼の哲学において「世界」がもつ、より一般的な意味が見失われてしまう。

第一章で論じたように「世界」とは、元来、存在者の「存在」とともに生起する「時‐空間」そのものを指していた。たとえば鳥が飛んでいるということは、その鳥が飛んでいる固有の場所としての「時‐空間」が成立していることと切り離せない。この「時‐空間」こそが、ハイデガー的な意味における「世界」である。つまりおよそあらゆる存在者は、それが存在することにおいて、固有の「世界」を形作っているのである。したがって、「世界」を単に道具の「存在」を可能にする「目的‐手段連関」とのみ捉えると、このような、「存在への問い」における「世界」の一般的な意味が見落とされてしまうことになるだろう。

ところで、これも前章で説明したことだが、現存在は何らかの存在者が存在するという出来事に立ち会うことをおのれの本質としていた。そして今も述べたように、このように存在者が存在することは、その「存在」が形作っている「世界」が同時に起ちあがること、すなわち「世界」の生起を意味していた。したがって、現存在が存在者の「存在」に立ち会うということは、おのれ自身を「世界」のうちに見出すことそのものとなる。つまり現存在にはその本質上、「世界」が属しているのである。『存在と時間』で現存在が「世界‐内‐存在」と規定されるのもこのことを示している。

このように、「世界‐内‐存在」という規定自体、そもそも「存在」に対する現存在の本質的な関係をすでに前提としたものだった。だが道具という特定の種類の存在者を手引きとする『存在と時間』の「世界」論からは、こうした「世界」の一般的な意味を読み取ることはむずかしい。そのためこの「世界」論は、ある種の人間学、たとえば人間の日常のあり方を捉えた「日常性の解釈学」などと解釈されてしまう。しかしそうなると、ハイデガーの「世界」の考察において決定的なものである、「存在への問い」との連関が完全に視野の外に置かれてしまう。

「内‐存在」の分析

a 「内‐存在」の意味

ハイデガーは現存在の実存論的分析において、まずは現存在を「世界‐内‐存在」と規定する。そのうえで、この「世界‐内‐存在」を構成する一契機である「世界」の構造を分析する。この「世界」の意味については今、簡単に触れたが、そこでも述べたように、ある存在者が存在するということは、固有の「世界」が生起することにほかならない。したがって、存在者の「存在」に立ち合うことをその本質とする現存在は、「存在」と不可分の「世界」のうちに必然的におのれ自身を見出すことになる。

このような仕方で現存在は世界「のうちに」存在するわけだが、ハイデガーはこうした現存在と「世界」との関係を「内‐存在（In-Sein）」として主題化する。つまり現存在が世界「のうちに」存在するとして、この「うちに‐あること」が、現存在のどのようなあり方であり、またそれが何によって可能となっているのかを具体的に捉えようとするのである。

最初に注意すべき点は、「内‐存在」という「あり方」は、事物が箱の中にあるような仕方で現存在が「世界」の内部にあるということではないということである。現存在はあくまでも「世界」を何らかの仕方で感受しているという仕方で「世界」のうちにある。すなわち「世界」のうちにあるとは、世界を感受することと等しい。これに対して、箱と事物という場合、箱は箱、事物は事物としてすでに別々に存在するものと設定されており、両者のあいだにはそのような関係は成立していない。

このような、現存在の「世界」に対する特別な関係も、すでに西洋哲学において「認識」として捉えられていたのではないか、そう疑問に思われる方もあるだろう。しかし西洋哲学は、ハイデガー的な意味での「存在」を度外視している以上、当然のことながら、その「存在」が形作る「世界」に対する人間の関わりも捉えられていない。従来の西洋哲学において認識の名のもとに問題にされてきたのは、存在者について何らかの理論的な判断を下すことだけである。それゆえハイデガーはまず、西洋哲学においてはいまだ主題化されたことのなかった「世界」という現象を提示すると同時に、その「世界」への、理論的認識とは異なった関わり方を新たに示そうとしたのである。

ハイデガーは『存在と時間』においてはこの「世界」への現存在の関わりを、「情態（Befindlichkeit）」、「了解（Verstehen）」、「語り（Rede）」という三つの観点から論じている。この三つの概念はそれぞれ切り離された作用ではなく、「内-存在」を構成する三つの側面と理解されるべきである。つまり「内-存在」は現存在による「世界」の感受として、ある意味においては「情態」であり、ある意味においては「了解」であり、またある意味においては「語り」なのである。以下ではハイデガーの議論の順序に従って、「情態」から順に検討していこう。

b 「情態」

ハイデガーはこの「情態」を、「気分」、「気分づけられていること」、「感情」などとも言い換える（SZ, 134）。『存在と時間』ではいまだ明示的には述べられていないが、この「情態」は、「世界」に対する関わり方を示している。存在者が存在することにおいて形作られる「世界」は、現存在が意のままにできるものではなく、むしろ有無を言わさない形で現存在に襲いかかってくるものである。それはあるときには重荷であると感じられ、また逆に喜びとして感じられることもあるだろう。こうした気分のうちにハイデガーは「世界」の開示を見て取っているのである。

このようにして「情態」は、われわれを取り巻く「世界」を開示する。より正確に言うと「情態」とは、「世界」が今そこで開かれていることを意味するのだ。そして現存在がそうした「世界」のうちにおのれを見出す限りにおいて、「世界」の開示としての「情態」は、同時におのれ自身の開示という意味ももつのである（SZ, 136f.）。

われわれはたとえば「明るい雰囲気」や「重苦しい雰囲気」について語る。この場合、雰囲気は周囲の状況を示しているが、同時にそれはその中にいる人の気持ちも表している。「情態」は、この雰囲気に該当すると言ってさしつかえないだろう。

われわれは「情態」、すなわち「気分」を主観的なもの、意識の内的状態と捉えるのが普通である。そして西洋の哲学史においても、存在者の理論的な把捉こそが真なる認識の源泉だとされる一方、気分や感情は主観的なものにすぎず、認識的な価値はもたないとされてきた。しかし先ほども述べたように、ハイデガーの実存論的分析においては「情態」は

「世界」そのものの「在りよう」を示すものと位置づけられる。すなわち「情態」はむしろ「世界」の実相を捉えるものと評価されているのである。

『存在と時間』におけるこの「情態」をめぐる議論のコンテクストとして注目すべきは、キリスト教人間学との関係である。ハイデガーは同書で「恐れ」と「不安」を「情態」の具体的様態として詳細に記述しているが、その際、脚注においてアウグスティヌスやルターの著作への参照を促しつつ、キリスト教神学において神に背を向けつつ神の罰を恐れる「奴隷的な恐れ」と、神を畏怖《いふ》しそれに従順に従う「敬虔な恐れ」という二種類の「恐れ」の区別がされてきたことを指摘している（SZ, 190, Anm. 1）。前者はハイデガーが『存在と時間』において「恐れ」として分析している情態に当たり、後者は「不安」という情態に該当する。

このように、ハイデガーはキリスト教神学において、「恐れ」と「不安」という情態が神を開示するという重要な機能を与えられていたことに注意を促す。そのうえで、神に対する非本来的な恐れと本来的な恐れ（不安）を、「存在」に対する二種類の関わり方、すなわち開示様式として捉え直す。「恐れ」はおのれが担うことを求められている「存在」から逃避し、自己保存のみを気に懸けている様態、それとは逆に、「不安」は「存在」から逃避せず、その重荷を担っている様態と捉えられるのだ。

今も述べたように、『存在と時間』において「情態」とは、根本的には「存在」への関係性を捉えたものである。つまり「情態」とは、まさしく「存在」の開示様態なのである。そしてこの観点から、「不安」は「存在」をもっとも純粋に開示する特権的な情態とされている。逆に「恐れ」は、そうした「不安」からの逃避として、まさにそれ自身、「不安」のひとつの様態、すなわち「非本来的な不安」と位置づけられるのである (SZ, 189)。

本章の最初ですでに指摘したように、ハイデガーの「存在への問い」は、もともと根源的な神性、すなわち「真に超越的なもの」の追求に端を発するものだった。まさに「存在への問い」のこうした神学的な背景が、『存在と時間』における「情態」の議論、とりわけ「恐れ」と「不安」という気分の重視のうちに示されている。「恐れ」と「不安」はキリスト教神学において、超越的なものへの関係性を表す感情として取り上げられてきた。それが同書では、「存在」を開示する感情として解釈し直されているのである（ただし「情態」と「存在」の本質的な関係については、同書ではまだ表立って語られていないので、以上の議論は第一章で示したようなハイデガーの「存在への問い」の全体構造を前提としたうえでの再構成であることをお断りしておきたい。以下の「了解」についての説明も同様である)。

c 「了解」

以上、現存在が「世界」のうちに存在する様式としての「情態」について概観した。ハイデガーがこの「情態」とともに「内 - 存在」を構成する要素として挙げているのが「了解」である。彼によると、「情態」とは了解的な「情態」なのであり、「了解」とは情態的な「了解」である。つまり「情態」と「了解」は二つの異なった作用ではなく、両者が相まって、「世界」への関係という統一的な現象を形作っているのである（SZ, 142）。

本書では、これまでも「存在を了解する」という言い方を何度も用いてきた。じつはこのときにはすでに、ここで取り上げる「了解」が先取りされていたのである。「了解」は「情態」と同様、「存在」、ひいてはその「存在」が形作る「世界」に対する現存在の関わりを示すハイデガー独自の術語である。そこで「世界」の「了解」とは具体的にどのようなことを意味するのかを、これから検討してゆこう。

「存在」、たとえば鳥の「飛んでいること」は、その「飛んでいること」と結びついた他の存在様態、さらにはそれらの存在様態に関係する他の存在者との連関を形作るものだった。それゆえ鳥の「飛んでいること」を「了解」するということは、今述べたような多重的な要素を分節化しつつ、しかもそれらを「取り集めて」保持することとして生起する。一般化して言うと、「存在」を「了解」することのうちには、「存在」を構成する諸要素を分節された仕方で、かつ一体的に保持すること、そうした意味での「分かること」が含まれているということだ。

　ところで、われわれがある事柄に関して、それを「了解している」とか、「分かっている」と言うときには、その事柄に適切に対処できること、つまりそうした能力を備えていることを意味している。逆に「彼は何も分かっていない」と言うときには、彼がある事柄に適切に対処する能力を欠いていることを述べている。つまりある存在者の「存在」の可能性を分節化する、すなわちそれを「了解」するということは、その存在者に対して適切に対処できることを意味するのだ。言い換えると、現存在は「了解」するという仕方において、ある存在者の「存在」に立ち合いそれを担うという、おのれ固有の「存在」をまっとうする。現存在がそれ自身として存在できること、すなわち現存在の「存在‐能力（Sein-können)」が「了解」に基づいているとハイデガーが述べるのは、こうした点に関わっている（SZ, 143)。

　すでに述べたように、「了解」はある存在者がその「存在」においていかなる可能性をもっているかという、その存在者の「可能性」を開示する。この「可能性」は存在者から、その目に見える属性として直接的に汲み取られるようなものではない。むしろそれはそうした眼前に現れているものを超えた次元を形作っている。

　このように、「了解」は目の前に現れ出ている存在者を超えた「可能性」の次元に関わっている。このことは、「了解」がそうした「可能性」の下図を描き出していると言い換えることもできるだろう。ハイデガーは「了解」のこうした創造的な性格を念頭に置いて、「了解」は「企投」という特性をもつとする（SZ, 145）。この「企投」の原語"Entwurf"は下図、スケッチ、構想などを意味する。つまり「了解」が存在者を超えた「世界」の下図を描き出し、構想するという性格をもつことを、この語は示しているのである。

この「企投」はわれわれの意志によって起こるものではない。むしろ意志なるものに先立って、おのずとすでにそのように「企投」し、て、し、ま、っ、て、い、るという性格をもっている。ハイデガーの表現に従えば、現存在は「世界」をそのように「企投」することへと「投げ入れられてしまっている」。それゆえハイデガーは、「企投」とは「投げられた（被投的）企投」であるとするのである（SZ, 145）。

「了解」と言うと、われわれが「世界」についてもつ、心の中の表象であるかのように理解されがちである。また「企投」と言うと、人間がおのれの意志に従って、「世界」を任意の仕方で自由に描き出す作用であるかのように捉えられかねない。しかし「情態」が「世界」が現出しているという事態そのものを指すように、「了解」も、同じ事態を別の角度から捉えたものにすぎない。「情態」が「世界」が現出しているということの有無を言わさない圧倒性を捉えたものだとすれば、「了解」はそうした「世界」が一定の分節秩序をもつものとして与えられているという側面を表現していると言えるだろう。

ただし、今も述べたように、「情態」や「了解」という用語を使うと、心的表象が問題にされているという誤解はどうしても避けがたい。もちろん『存在と時間』においても、ハイデガーはこうした誤解を避けるためにいろいろ工夫を凝らしている。しかしやはり、それらが意識現象として捉えられる危険性を完全に払拭することができない、そう認識したのだろう、『存在と時間』後、早い時期に「情態」も「了解」も彼自身の哲学的用語としてはハイデガーは用いなくなる。『存在と時間』の執筆が中途で断念されたのも、こうした術語にはらまれた問題性を意識するようになったことと深く関わっているのである。

いずれにしても、ハイデガーが「情態」と「了解」について語るときには、心的作用ではなく、つねに「世界」の「生起」という事態そのものが問題とされていることを見失ってはならない。これと同じ事情が、「内 - 存在」を構成するもうひとつの契機としてハイデガーが挙げている「語り」についても当てはまる。この点に注意しながら、以下では『存在と時間』における「語り」の分析を見ていこう。

d 「語り」と「言語」

ハイデガーが「情態」、「了解」とともに「内 - 存在」を構成する契機として挙げるのが

「語り（Rede）」である。彼によると、「語り」は「情態」と「了解」と等しく根源的である（SZ, 161）。つまり「情態的な了解」は必ず「語り」としてあるのであり、逆に「語り」はつねに「情態的な了解」であるということだ。ところで、「情態的な了解」は実質的には、そこに「世界」が立ち現れているという事態そのものを指していた。そうだとすると、今述べたことは、「語り」がこうした「世界」の生起に何らかの仕方で関わっていることを意味することになるだろう。だがしかし、これは何を意味するのだろうか。ハイデガー自身の説明を見ていくことにしよう。

ハイデガーは「語り」を「現の了解可能性の表明」と定義する（SZ, 161）。彼はさらに「語り」を「世界‐内‐存在の情態的な了解可能性の、意義に即した分節」だとも規定する（SZ, 162）。「現」とは前章でも説明したように、そこにおいて存在者の「存在」が生起する場所、つまり実質的には「世界」を指す。この「現」、すなわち「世界」が「情態的な了解」において開示されているのである。そしてこの「現」の「了解」には原理上、さまざまな可能性がありうる。ということは言い換えれば、「現」そのものが、さまざまなあり方を取りうるということだ。

ハイデガーによると、この「現」は「語り」においておのれを表明する。そして「現」が「語り」としておのれを表明する際には、不可避的に音声や書字などの物質的形態を身にまとう。彼はこのように、「語り」が「外へと話し出されているさま」を「言語（Sprache）」と呼ぶ（SZ, 161）。私なりに言い換えると、「語り」の受肉したものが「言語」であるということだ。このことは、「言語」の本質は「現」の表明としての「語り」だと、言い表すこともできるだろう。

以上の議論だけではわかりにくいかもしれないので、具体例で説明しよう。たとえば「カワセミが魚を捕っている」という発話があったとしよう。カワセミが魚を捕ることは、ある固有の「世界」が「そこ（現）」で生起していることそのものを意味する。つまりこの発話においては、こうした「世界」が表明されているのである。だがこの「世界」は、「ヒヨドリが柿の実をつついている」という発話において表明されている「世界」とはまったく異なっている。すなわち「カワセミが魚を捕っている」、「ヒヨドリが柿の実をつついている」という二つの異なる発話においては、それぞれに違った「世界」がおのれを語り出しているのである。

ハイデガーは「語り」を「現の了解可能性の表明」と規定していた。われわれはその際、「現」の「了解」を心の中の出来事と捉え、「語り」とは何か心の中に秘められた内容を外に出すことだと考えたくなるかもしれない。しかし先ほども述べたとおり、「現」の何らかの了解可能性が生起しているということは、結局のところ、「現」が何らかの仕方で生起していることにほかならない。したがって「語り」も、突き詰めると、「現」、すなわち「世界」そのものの「語り」であるということになる。すなわち「現の了解可能性の表明」という「語り」の規定は、「語り」が心の中に閉ざされた現象ではなく、むしろ「世界」そのもののありようを告知するものだということを示しているのだ。

以上の議論は、まとめると、「言語」においては「世界」が語っているのであり、「人間」が語っているのではない、とすることができるだろう。このことは、「言語」もまたつねにある固有の「世界」に根ざしており、それとは切り離せないことを意味している。換言すると、異なる「世界」に応じて、異なる「言語」がそれぞれに存在しているということだ。

こうした立場からハイデガーは、これまでの言語論が「世界の語りを蔵《ぞう》する」ということの「言語」の本質的働きを取り逃がしていることを問題視する。たとえば西洋哲学においては伝統的に「言明」あるいは「判断」が「言語」の基本形式とされてきた。そしてこの「言明」と「判断」は、ある主語について述語的な規定を行うものとして、典型的には「SはPである」という仕方で表現される。

こうした「言明」においては、主語となる存在者はただ単に眼前にあるものにすぎないとされ、「世界」との関係性は無視される。たとえばカワセミはある固有の「世界」において、ある固有のあり方をもつ生き物である。つまりカワセミの「存在」は元来、「世界」との関係においてのみ捉えうる。カワセミが存在することとは、ある固有の「世界」が生起していることとそのものである。しかし「言明」においては、カワセミは単に目の前に現れている「事物」にすぎず、そこで生起している「世界」、ないしはそのうちでの独自の「存在」はまったく考慮に入れられていない。われわれはこうしたカワセミ固有の「存在」を知らなくても、「事物」として目の前に現れているカワセミについて、いくらでも任意の観点から「それは何々である」というような述語的な規定を行うことができるのだ。

西洋哲学においては、言語表現は「世界」という特殊なコンテクストに依存することなく、だれもが理解できる明晰判明なものであるべきと考えられてきた。そして「言明」は、このような条件を理想的な形で満たす規範的な言語形式とされてきた。それに対して、ハイデガーはこのような「言明」は、派生的、二次的な言語の様式にすぎないとする。彼にとって、「言語」は何よりも「世界」の「語り」を保存するものとして、「世界」に根ざしたものなのである。

そしてこの「世界」が地域的な多様性をもつとすれば、「言語」も本質的に場所的、地域的に限定されたものとならざるをえない。これはとりわけ第二次世界大戦後に顕著になってくることだが、ハイデガーが「言語」のあり方として「方言」を高く評価するのも、言語に関する今述べたような考え方に基づいているのである（この点についてはエピローグを参照されたい）。

現存在の存在としての気遣い

以上、「内 - 存在」を構成する「情態」、「了解」、「語り」の三契機についてのハイデガーの説明を概観した。これら三つの契機はいずれも、存在者が存在するという出来事に対する現存在の関係の、ある側面を捉えている。

ある存在者の「存在」とともに生起する「世界」のうちに現存在がおのれ自身を見出しているという事態、これが「情態」である。そうした「世界」は同時に、現存在にとってある限定された可能性を課するものでもある。こうした可能性に対する関係性、それが「了解」として捉えられているのである。そしてこの「情態」と「了解」において開示されている「世界」は、何らかの仕方でおのれを示さずにはおかない。この「世界」の自己表明が「語り」である。

われわれは日常的には存在者との関わりに没入してしまっているので、現存在にとって本質的なものである「存在」への関係を意識することはない。また西洋哲学においても、この側面が永らく見落とされてきたことは、すでに触れたとおりである。こうした日常と伝統の惰性に逆らう形で、ハイデガーは日常における身近な道具との関わりの場面から出発して、そこに潜む「存在」、すなわち「世界」との関係性を表立たせることを『存在と時間』の最初の課題としたのである。

ハイデガーは以上で見てきたような現存在の分析を総括して、現存在の本質を「気遣い(Sorge)」であると規定する。この「気遣い」によって、「存在」への現存在の関わりが捉えられる。つまり現存在とは、「存在」を気遣うことをその本質とする存在者だと言うのである。本書ではこれまで繰り返し、現存在の「現」とは「存在」が生起する「場」であると述べてきた。しかし、そもそも現存在が「存在」が生起する場であるためには、ある存在者の「存在」の生起を邪魔することなく、「存在」にその固有性を自由に発揮させることが必要となる。「存在」を気遣うとはこのように、「存在」にその固有性を発揮させることなのである。

ただし『存在と時間』においては、現存在の他の契機を説明するときと同様、「気遣い」が「存在」との関係であることは、まだ明示的には語られていない。同書においては、「気遣い」は現存在の「もっとも固有な存在能力」への関わりと表現されるに止まっている。つまり「気遣い」は、現存在がおのれの固有なあり方を気遣うこととのみ規定されている。しかし今も指摘したように、現存在の固有なあり方は「存在」の生起の場であることに存するので、結局のところ、「気遣い」とは「存在」を気遣うことにほかならないのである。

今、「おのれのもっとも固有な存在能力との関わり」と述べたが、現存在はつねにそうした存在能力を引き受けるか、それともそこから逃避するかの選択を迫られている。現存在とはこの意味において、つねにおのれ自身の存在を気遣うことを求められている存在者なのである。そしておのれの存在を「気遣わない」ことも、気遣うことを迫られているという事実からの逃避として、「気遣い」のひとつのあり方と見なされる。

ハイデガーは「気遣い」の構造を「(内世界的存在者)のもとでの‐存在として、おのれに‐先立って‐すでに‐(世界)‐のうちに‐存在すること」と分節化する(SZ, 192)。抽象的でわかりにくく感じられるかもしれないが、これは右で述べたような、「存在」を気遣うことに含まれる契機をさらに詳しく表現したものにすぎない。この点を以下で具体的に見ていこう。

「存在」を気遣うとは、おのれ自身を差し置いて、ある存在者の「存在」がその固有性において生起することを優先することを意味している。つまりその存在者がもつ可能性の発揮を妨げることなく、むしろそうした可能性によっておのれが制約を受けることを許容するということだ。こうした点が「おのれに‐先立って」という規定によって表現されている。

このように、「『存在』を気遣うこと」のうちには、存在者の「存在」が自分ではいかんともしがたいものとしてすでに自分を支配していることを認めるという側面が含まれている。このことはすなわち、こうした「存在」の生起そのものとしての「世界」のうちにおのれが投げ入れられていることを意味している。このことが、「気遣い」の構造のうちの「すでに-（世界）-のうちに」によって表現されているのである。

さて、以上で「気遣い」の構造のうちの「おのれに-先立って-すでに-（世界）-のうちに-存在すること」が全体として、「存在」への関わりを表していることが明らかになった。このように、「気遣い」とは基本的には「存在」を気遣うことだが、その「存在」とはまさしくある存在者の「存在」である。そうだとすると、「気遣い」には必然的に、つねに存在者との関わりも含まれていることになるだろう。「気遣い」の構造に含まれている、「（内世界的存在者）のもとでの-存在」は、「気遣い」のこの側面を示している。

むしろ「気遣い」のうちで最初にわれわれの目に入ってくるのは、この存在者との関わりという側面のほうだろう。そしてわれわれは、「気遣い」を存在者に関わること以上でも以下でもないと短絡的に捉え、そこに潜む「存在」との関係性を見落としてしまう。このように、「気遣い」に含まれる「存在」との関係を忘却し、存在者との関わりのみにかまけるあり方をハイデガーは「頽落《たいらく》」、「非本来性」と呼んでいる（「非本来性」については、また本章の後半部で取り上げる）。

以上で見てきた「気遣い」についての議論は、すでに言及した「恐れ」や「不安」と同様、じつはキリスト教神学を下敷きとしたものであった。キリスト教において人間は神への気遣いのうちで生きることが推奨される。しかし他方、そうした気遣いが富や名誉といった世俗的なものへと向けられてしまう危険性もつねに指摘されてきた。実際のところ、さしあたりたいてい人間の気遣いは、そうした世俗的なものに向けられる。またそれゆえにこそ、気遣いを神へと向け変えることが要請されるのだ。

ハイデガーは『存在と時間』において例のごとく、もともとキリスト教神学において論じられていた気遣いをその文脈からは切り離し、現存在一般の構造として解釈し直した。すなわち「神」への気遣いを、「存在」への「気遣い」と捉え直したのだ。「神」の超越性が「存在」の超越性として読み替えられているのである。要するに、ここでは神性の本質が「存在」の超越性のうちに見て取られているのである。この点は『存在と時間』では「存在」そのものが主題化されなかったこともあり、はっきり述べられてはいないのだが、「存在」を表立って論じる中期に入ると、明示されてくるだろう（本書第三章を参照）。

以上、『存在と時間』の既刊部分の前半部（第一部第一篇）で扱われている現存在の実存論的分析の内容を紹介した。この箇所での現存在の分析においては、通常、現存在の非本来的日常性について論じたものと見なされてきた。ないしは、本来性、非本来性のどちらにも当てはまる、現存在の一般的なあり方が問題にされていると考えられてきた。しかしたとえば「気遣い」についての議論を見てもわかるように、ここでは「存在」に対する関係性が、すでに現存在の固有性と捉えられているのである。そしてこの固有性を基準として、「日常性」や「頽落」がそこからの逃避として特徴づけられているのである。

したがって、現存在の本来性は『存在と時間』の既刊部分の後半部（第一部第二篇）に入ってはじめて問題にされるわけではない。むしろそれ以前から現存在の固有性は、現存在の存在構造として同書の前半部においても示されていたのである。そして後半部では、おのれの固有性を自覚的に引き受けることがいかにして可能であり、また実際にどのような仕方で遂行されるかが示されるという構成になっている。

今述べたことに留意しつつ、以下では『存在と時間』の第一部第二篇における現存在の「本来性」の取り扱いを見ていくことにしたい。そのうえで、本章ではまだ取り上げられていなかった『存在と時間』第一部第一篇における現存在の「非本来性」をめぐる議論も、現存在の本来的なあり方と対比しつつ紹介していきたい。

3　「本来性」と「非本来性」

「本来性」と「非本来性」の意味

前章で「現存在」という用語の説明をした際に、現存在の「現」とは存在者の「存在」が生起する場であること、したがって現存在とは、人間の本質をそのような「現」に立ち会うことと規定する概念であることを指摘した。この「存在の生起に立ち会う」というあり方が、『存在と時間』においては、「気遣い」と捉え直されているのである。

このことからわかるように、「現存在」とは「存在」に対する人間の本質的な関係を捉えた概念である。したがってそこでは、「存在」がどのような事象であるかがすでに前提とされている。ところが『存在と時間』では、「存在」の意味が解明される前に「現存在」という概念が導入されてしまっている。そのために、現存在の本来の意味が捉えにくくなってしまったのである。

しかし逆に、『存在と時間』で取り上げられている、現存在を構成しているさまざまな契機がすべて何らかの仕方で「存在」に対する関係性を問題にしていることを意識できれば、右で実際に示してきたように、それらの意味は明瞭に理解できるようになるだろう。

今述べたことは、『存在と時間』における現存在の記述を特徴づける「本来性」と「非本来性」という二項対立にも当てはまる。「本来性」を表すドイツ語は“Eigentlichkeit”である。この語は「本来の」、「真の」を意味する“eigentlich”という形容詞から派生した名詞である。この“eigentlich”はさらに、「みずからの」、「固有の」を意味する“eigen”という形容詞を語源とする。それゆえ“Eigentlichkeit”は、現存在が「おのれ固有のあり方を実現している」状態を意味する。逆に「非本来性」、“Uneigentlichkeit”は、「おのれ固有のあり方を実現できていない」状態である。

これまで繰り返し述べてきたように、現存在は「存在」の生起する場であることをその本質としている。このことが意味するのは、「存在」の生起に立ち合い、それを気遣うことが現存在にとって本来的なあり方であるということだ。それゆえに、このあり方を満たしている状態が「本来性」と呼ばれるのだ。

これに対して、現存在がこのような固有性を実現できていない状態が「非本来性」である。「存在」の生起に立ち合うことを本質とすると言っても、現存在はそうしたあり方をつねに自覚的に引き受けているわけではない。それどころか、そのことから逃避しているのが現存在の通常のあり方だ。しかし、現存在が「存在」を引き受けるというおのれの固有性から逃避するということも、現存在が「存在」の生起に直面させられているからこそ起こりうる事態である。したがって「非本来性」も、「存在」の生起に立ち合うあり方のヴァリエーションと見なすことができるのだ。

この「本来性」と「非本来性」という区別は、『存在と時間』の現存在分析の根幹をなす区別である。しかし同書では、それらについて多くが語られている割には、この二つの概念が具体的にどのようなあり方を指しているのか、今ひとつわかりにくくなっている。

そうなってしまうことには理由がある。先ほども述べたように、「本来性」と「非本来性」は元来、「存在」に対する現存在の関わりの様式を示したものである。つまり「死への先駆」、「良心を‐もつことを‐欲すること」、「覚悟（決意性）」、「頽落」、「世人（ダス・マン）」などといった、現存在の「本来性」と「非本来性」を捉える実存カテゴリーは、じつはすべて「存在」への関係性を示す概念なのである。しかしこれまで繰り返し述べてきたように、『存在と時間』の既刊部分では、肝腎の「存在」について表立って論じられていない。そのため、それらの概念の本来の意義も見えにくくなってしまったのだ。

その結果、「非本来性」はよくあるタイプの文明批判、つまり大衆社会に埋没して自分らしさを失ったあり方への批判というレベルで理解されることになる。また「本来性」も、死と向き合いながら一瞬一瞬を大切に生きるあり方、世間には迎合せず自分らしさを取り戻したあり方というような、ある種の人生論と受け止められてしまう。

もちろんこうした解釈がまったく誤りというわけではない。それらもまた「本来性」と「非本来性」のある側面を捉えていることはたしかだろう。しかしハイデガーは『存在と時間』で、そのようなありきたりの人生論を説こうとしたわけではなかった。むしろ生の頽落的な様相、ないしはそこから脱却した本来的なあり方が、その根本において何に基づいているのかを追求しようとしたのである。そしてそれらのあり方の根拠が、究極的には「存在」に対する関わり方に求められているのである。『存在と時間』における「本来性」と「非本来性」をめぐる議論は、あくまでも「存在」の解明へと至るひとつの階梯《かいてい》にすぎないのだ。

この点を念頭に置きながら、以下では「本来性」と「非本来性」についてハイデガーがどのように説明しているのかを具体的に見ていこう。

「良心を‐もつことを‐欲すること」

「本来性」と言えば、『存在と時間』の既刊部分の後半部（第一部第二篇）ではじめて取り上げられる主題だと多くの読者は思われるだろう。しかし先ほども指摘したように、「本来性」は現存在がおのれの本質を成就している状態を意味するのだから、同書の前半部で現存在の存在構造が問題にされているときにも、現存在の本来的なあり方は「気遣い」としてすでに押さえられていたのである。

しかしそうだとすると、逆に『存在と時間』の第一部第二篇の「本来性」の議論はいったいどのような意味をもつのかという疑問が出てくるかもしれない。『存在と時間』第一部第一篇では、現存在の「平均的日常性」がわれわれが「さしあたりたいてい」取っている身近なあり方として分析の出発点とされていた。しかし平均的日常性が平均的日常性であるのは、そこにおいて現存在の本質が覆い隠されていることに基づいている。そうだとすれば、平均的日常性の意義を捉えるためにも、まずは現存在の本質を押さえておく必要がある。すなわち、その本質の成就されている状態としての「本来性」を、そこでもやはり前提にせざるを得ないのだ。

ただしそうだとしても、われわれはさしあたりたいてい、平均的日常性のうちにとどまり、そうしたあり方を自明のものとしている。そのためそれ以外の自分自身のあり方はなかなかイメージしにくい。そこでハイデガーは『存在と時間』第一部第二篇であらためて、現存在の本来的なあり方とはどのようなものなのか、またわれわれが平均的日常性から脱して、そうしたあり方に至るのはいかにして可能かを提示しようとしたのである。

このような問題意識のもと、現存在が平均的日常性から脱して、本来的なあり方を取ることを可能にするものとしてハイデガーが注目するのが「良心（Gewissen）」である。

ハイデガーは「良心」を「気遣いの呼び声」と規定する（SZ, 277）。この意味を私なりに説明すると、次のようなものになる。先ほど見たように、「気遣い」とは現存在の本質そのものである。このことはつまり、現存在はつねに「気遣い」というおのれの本質を成就することを「気遣い」によって求められているということだ。現存在に対して、おのれ本来のあり方である「気遣い」を引き受けるべしとするこの「気遣い」に発する要請こそは、ハイデガーが「良心」の本質とするものである。しかもこの「気遣い」が、その根本においては「存在」を気遣うことそのものであるとすれば、「良心」とは結局のところ、「存在」そのものによる、「存在を気遣うように」という呼びかけと捉え直すこともできるだろう。簡単に言えば、「良心」とは「存在の呼び声」なのである。

ハイデガー自身は「良心の呼び声」の構造を次のように分析する。「良心の呼び声」において「呼ぶ者」は、「被投性のうちでおのれの存在能力に不安を抱く現存在」である。そして「呼びかけられる者」も同じく現存在だが、こちらは「おのれのもっとも固有な存在能力へと呼び出される」。しかもその際、現存在は「ひとへの頽落から」そのような存在能力へと「呼び出される」のである（SZ, 277）。

もちろん、ここで「おのれのもっとも固有な存在能力」と言われているのが「存在」を気遣う能力のことだとすれば、以上で述べられた「良心の呼び声」の構造は、「存在」に晒され「存在」に不安を抱く現存在が、「存在」によって「存在」へと呼び出されることと捉え直すことができるだろう。しかしここでは一応、『存在と時間』の表現に沿って、ハイデガーの説明を見ていくことにしたい。

以上で見たことにも示されているように、「良心の呼び声」とは現存在に対して、おのれ固有の存在能力を引き受けることがおのれ自身に課されていることを告げるものである。「良心の呼び声」が現存在に「負い目あること」を告知するものだとハイデガーが述べるのは、今述べたような事情を指しているのである。

ハイデガーの説明によると、「負い目ある」とは形式的には、何らかの否定的な要素の根拠となっていることを指す（SZ, 283）。現存在に即して言えば、現存在の負い目とは、おのれが好きこのんで選んだのではないようなあり方を課されている点に見て取られる（SZ, 284f.）。そしてこうしたあり方を課されていること自体が、本来はそれを引き受けなければならないのに、そこから逃避してしまうという、さらなる負い目をもたらすことになるのである（SZ, 285）。

このように「気遣い」は、おのれ固有の存在能力を負わされていること、しかしさしあたりそこから逃避してしまっていることという、二重の負い目を含んでいる。この意味において現存在はそれ自体として「負い目ある存在」だと言われるのである（SZ, 285）。

「良心の呼び声」はこの「負い目あること」を現存在に告知する。したがって、この呼び声を十全に了解することとは、「負い目あること」をおのれの本質として受け入れることを意味している。このとき現存在は「良心を‐もつこと」を選び取る、すなわち「良心を‐もつことを‐欲している」のである。

現存在は意識しようとしまいと、つねにおのれ固有の存在能力を突き付けられた存在である。つまり現存在においては「良心の呼び声」が、つねに生起しているのであり、このことから現存在は逃れることはできないのだ。現存在に可能なのは、この「良心の呼び声」を聞き届けるかどうかの選択だけである。このように「良心の呼び声」、すなわち「おのれの負い目ある存在の告知」に開かれてあろうとすることが、「良心を‐もつことを‐欲すること」の意味するところなのである（SZ, 288）。

「良心を‐もつことを‐欲すること」においては、おのれ固有の存在能力を気遣うことという現存在の本質が真正面から受け止められ、そのような意味で現存在の本質が現存在自身にもっとも完全な形で開示されている。ハイデガーはこの自己の全面的な開示を「覚悟（決意性）」と名づける（SZ, 296f.）。つまり「良心を‐もつこと」とは、自己についてもっとも根源的かつ包括的な知をもつことなのだ。自己が「負い目ある存在」であること、つまり自己の存在を自分で規定することができず、むしろ自己は自己とは他なるものによって規定されていること、すなわちそうした他なるものへの「気遣い」を運命づけられていることの自覚、これが「良心を‐もつこと」の意味である。そしてそのようなあり方を、「覚悟」とハイデガーは呼ぶのである。

『存在と時間』では表立って論じられていないが、以上でも強調してきたように、現存在の「現」が根本においては「存在」の生起の場であることを考慮すれば、現存在の「負い目ある」という性格は、根本的には現存在が「存在」を負わされていることに由来する。したがって、おのれが「負い目あること」を自覚するとは、「存在」を負わされていることを自覚することにほかならない。こうして「良心を‐もつことを‐欲すること」、すなわち「覚悟」は、「存在」に対して開かれること、つまり「存在」を「気遣うこと」を意味することになるのである。

興味深いことに、ハイデガーは『存在と時間』でこれだけ詳細に「良心」について論じながら、『存在と時間』以降、自身の思索の主題としては「良心」にまったく言及しなくなる。『存在と時間』では「良心」は、明らかにキリスト教神学との連関を意識して論じられている。たとえば「負い目あること」も、キリスト教の教義において全人類が背負うとされてきた「原罪」が現存在一般の構造として捉え直されたものである。

このように『存在と時間』の良心論は、ハイデガーの思索がキリスト教神学から「存在への問い」へと至る過程においての過渡的な定式化だったと言えるだろう。やがて彼は、次章でも見るように、キリスト教が究極的には自らの「存在への問い」とは相容れないことを明瞭に認識するようになる。その結果、「存在」問題のより純粋な定式化が試みられるようになり、「良心」や「負い目」など、キリスト教を意識した用語は後景に退いてゆくのである。

「死へと関わる存在」

『存在と時間』の本来性をめぐる議論において、「良心」や「覚悟」とならんで重要な位置を占めるのが、「死へと関わる存在」である。この「死へと関わる存在」は、先ほど見た「良心」についての考察に先立ち、『存在と時間』の後半部（第一部第二篇）の最初の章で取り上げられている。

多くの人びとは哲学について、人生の深遠な真理を論じるものだというイメージをもっている。そしてまさに『存在と時間』の死の議論のうちに、そうした哲学観に合ったものを見出す。それゆえ『存在と時間』における「死」の考察は、同書のうちでもっとも注目される箇所となっている。人びとはここに「実存主義の哲学者ハイデガー」というイメージの裏づけを見て取るのだ。

人びとはたいていの場合、ハイデガーの「死」をめぐる議論から、「自分がいつでも死にうることを意識して、一瞬一瞬を大切に生きることが重要だ」といった通俗的な人生訓を読み取るだけにとどまる。もちろんそれはそれで、誤りというわけではない。しかしその程度のことを主張するだけなら、とくに『存在と時間』に依拠する必要もないのではないか。つまりそのような捉え方だと、「死」がなぜ「存在への問い」の一環として取り上げられなければならないのか、つまり「存在への問い」のうちで「死」という事象がどのような役割を果たしているのかが理解できなくなってしまう。『存在と時間』における「死」についての議論は、やはり「存在の意味」の解明という同書の究極目標との関係において捉えられない限り、その意義は明らかにならないのである。

「死」とは何だろうか。たとえばここ三年ほど、「新型コロナウイルス感染症」が世界中で猛威を振るい、数多くの命が失われ、また今も失われつつある。これに対抗して、人類はワクチンや経口薬をはじめとする新たな治療法の開発に全力を尽くしてきた。いずれこのウイルス感染症は、通常の風邪のようなものへと飼いならされることになるだろう。

別にコロナウイルス感染症だけではない。人類の死因の大きな割合を占めるがん疾患撲《ぼく》滅《めつ》のためにも多大な資源と労力が注ぎ込まれている。このように医療技術の観点からは、病気と死は原理上、克服されるべきものでしかない。そして実際この努力は大きな成果を収め、人類の平均的な寿命はいよいよ延びている。

しかしこうした進歩にもかかわらず、厳然たる事実として言えるのは、私がいずれは死ぬ存在であることには何の変わりもないということである。医療技術のめざましい発展は一時的にそうした事実を覆い隠し、私に気休めを与えることもあるだろう。しかしそれによって、私も死ぬのだという、私にとっての根本的な所与が変わるわけではない。私が医療技術の進歩に期待をかけるのは、むしろ自分も死ぬのだという現実への密かな不安を示す事象なのである。

われわれの医療技術にかけるこうした期待にも見られるように、われわれは日常的には「死」をコントロールできるもの、先送りできるものであるかのように見なしている。しかし他方、われわれは、それが究極的には不可能であることもよくわきまえている。にもかかわらず、日常的空間を飛び交う言説において「死」は、操作可能なものとしてしか現れてこない。ハイデガーはこうした「死」の本質の歪曲《わいきょく》こそ、日常性を日常性たらしめるものだと捉えるのだ（SZ, 252ff.）。

しかし「死」をこのように操作可能なものとして表象するということは、先ほども指摘したように、避けることのできない「死」の可能性に対するわれわれの「不安」を覆い隠そうとする努力として、それ自身、「死」に対する「不安」そのものに基づいている。われわれは自分の「死」の可能性という現実から逃れようとするが、このこと自体が「死」の可能性をつねに何らかの形で私が意識していることの現れ、つまりわれわれが、つねに「死へと関わる存在（Sein zum Tode）」であることを示しているのだ（SZ, 254）。

この「死へと関わる存在」というときの「死」とは、もちろん現実に自身のこととして出来する出来事ではありえない。というのも、自分が死んでしまったときには、自分が「死」に関わることはできないからだ。すなわち「死へと関わる存在」において問題になっている「死」とは、おのれ自身の死の「可能性」のことなのである。しかし、しょせん可能性にすぎないのだから、現実的ではないというわけではない。むしろわれわれは、それに対してつねに不安を感じ、何とかしてそれを払拭しようとするまでのリアリティをそこに認めている。このような可能性から逃避せず、それを可能性として直視することを、ハイデガーは「可能性への先駆（Vorlaufen in die Möglichkeit）」と呼ぶ（SZ, 262）。

しかし、「死」という可能性をおのれに切迫する可能性として直視するということは、口では簡単に言えるが、具体的にはどのようなあり方を取るのだろうか。つまり「死」という可能性に「先駆する」ことによって、現存在のあり方はどのように変わるのだろうか。「可能性への先駆」において「死」の可能性を引き受けることは、もちろん実際に死ぬことを意味するわけではない。というのもひとが死んでしまえば、そのひとにとって「死」

はもはや可能性ではなくなるからだ。「可能性への先駆」とは、あくまでも生き方の問題なのである。しかしそうだとすると、「死」の可能性を可能性として引き受けるとは、いったいどのような生き方を意味するのだろう。

先ほど、日常において現存在は「死」の可能性から目を背け、そこから逃避していることを指摘した。こうした現存在の態度は根本において、おのれの生の存続、すなわち自己保存を至上の価値と見なすことに基づいている。この観点からすると、「可能性への先駆」において「死」の可能性を可能性として引き受けることとは、こうした自己保存の欲求から脱却すること、つまり「自己放棄」を意味することになるだろう。このときに、自己保存に固執している限り視野に入ることのない可能性が、現存在に初めて開かれてくるのである。

「先駆的覚悟」

そうだとすれば、自己保存に固執する限り視野に入ってこない可能性とはどのような可能性なのだろうか。それはハイデガーが『存在と時間』において「おのれ固有の存在能力」と呼んでいる可能性である。ここで言う「おのれ固有の存在能力」とは、何度も注意したように、存在者の「存在」の生起に立ち合い、それを気遣うことである。この、おのれではない存在者の「存在」を気遣うとは、その「存在」をある意味で優先するということ、つまり自己放棄という契機を含むものである。「死」とは、こうした「自己放棄」の究極の様態なのである。つまり「自己放棄」をとことんまで突き詰めてゆくとどうしても視野に入ってこざるをえないもの、それが「死」なのである。

したがって、「おのれ固有の存在能力」につねに開かれたままであるためには、「死」の可能性を引き受けなければならない。ところですでに見たように、ハイデガーは「おのれ固有の存在能力」へと開かれたあり方を「良心の呼び声に従うこと」、すなわち「良心を‐もつことを‐欲すること」と規定していた。そうだとすれば、「良心を‐もつことを‐欲すること」、すなわち「覚悟」は事実上、「可能性への先駆」によって初めて可能になると言えるだろう、換言すると、「可能性への先駆」が「覚悟」というあり方をもたらすのだ（SZ, 309）。

「可能性への先駆」と「良心を‐もつことを‐欲すること」とのこの関係をわかりやすく説明すると、次のようになるだろう。われわれは「死」という究極の自己放棄の可能性を受け入れることができれば、それ以外の自己放棄の可能性はどのようなものでも担うことができる。逆にわれわれがさしあたりたいてい、「良心の呼び声」に従うことができないのは、それが自己保存の本能に反するからであり、すなわち「死」への恐れからなのである。

要するに、現存在がおのれ以外の存在者の「存在」を気遣うというおのれの本質にどこまでも忠実であろうとするときには、現存在は「先駆的覚悟」というあり方を取らざるをえなくなる。「先駆的覚悟」とはこのように、存在者の「存在」をどこまでも担い抜こうとする態度、すなわち「存在」に対して開かれてあろうとする態度を意味しているのである。

以上で見てきたように、「可能性への先駆」は「良心を‐もつことを‐欲すること」の徹底化と位置づけられている。そしてこの「良心を‐もつことを‐欲すること」が、「存在」に対する現存在の本来的な関係性を捉えたものである以上、「可能性への先駆」においても結局のところ、現存在の「存在」への関係がやはり問題にされている。ハイデガーが『存在と時間』で「死」を主題化するのは、結局のところ、「死」に対する態度が「存在」に対する態度と表裏一体と見なされているからであったのだ。

「死」についてのハイデガーの議論が、死後の世界、「あの世」がどうなっているのかというような思弁を否定するものであることは言うまでもない。ハイデガーはあくまでも「生」に定位したうえで、その「生」において「死」がどのような意味をもつかを問題にする。もっともわかりやすい見方は、「死」を生の「終わり」と捉えるものである。しかしこれもハイデガーの立場ではない。これだと、われわれは生きている限りで死んではおらず、また死んだときにはもはや生きていないことになり、「死」が「生」にとって外在的なものと見なされていることには何も変わりはないからだ。

ハイデガーはわれわれの「生」の一瞬、一瞬が、「死」という自己放棄の究極の可能性に対する態度によって規定されていることに注意を促す。つまり「死」は「生」の質そのものを決定するもの、その意味において、「生」の核心をなすものと考えられているのである。

非本来的な開示性

本書では、現存在のあり方がその根本において「存在」によって規定されていることを強調してきた。しかし『存在と時間』では、この「存在の意味」の解明がなされなかったため、同書で分析されている現存在の諸様態が、基本的には「存在」に対する関係性を示すものであることが見えにくくなっている。このことは以上で論じてきた「本来性」についてだけではなく、これから取り上げる「非本来性」についても当てはまる。

『存在と時間』において「本来性」をめぐる議論と並んで読者に強い印象を与えるのが、「世人」や「頽落」という現存在の「非本来性」に関する議論だろう。すでに見たように、「存在」が生起する場としての「現」の開示は「情態」、「了解」、「語り」の三つから構成されていた。「本来性」が「現」の一つの開示のあり方、すなわち「現」の開示性であることはこれまでに見たとおりだが、同様に、「非本来性」も「現」の開示性をある独特の様態として示している。「情態」、「了解」、「語り」によって構成された「現」の開示性は、「現」が「存在」の生起の場である以上、根本的には「存在」の開示性を意味していた。この観点からすると、「非本来性」も現存在における「存在」の開示性の一様態と見なすことができる。

ハイデガーは「非本来性」における「現」の開示性を、「おしゃべり」、「好奇心」、「曖昧性」の三つで特徴づけている。これら三つもまた、それぞれが切り離されたものではなく、むしろ一体となって「存在」に対してある独特の関係性を形作っている。この点に留意しながら、以下ではまずハイデガーの「おしゃべり」についての説明を見ていこう。

ハイデガーは「おしゃべり」を「語り」の日常的様態と規定する（SZ, 167）。彼によると、一般に「語り」は「伝達（Mitteilung）」という性格をもつ。「伝達」とは「語りの主題へと根源的に了解しつつ関わる存在〔これは現存在の存在を指す：筆者注〕」を聞く者と分かち合うこと（SZ, 168）、要するに、ある存在者の開示を他者と共有することである。先ほどの「語り」についての説明では省略したが、ハイデガーは「伝達」を「語り」の本質的な契機と見なしている。彼によると、この「伝達」が、「おしゃべり」においてはある独特の様態を取るのである。

語り出された言葉に含まれている「平均的な了解」に従って、伝達された「語り」はおおむね理解することができる。ただしそこで聞き手は、「語りの主題」となっているものを根源的に了解するというあり方にまでは入り込んでいない。「ひと」は語られている存在者を了解することなく、語られた内容だけに耳を傾けているのである（SZ, 168）。

たとえば「ハイデガーはナチだ」という、巷でしばしば聞かれる言明を見てみよう。彼がどのような意味でナチだったのか、つまり彼自身がナチをどのように評価していたかを理解するには、本来は本書の第四章、第五章で示されるような彼の哲学的テクストの詳細な検討が必要である。しかし「ハイデガーはナチだ」と断言する人びとは、もちろんそうした作業に取り組んだりはしない。そうではなく、彼らは単に自分たちがナチであるとはこういうことだとイメージしているものをハイデガーという「語りの主題」に帰属させるだけである。そしてまた、「ハイデガーはナチだ」という言明を聞く者も、ナチであるとはどういうことかについての平均的な「了解」を語り手と共有しているために、難なくその「言明」を理解することができるのだ。

こうした事態をハイデガーは次のように表現する。「語られた内容そのものは了解されているが、語りの主題はただおおよそ、適当に理解されているにすぎない」。このような場合、「ひとは同じことを考えている。なぜならば、ひとは言われたことを一緒に、同様の平均性において理解しているからである」(SZ, 168)。

ハイデガーはこのように「おしゃべり」を、「語られた存在者への一次的な存在関係」を喪失したあり方と特徴づける。『存在と時間』の「おしゃべり」の説明では表立って語られてはいないが、存在者に対する根源的な存在関係の欠如とは、ある存在者に関わりながら、その存在者の真の「存在」には関心をもたないあり方ということになるだろう。このようなとき、現存在は眼前に現れている存在者を既知のカテゴリーのもとに包摂しているにすぎない。先ほどの例だと、ハイデガー自身のナチの捉え方には立ち入ることなく、「ナチ」という一般的なカテゴリーに彼を当てはめているだけでしかない。こういうやり方であれば、ハイデガーのテクストをいちいち検討する必要はないし、それにもかかわらず、ハイデガーについて何かもっともらしいことを言うことが簡単にできるからである。

以上で見てきたように、「おしゃべり」に関する議論においては、「存在」との本質的な関係から切り離されてしまった現存在のあり方が問題とされている。「存在」から切り離されていると言っても、このとき現存在が存在しなくなるわけではなく、むしろある固有の様態において存在している。そしてこのあり方が日常性においては、むしろ真っ当で充実したあり方と捉えられさえするのである。

今述べたことは、非本来的な「現」の開示性を特徴づける「好奇心」と「曖昧性」という他の契機にも当てはまる。「好奇心」とはただ「見ること」だけを気遣うあり方のことである。「好奇心」にとって、見られたものを真に了解することは問題ではない（SZ, 172）。そして「好奇心」は自分が何を見るべきかの示唆を「おしゃべり」から得る（SZ, 173）。「おしゃべり」と「好奇心」が支配する日常性においては、物事はあたかも真に了解されているように見えてその実そうではない。こうした事態をハイデガーは「曖昧性」と名づける（SZ, 173）。ひとはそこでも自身が携わっている事柄に真剣に興味をもっているように見える。しかしいざその事柄を立ち入って了解することが問題になると、彼らはそこからひそかに立ち去ってしまうのだ（SZ, 174）。

すでに右でも挙げた例だが、「ハイデガーはナチだ」という言明を、われわれはしばしば耳にする。これだけ多くの人がこの問題に言及するのだから、証拠資料に基づいてハイデガーがナチスに加担した理由がこうであったと示せば、人びとの関心を集め、また「ハイデガーはナチだ」と断定することに慎重になる人も少しは増えるだろうと思うかもしれない。しかし実際のところ、そうはならない。人びとは哲学研究者も含めて、相変わらず無防備に「ハイデガーはナチだ」と言い続ける。人びとにはその問題を検討し直して、認識を改める気は毛頭ないのである。それなら、その問題には関心がない以上、触れないというのが人としての一貫した態度ではないかと思われるが、人びとが発言を控えることもないのである。

ハイデガーは今見たような物事に対する上滑りの皮相な関わり方を、「曖昧性」という概念で捉えようとしているのである。そしてこうしたあり方を、次に見るように、根本においては、現存在が「存在」から疎外されていることの帰結と見なすのだ。

「世人」と「頽落」

「おしゃべり」、「好奇心」、「曖昧性」によって構成された、現存在の日常的な「現」の開示性をハイデガーは「公開性（Öffentlichkeit）」と名づける（SZ, 127）。「公開性」においては、存在者がだれにも近づきうるものというあり方で提示されている。しかしそれにもかかわらず、その存在者の「存在」はそこでは完全に閉ざされている。まさにこうした「公開性」こそが、「非本来性」における現存在の開示性を示している。

すでに繰り返し述べたように、「存在」はある固有の「時‐空間」として生起する。「公開性」とは、「存在」が覆い隠されてしまい、こうした根源的な「時‐空間」が生起していない、ある意味において空虚な「現」の様態を捉えたものだと言えるだろう。もちろんそこでも「時‐空間」が消え去るわけではない。しかしその「時‐空間」は「存在」によって差別化されていない、あらゆる存在者を無差別に収容するような「時‐空間」である。

現存在はこのような「公開性」において、自己を失い「だれでもない者」となる。というのも、「公開性」においては現存在を真にその現存在として特定化する「存在」の生起が欠落しているからである。日常的現存在がそうであるようなこの「だれでもない者」をハイデガーは“das Man”、すなわち「世人」と名づける〈SZ, 127f.〉。

ハイデガーは現存在が「おしゃべり」、「好奇心」、「曖昧性」の三つによって導かれた、他者とのある独特の共同性に没入しているありさまを「『世界』へと頽落していること」と呼んでいる。「頽落（Verfallen）」という語には、ドイツ語の原語でも「落ちる」という語素が含まれるが、ハイデガーはこれを「現存在が本来的に自己でありうることとしてのおのれ自身から離れ落ちること」と説明する〈SZ, 175〉。これまでにも注意を促してきたように、「本来性」が「存在」へと開かれたあり方だとすれば、「頽落」はこの「存在」という次元を見失い、存在者のみに囚われたあり方である。つまりおのれ自身から「離れ落ちる」とは、根本において「存在」から離れ落ちることを意味するのだ。

このように「頽落」は、ハイデガーの「存在への問い」においては「存在」から脱落し存在者に没入した状態を指している。すでに指摘したように、「本来性」とはキリスト教における「神」への真正な関わりを、「存在」への関わり方という水準で捉え直そうとするものであった。それと同じく「頽落」も、キリスト教において人間の根本的な罪性、すなわち「堕罪」として捉えられてきたものを、現存在の本質構造に根ざした現象として、すなわち「存在」に対する離反的な関係としてあらためて捉え直したものである。

以上で見た「世人」と「頽落」をめぐる議論は、世間に埋没し、自分らしさを見失った現存在のあり方を批判的に捉えたものと解されるのが常である。たしかにこうした理解もまったく的を外しているわけではない。しかしハイデガーの議論はそこにとどまるものではない。彼の眼目は、そうした現存在の皮相なあり方が何に由来するかを示す点にある。そして現存在にとって本質的な、「存在」への根源的な関係性を喪失していることにその原因が見て取られているのである。したがって、「世人」と「頽落」という概念も、「存在」とは何かが明らかとならない限り、その真の意義を理解できないことにわれわれは注意しなければならない。

4 『存在と時間』の挫折

現存在の時間性

以上、『存在と時間』で展開されている現存在の実存の分析を、とくにその骨格部分に焦点を絞って概観した。その際、そこで示されている現存在の存在様態と、そこに含まれる諸契機が、つねに「存在」との何らかの関係性を捉えたものであることを強調した。現存在は「存在」を気遣う存在者、より正確には、「存在」を気遣わざるをえない存在者である。おのれのこの本質を覚悟して引き受けることが「本来性」である。逆にそこから逃避するのが「頽落」、すなわち「非本来性」ということになる。

ところですでに触れたように、『存在と時間』における現存在の分析は、最終的には現存在を「時間性（Zeitlichkeit）」という観点から捉えることを目指していた。これまで見てきた現存在の存在構造の分析も、そのための準備作業として行われたのだった。したがって、表立って論じられていないとしても、じつはその際にはすでに、「時間性」も視野に収められていたのである。『存在と時間』第一部第二篇で展開される「時間性」の分析は、そこで視野に入っていたものをあらためて表立たせる作業でしかない。

ハイデガーは「時間性」を「気遣いの存在論的意味」と規定する（SZ, 323）。現存在の存在はすでに「気遣い」と捉えられていたが、ここではさらにこの「気遣い」が、「時間性」として捉え直すことができると言うのである。本章でもすでに見たように、ハイデガーは「気遣い」の構造を「（内世界的存在者）のもとでの - 存在として、おのれに - 先立って - すでに -（世界）- のうちに - 存在すること」と分節化していた。ここにはたしかに時間的な規定が含まれている。ハイデガーは「気遣い」のこうした時間的な意味をより明確に示してゆくのである。

現存在は「気遣い」において、「おのれのもっとも固有な存在能力」に関わるのだった。このことは、存在者の「存在」が生起する「現」であるというあり方を、おのれの唯一の可能性として引き受けるということにほかならない。この側面が、「気遣い」の「おのれに‐先立って」という契機で表現されていた。ハイデガーはこの「おのれに‐先立って」を、ここではより具体的に、「おのれ固有の可能性において」「おのれをおのれに到来せしめること（sich auf sich zukommen lassen）」と規定する。そしてこのように、おのれ固有の可能性をおのれに到来せしめることを彼は「将来（Zukunft）」の根源的な現象であるとする（SZ, 325）。「可能性への先駆」も「死」という可能性をおのれに到来させることとして、まさに現存在のこの「将来」という構造に基づいているのである。

「将来」とは、現存在が「おのれ固有の可能性において」「おのれをおのれに到来せしめること」だという説明は、何を意味するのか少しわかりにくいかもしれない。しかし「おのれ固有の可能性」とは、これまで何度も述べてきたように、存在者の「存在」を気遣うことであった。このことは、おのれ自身を差し置いて、この存在者のもつ諸可能性を発揮させることを意味する。これは存在者の諸可能性をおのれに到来するがままにすることとも言えるだろう。「将来」とは、おのれに対してこうした諸可能性が到来するという現象、結局のところ、第一章で「存在」の生起が形作る「時‐空間」と呼んでいたもののことである。

ところで、現存在の「先駆的覚悟」とは、おのれの「負い目ある存在」を引き受けることを意味していた。そしてこの「負い目ある存在」を引き受けることは、おのれがある固有の「世界」へと投げ入れられていること——すなわち「被投性」——を引き受けることであった。このことは、ある「世界」を「すでにそうであった」ものとして受け入れることにほかならない。「先駆的覚悟」には、「将来」において「可能性」を到来せしめることとともに、このように「すでにあったもの」、ハイデガーの言い方では「既在（Gewesen）」を受容することが含まれる（SZ, 326）。つまり現存在は「先駆的覚悟」において、「将来」とともに、こうした「既在」に晒し出されているのである。現存在の存在を構成するこの「既在」が、「気遣い」の「すでに‐（世界）‐のうちに」という契機によって捉えられていたのである。

ハイデガーによると、現存在はおのれ固有の可能性をおのれへと到来させる「将来」において、おのれのもっとも固有な「既在」へと立ち返る。つまりこのようにしかありえないというおのれの可能性を「将来」において引き受けるということは、そうした可能性を必然とする、おのれの「既在」の引き受けでもあるということだ。逆に、もしわれわれがある可能性をおのれの可能性として受け入れられないとすれば、そうした可能性を必然とするおのれの「既在」も引き受けられないことになる。こうした意味においてハイデガーは、「既在性（Gewesenheit）」は「将来」から発すると述べる（SZ, 326）。

今も見たように、現存在はその「先駆的覚悟」において、おのれのもっとも固有な可能性へと到来する。そしてこのことは同時に、おのれの「既在」への還帰でもある。ここでハイデガーは、この「先駆的覚悟」が、何らかの存在者との、ある具体的な行為による関わりという形を取ると指摘する。そしてその際、存在者が自分に対して現れてくるということは、その存在者の「現前化」において可能となる。ハイデガーはこうした「現前化」という意味での「現在（Gegenwart）」が「先駆的覚悟」に属していると言うのである（SZ, 326）。この「現在」は、すでに見た「気遣い」の定式化における「（内世界的存在者）のもとでの - 存在」という契機を捉え直したものである。つまり「〜のもとでの - 存在」は、「現在」という時間的意味をもっているのである。

以上のように、ハイデガーは「気遣い」から「時間性」の三つの契機、すなわち「将来」、「既在性」、「現在」を取り出したうえで、「先駆的覚悟」におけるそれら三者の関係を次のように説明する。「先駆的覚悟」は、「将来的におのれへと還帰して、現前化しつつおのれを状況のうちへと連れ出す」。このとき「既在性は将来から発し、しかも既在する将来が現在をおのれ自身から解き放つ」。そしてこの、「既在し‐現前化する将来」という統一的現象が「時間性」と定義されるのだ（SZ, 326）。

今も見たように、ハイデガーは現存在の存在、すなわち「気遣い」を、「将来」、「既在性」、「現在」の統一として捉え直す。これらのうちでわれわれにとってもっともわかりやすいのは、存在者の「現前化」としての「現在」という契機だろう。ある存在者がありありと現れてくること、これが「現在」の意味である。伝統的な哲学においても、こうした存在者の「現前化」こそ、人間の世界に対する範例的な関わり方と見なされてきた。

こうした伝統哲学における「現在」の優位に対して、ハイデガーは時間性の議論において、「現在」が「将来」と「既在性」から発すること、すなわち「現在」とはあくまでも、「将来」と「既在性」によって基礎づけられた現象であることを強調する。この「将来」と「既在性」は、「気遣い」の構造で言えば、「おのれに‐先立って‐すでに‐（世界）‐のうちに‐存在すること」という部分を捉え直したものである。そしてすでに指摘したように、「気遣い」とはじつは「存在」の「気遣い」であり、「おのれに‐先立って‐すでに‐（世界）‐のうちに‐存在すること」は、まさにこうした「気遣い」の「存在」への関係そのものを示していた。したがって「将来」と「既在性」も、「気遣い」における「存在」への関わりという側面を捉えたものであることになる。

以上からすると、「現在」が「将来」と「既在性」から発するということは、存在者の現前化が存在者との関係に止まらず、本来的にはその存在者の「存在」を気遣うことに基づくことを意味している。他方、現存在は非本来性においては「存在」を気遣うことなく、現前化された存在者にのみかまけている。このように、われわれが何らかの存在者と関わる際には、その存在者の「存在」を気遣うか、それともそれを度外視するかという、おのれ自身の「可能性」がつねにそこには懸けられているのである。このとき、「存在」を気遣う可能性を自身に引き受けるということは、おのれの本来の「将来」と「既在性」を引き受けることにほかならない。そこからはじめて、目の前に現れている存在者に対する真正な関わりが生じてくるのである。

「時間性」の地平としての「世界」

今しがた「時間性」、とりわけそのうちの「将来」と「既在性」という契機が、根本においては「存在」との関わりを示していると述べた。とは言うものの、『存在と時間』では、「将来」と「既在性」が「存在」という次元に関わっていることが明示的に論じられているわけではない。これまでも繰り返し述べてきたように、同書はそもそも「存在」を直接的に主題化することなく途絶してしまっているので、「時間性」と「存在」との本質的な関係性についても触れられることがなかったのだ。

しかしながら同書にも、「時間性」と「存在」との関係を示す手がかりが、まったく見当たらないというわけではない。以下では『存在と時間』を刊行した時点において、ハイデガーが「存在への問い」をどのように定式化しようとしていたのかを確認するために、この点を簡単に見ておくことにしたい。

ハイデガーは『存在と時間』における「時間性」の分析において、「将来」、「既在性」、「現在」が、それ自身において「おのれの‐外に」という構造をもつこと、すなわちおのれを超え出るという構造をもつことに注意を促す（SZ, 329）。このことに従って、「時間性」の三つの契機は「脱自態（Ekstase）」と名づけられる。「時間性」の「脱自態」のそれぞれがおのれを超え出るものだということは、そのそれぞれが超え出ていく「行先」をもっているということだ。この「脱自態の行先」をハイデガーは「地平的図式（horizontales Schema）」と呼ぶ（SZ, 365）。つまり「将来」、「既在性」、「現在」という「脱自態」はそれぞれが固有の「地平的図式」をもっている。この「地平的図式」はある統一を形作っているが、『存在と時間』においてそれまで「世界」として論じられてきたものも、じつはこうした「地平的図式の統一」にほかならない（SZ, 365）。「世界‐内‐存在」としての現存在に属する「世界」という契機がここであらためて、「時間性」

の地平の統一として捉え直されているのである。

今述べたように、「時間性」とは現存在が「世界」へ超え出ていくという、その構造そのものを捉えたものだ。すでに前章で指摘したように、「世界」とは「存在」の生起としての「時-空間」である。したがって、現存在の「時間性」とは、現存在がこうした「存在」の生起としての「時-空間」へと「脱自」しているあり方を捉えたものということになる。つまり現存在の「時間性」とは、「存在」が「時-空間」として生起することに基づき、またさらに突き詰めると、「時-空間」の生起そのものを捉えたものでしかないのである。

『存在と時間』の構造的欠陥

『存在と時間』では、その構想としては、「時間性」がそこへと超え出ていく先である「地平的図式の統一」が「存在の意味」として最終的に析出されるはずだった。このことが同書の第一部第三篇「時間と存在」で論じられることになっていたのである。しかしすでに述べたように、同書はそこに到達することなく、未完のままに終わってしまった。こうして既刊部分では、現存在の実存論的分析のみが行われ、現存在の存在が「将来」、「既在」、「現在」という三つの「脱自態」からなる「時間性」として解明されるに止まった。

しかしそれでもとにかく、『存在と時間』の既刊部分からも、ハイデガーが「存在の意味」として捉えようとしているものが「時間性の地平の統一」であることはだいたい想像がつく。そこでは先ほども見たように、この「地平的図式の統一」は「世界」であると述べられていた。前章で指摘したように、「世界」とは何らかの存在者の「存在」とともに形作られる「時‐空間」のことである。この点を踏まえれば、「地平的図式の統一」が実質的には「存在」の生起を捉えようとしていることは明らかだ。

だがいずれにせよ、『存在と時間』ではこのことは明示的には述べられていない。それゆえほぼすべての読者には、同書で考察の対象とされている現存在の存在様態、およびその「時間性」が根本においては「存在」との関係を示すものであることが、見えないままとなっている。その結果、読者は『存在と時間』の実存論的分析を「存在への問い」とは無関係に、哲学的人間学や人生論と受け止めてしまう。そしてこれをハイデガー思想の基本的内容と見なすことにより、「存在」を直接論じている『存在と時間』後の業績は、それとは異質の何か不可解なものと感じられるようになるのである。

しかしでは、『存在と時間』の「存在への問い」の答えを示すはずだった部分は、どうして未完のままとなったのだろうか。この点を本章における『存在と時間』の概観の締めくくりとして論じたい。

すでに繰り返し指摘したことだが、『存在と時間』における現存在の実存論的分析は、基本的に「存在の意味」を解明するためになされていた。「存在の意味」を探求するとは、われわれ人間が「存在」をどのように了解しているかを探求することにほかならない。そもそもわれわれにとってもっとも身近なものである「平均的日常性」という存在様態も、それはそれで「存在」了解のひとつのあり方を示してはいる。ただし、そこにおいては「存在」は、真正な仕方では了解されていないため、「存在の意味」を取り出す際、それに準拠することはできない。そこでハイデガーは、そこにおいてこそ「存在」が真正な仕方で了解されているような現存在の様態をまず確保する必要があった。これが現存在の本来性、すなわち「先駆的覚悟」である。そしてこの「先駆的覚悟」において、「存在」がどのように了解されているかを明らかにするという仕方で、「存在」の真の意味にアプローチしようとしたのである。

ハイデガーは『存在と時間』においてこのように、人間を起点として「存在」への接近を図るという方法を採用した。しかしこの手順には大きな欠陥があった。人間のさまざまな存在様態が根本において「存在」との関係性を示すものと解釈されるとすれば、そうした人間の存在様態の意味は、あらかじめ「存在」が何を意味するかが明らかとならない限り、本来、理解できないからである。つまり現存在の平均的日常性（非本来性）と先駆的覚悟（本来性）という区別にしても、それらが「存在」に対する関わり方の違いである以上、そうした現存在の様態の区別が何を意味するかを真に理解するためにはまず先に、「存在」とは何であるのかが捉えられていなければならないのだ。

つまり『存在と時間』においてなされた現存在の分析は、探求によって解明しようとしているもの、すなわち「存在」が、探求の当初からの前提とされているという「循環論法」あるいは「論点先取」に陥っているのである。もっともハイデガー自身も、現存在の実存論的分析が自分が解明しようとしているものをすでに前提としているという「循環」に陥っていることは認めている。そしてこうした「循環」は「存在への問い」にとってはむしろ必然のものであり、重要なことはこうした「循環」へと飛び込むことだと主張している（SZ, 315）。

ここで私は、ハイデガーの議論が「循環」に陥っているから失敗していると言いたいわけではない。むしろ「存在」とは、ハイデガーだけでなく、われわれ皆がすでに何らかの仕方で知っているものであり、「存在への問い」とはそれを単に表立たせようとするものでしかない以上、この問いが「循環」という性質をもつことは避けがたい。しかしながら、「存在」とある意味においては関係をもちつつ、その所在自体をよく把握できていないわれわれには、「存在」を前提として現存在の分析を展開されても、それが何を意味するのかがさっぱり理解できないだろう。

実際に、現行の『存在と時間』においては「存在の意味」が示されることがないまま現存在の分析だけが行われているので、現存在の分析を「存在」との関係において捉えることがきわめてむずかしくなっている。それで多くの人は、そうした関係を見て取ることができず、同書の現存在の分析を単なる人間学と受け止めることになったのだ。

しかし仮に『存在と時間』において、「存在の意味」が実際に示されたと仮定してみよう。前章でも論じたように、「存在」の生起はある固有の「時 - 空間」の拡がりそのものと捉えられるものだった。そして現存在はそうした「存在」の生起に立ち合い、すなわち「時 - 空間」の拡がりのうちにおのれを見出す存在者と規定されていた。現存在の「現」は、「存在」が生起する「場」だと述べたが、これは結局、「存在」の生起が形作る「時 - 空間」のことにほかならない。このことが意味するのは、現存在とは何か実体的なものをおのれの本質とするような存在者ではなく、その存在の実質は「時 - 空間」の拡がりであるということだ。

したがって、「存在の意味」の解明は、事実上、それ自身が現存在の存在を明らかにすることになる。ということは、『存在と時間』において、もし最初から「存在の意味」が示されていれば、その時点において現存在の存在もすでに明らかにされていたことになる。しかしながら、現行の『存在と時間』における現存在の実存論的分析は、現存在の存在を解明すると謳いながら、その実質をなしているはずの「存在」の生起を表に出すことなく考察が進められたために、議論が中途半端になってしまった。それゆえ、もし仮に現存在の実存論的分析のあとで「存在の意味」が示されたとしても、それ自身がまたしても現存在の本質の解明になる以上、そこまでの議論がむだな重複として宙に浮いてしまっていただろう。

ハイデガーは『存在と時間』前半部を刊行してからまもなく、現存在の実存論的分析を介して「存在」の解明を行うというこの方法論の、以上で述べたような問題点を意識するようになった。かくしてその後は本書の第三章以下で見ていくように、現存在の分析を経由することなく「存在」の生起を直接的に主題化することを試みるようになってゆく。

人間学的思考の呪縛

だが『存在と時間』における現存在の実存論的分析の問題は、「存在の意味」が解明された時点で冗長になるという、上述したような方法論的欠陥だけにとどまるものではなかった。そこにはそうした考察の手順そのものが、ハイデガーが「存在」として捉えようとしていた事象の本質を見誤らせてしまうという、より深刻な問題も潜んでいた。

繰り返しになるが、「存在」の生起とは、ある固有の「時‐空間」の拡がりを意味していた。また現存在は、「存在」の生起に立ち合うことをその本質とするのだった。つまり現存在は「時‐空間」の拡がりそのものであるとも言いうるのだ。換言すると、現存在が何であるかは、現存在がそのつどのような「時‐空間（世界）」のうちにおのれを見出すかに規定されるということだ。

ハイデガーは『存在と時間』において、「存在の意味」を解明するにあたり、まず現存在の実存論的分析を先行させた。本章で見てきたように、彼は現存在の「気遣い」というあり方の時間的性格に注目し、それを「時間性」と捉えたうえで、その「時間性」の三つの「脱自態」、すなわち「将来」、「既往性」、「現在」がそれぞれ固有の「地平」へと超出する構造をもつことを指摘した。そしてまさにこれらの「脱自態」の「地平」の統一こそが、現存在が気遣うべき「存在」であることが明らかにされるはずだった。しかしこのように「存在」を「時間性」と見なすと、あたかも「時間性」と「地平」の統一としての「存在」がそれぞれ別のものとしてあり、「時間性」が「地平」の統一としての「存在」と向き合っているかのように見えてしまう。つまりこの表現ではこれもまた、現存在という主観が「存在」という客観に関わっているという、伝統的な「主観‐客観」図式に依拠した捉え方をされかねない。そしてそうなると、『存在と時間』の現存在の分析のほうもまた、主観的意識の分析を通じて客観の本性を明らかにするという、旧来の西洋哲学の基本的な手続きに沿ったものと誤解されてしまうだろう。

しかし現存在は「存在」が生起する「場」と規定される以上、現存在と「存在」の生起とは本来、同一のものであるはずである。つまり現存在の「時間性」の統一が生起しているということは、「存在」が生起していることと同じ一つの事態なのである。にもかかわらず、『存在と時間』においては、「存在」の生起を現存在の「時間性の地平」と捉えることによって、ハイデガー自身の意に反し、「存在」の生起が「時間性」からなる現存在とは別のものとして、現存在の「前に立てられたもの」であるかのような印象を与えてしまっているのである。

このように、『存在と時間』の段階では、少なくともその思想の表現という観点からは、ハイデガーはなお旧来の「主観‐客観」図式から完全に脱却できていなかった。そして彼がこの図式を払拭できなかったことには、それ相応の事情がある。

そもそもハイデガーが前期の哲学において方法として依拠したフッサールの現象学は、志向的作用とその対象の相関関係を記述するものとして、近代哲学の「主観‐客観」図式をいまだ引きずるものだった。しかも『存在と時間』の執筆がかなり進んだ時点で、彼はカントの超越論的哲学から「存在の意味」を「脱自態」の「地平的図式の統一」と捉える、「存在への問い」の根幹をなす発想を得ていた（カント哲学の影響については、拙著『ハイデガー「存在と時間」入門』で詳しく論じたので、そちらを参照）。つまりこれらの哲学に依拠したハイデガーは、主観的意識の探求を通じて客観に至るという近代哲学の基本的方法の呪縛から、この段階ではいまだ完全には脱しきれていなかったのだ。

しかもこうした、「自己の探求を経てその外部へ」という考察様式には、自己の内省を通じて神へと至るという、アウグスティヌスの『告白』の方法を意識的に踏襲した側面もあった。現にハイデガーは、現存在の分析に着手する際、『告白』の「私が私にとって謎となってしまった」という一節を引き、現存在の分析の困難さを強調している（SZ, 43f.）。そういえば、ハイデガーが現存在の分析において最終的に「時間性」を析出していることも、アウグスティヌスが『告白』第一一巻で、時間を自己の構造として取り出したことを彷彿させる。

このように、『存在と時間』執筆の段階では、ハイデガーはアウグスティヌスのキリスト教的人間学や、世界を主観的意識の構成の所産と見なすフッサールやカントなどの超越論的哲学の強い影響のもとに置かれていた。これらの要因が、『存在と時間』における「存在への問い」の定式化にあたって、ハイデガーが人間存在の考察を自明の出発点としたことの背景にはあったと言ってよいだろう。

しかし、ハイデガーは少なくとも、『存在と時間』の執筆の最終段階においては、人間を存在者の「存在」が生起する場と捉える視点を確立していた。つまり単なる人間存在の探求を突き抜けて、人間存在をその根底において基礎づけるものとしての「存在」の生起そのものを主題化する地点に到達していたのである。ここにわれわれは、西洋哲学全般を規定する人間中心主義からの脱却の端緒を見て取ることができるだろう。

ハイデガーは「存在への問い」の着想に至ったとき、人間をとおして世界へ、というそれまでの哲学の典型的な手続きに則ってその問いを定式化しようとしていた。つまりまずは現存在の存在を押さえたうえで、そこに「存在」がどのように現れているかを現象学的に記述するという仕方で「存在」という事象を明らかにしようと試みたのだった。しかし現存在を起点として「存在」に接近するというこの方法を取ったことにより、「存在」を主観的意識の構成物とする超越論的哲学との違いが見えにくくなってしまった。そもそも「存在」という概念は、決して主観には解消されない「この世界」そのものの生起を捉えようとするものだった。しかし『存在と時間』の手続きでは、そのような「存在」が主観的意識の産物であるかのような印象をやはり与えかねないのだ。

ハイデガー自身、『存在と時間』の刊行後、ほどなくして、現存在の分析を経由して「存在」を明らかにするという同書の行論の問題点を明確に意識するようになった。そしてその後は、現存在の実存論的分析を介さずに、「存在」という事象を直接的に示すことを試みるようになる。

もっとも「存在」を直接、語ろうとするこのハイデガーの試みが、ただちに成功したというわけではない。むしろ『存在と時間』以降のハイデガーの思索は、この課題の成就に向けて試行錯誤を繰り返しながら、少しずつ歩みを進めていくプロセスとなった。以下では章を改めて、ハイデガーが『存在と時間』の刊行後、「存在」を直接的に示すということの課題にどのように取り組み、既存の哲学ではこれまでに扱われたことのなかった「存在」という事象の固有性をどのように明示化していったのかを検討することにしたい。

第三章　中期の思索

残された課題

前章では『存在と時間』の思想を、「存在への問い」の着想に至るまでの道筋にも留意しつつ、その基本的内容を概観した。そこでも繰り返し指摘したように、同書は未完の著作であり、そのため同書の目標であった「存在の意味」の解明も果たされないまま終わったのだった。

前章の最後で述べたように、ハイデガーは『存在と時間』を刊行してまもなく、現存在の分析を介して「存在」にアプローチするという同書の手続きでは、「存在」が主観による構成の産物、ないしは意識内部の出来事であるかのように誤解されることを懸念するようになっていた。こうして彼は『存在と時間』刊行後、一年足らずでそうしたやり方を放棄し、「存在」の生起を直接、語ることを試みるようになった。つまり元来、彼が強調したかった、「存在」という事象の人間に対する超越性を損なうことなく示すような表現を模索しはじめたのである。

このような、「存在」そのものを直接的に示すための試行錯誤を経て、ハイデガーが主観性の哲学の影響圏から完全に脱却し、「存在」という事象にふさわしい語り口を見出したという確信に到達したのは、彼自身の証言によればようやく一九三六年になってからのことである（GA9, 311, Anm. a）。これに基づいて、ハイデガー哲学の時期区分としては、一九三六年以降を後期と捉え、『存在と時間』を刊行した一九二七年から一九三六年までを中期と区分するのが研究者のあいだでは一般的になっている。本書でも、この時期区分を踏襲する。

今も述べたように、「存在への問い」を主観性の哲学から明確に区別し、その固有性を際立たせようとする努力は、すでに『存在と時間』刊行直後から始まっていた。この時期から、彼は「存在」を現存在の実存論的分析を介さずに直接的に示すことを試みるようになったのだ。そのために、語り口も『存在と時間』とは大きく異なるものとなった。このように、主観性の哲学からの脱却は一九三六年に突如、起こったわけではなく、むしろそれ以前からの漸進的《ぜんしんてき》なプロセスの帰結と捉えるべきである。

本章では、中期におけるハイデガーの試行錯誤の過程を検討する。彼はこの時期になると、自身が「存在」と呼ぶ事象を「存在者全体」として捉え直すようになる。第一章で「存在」の意味を暫定的に説明した際、「存在」は「時‐空間」の拡がりとして生起すると述べた。この「存在」の生起と不可分の「時‐空間」という契機を、ハイデガーは中期になると「存在者全体（Seiendes im Ganzen）」という用語で捉えようとする。この表現によって、「存在」の生起が単なる意識の表象ではなく、むしろ現存在を取り巻く「世界」そのものの生起であることを強調して示そうとしたのである。

またハイデガーは、古代ギリシアの「ピュシス（自然）」がこの「存在者全体」を捉えていたことに注意を促している。つまり「存在者全体」についての考察は、ギリシアの始元的な知に立ち返ることとしてなされるのである。本章では最初に、ハイデガーがこの「存在者全体」、すなわち「ピュシス」をどのように特徴づけていたかを見ていきたい。

ところで前章では、「存在への問い」が元来、神性の本質への問いに起源をもつこと、つまり人間にとって真に「超越的なもの」が何であるかの追求に端を発していることを指摘した。ハイデガーは中期になると、「存在」の意味を「存在者全体」として明確化するとともに、その「存在者全体」の、現存在を圧倒し、規定する威力のうちに「神的なもの」の本質を見て取るようになってくる。「存在者全体」の知がこの時期、「形而上学(Metaphysik)」と呼ばれているのも、西洋において「形而上学」が元来、「神学」そのものを指していたことを顧慮すれば、ここではハイデガーなりの「神学」が展開されていたと捉えることも許されるだろう。

なおハイデガーはこうした神性の本質の規定に至るとともに、それがキリスト教の神と相いれないことを明瞭に自覚するようになっていく。ここにおいて彼はキリスト教と明確に袂《たもと》を分かった。本章では、中期の「存在者全体」の思索としての「形而上学」の「神学的」含意を明らかにし、彼の学生時代からの「神的なもの」の追求がどのような地点に到達したかも示していきたい。

ハイデガーにとって「存在」という事象の所在が明確になればなるほど、それについての語りが既存の学問知による語りとはまったく異質の性格をもつことも自覚されるようになってゆく。彼は「存在」、すなわち「存在者全体」の語りの典型的な遂行を自身の「思索」とともに、「詩作品」のうちに見出した。中期に始まるヘルダリーンの詩作品の解釈も、その詩作品のうちに「存在者全体」の真理が開示されているとの前提のもと、その真理をあらわにする営みなのである。

このようにハイデガーが中期になって、詩作品をはじめとする「芸術作品」についての主題的な考察を展開するようになるのは、同時期における「存在」の所在の明確化と軌《き》を一《いつ》にしたものである。本章ではハイデガーの芸術論も取り上げて、その基本的内容と射程を明らかにしていきたい。今、芸術論の射程と述べたが、ハイデガーは「存在者全体」を「フォルク」の「世界」と捉えているので、そうした「存在者全体」をあらわにする芸術作品には、「フォルク」に対して自分自身が何者であるかを告げ知らせる役割を認めている。ここにはハイデガー哲学のある種の政治性が顔をのぞかせているが、こうした点が顕在化してくるのも中期の思索の特徴だと言えるだろう。彼のナチス加担もまさにこのような彼の思索の政治性によってもたらされたものだが、この点については次章（第四章）で詳しく取り上げたい。

1　「形而上学」の時代

「存在の意味」から「存在者全体」へ

ハイデガーは『存在と時間』刊行後、同書では正面から論じられなかった「存在」を「存在者全体」として主題化するようになる。この「存在者全体」という語は『存在と時間』以前には、彼自身の哲学的立場を示す術語としては使用されておらず、同書の刊行後、しばらくののち、突如、キーワードとして浮上してきたものである。そしてそれは、後期になるとふたたび背景に退いていく（正確に言うと、その語はなお使用されるが、「存在」を指し示す語としては用いられなくなる）。

この「存在者全体」という概念がなぜこの時期、急浮上してくるのか、そしてそれが「存在への問い」のうちでどのような位置づけを与えられているのかについては、入門書はもとより研究書などでもほとんど語られることはない。以下ではまず、ハイデガーの中期思想のもっとも重要な術語とも言える「存在者全体」の意味を検討していこう。

ここでふたたび鳥の「存在」の例を取り上げたい。そこに「鳥がいる」というとき、それは鳥が「飛んでいる」とか「木に止まっている」という存在様態を伴って現れていることを意味している。しかもこうした存在様態は「エサを捕る」とか「巣で休む」といった、その鳥の他の存在様態と一定の規則性をもって連関している。またこのようなさまざまな存在様態のうちには、「木」や「えさ」や「巣」などといった他の無数の存在者との関係も同じく含まれている。

すなわち鳥の「飛んでいること」という「存在」の生起のうちには、こうした「飛んでいること」以外の鳥のさまざまな存在様態、ならびにそうした存在様態と結びついた存在者すべてとの関係性がはらまれているのである。この「存在者すべて」は任意のものではなく、ある種類の鳥が存在することと本質的に結びついている。すなわちその鳥の「存在」が生起する「場」を形作っている。

ハイデガーが「存在者全体」として捉えようとするのは、このように存在者が存在することの背景をなし、またこうした「存在」を可能にしている「場」そのものである。これは本書第一章で、「存在」の生起とともに延べ拡がる「時-空間」として論じたものを指している。『存在と時間』では、「存在」が「時間」の拡がりとして生起することがとくに強調され、このことが、「存在の意味は時間である」というテーゼとして表現されていた。今述べたように、この「時間(-空間)」の拡がりが中期の思索において「存在者全体」として捉えられているとすれば、結局、この「存在者全体」は『存在と時間』で問い求められていた「存在の意味」をより明瞭に示したものということになるだろう。

そうだとすると、ハイデガーはなぜ、それまで「存在の意味」や「時間」と呼んでいた事象を「存在者全体」と呼ぶようになったのだろうか。

まず「存在の意味」という表現を用いると、「意味」はどうしても意識の相関物というニュアンスを帯びてしまうため、「存在」が意識の表象と同一視されてしまう恐れがある。つまり「存在」が、あたかも意識的主観の前に立てられた、ある一つの対象であるかのように誤解される恐れがある。こうした誤解が、『存在と時間』では「存在の意味」を「時間性」の地平と表現することによりさらに助長されたことは、前章の終わりでもすでに指摘したとおりである。

しかも当時の思想史的状況において「時間」を哲学的考察の主題とする場合、「時間」を意識の「純粋持続」と捉えるベルクソンや「内的時間意識」を現象学的に記述するフッサールの業績に連なるものとして、物理学的時間と対置された、意識の内的時間を問題にしていると見なされる可能性が大きかった。またハイデガーが実際に、自身の時間論において、時間を「魂の拡がり」と捉えたアウグスティヌスの時間論を意識的に継承していることも、彼が問題にしている「時間」を内的意識の現象と見なす誤解を助長しかねない点であった。

ハイデガーが「存在の意味」としての「時間」という定式化を捨て、それによって示そうとした事象を「存在者全体」と表現するようになったのは、主観的意識に定位した同時代の時間論の哲学と混同されることを避けようとしたためであった。この区別を「存在者全体」という表現によって、「存在」が意識内部の現象ではなく、またわれわれの前に立てられた対象でもなく、われわれを取り巻く「世界」そのものの生起であることを示そうとしたのである。つまり「存在者全体」という術語を用いることで、「存在の意味」が「時間」であるというだけでは表せないような、「存在」の生起に本来、含まれている空間的拡がりの側面も明瞭に示せるようになる、そうハイデガーは考えたのだ。

序論でも触れたように、和辻哲郎は『風土』において、ハイデガーが『存在と時間』では人間存在の時間性しか取り上げておらず、空間性を問題にしていないと批判した。これは実際には誤解で、ハイデガーも「存在」の生起に空間性が属していることは当初から前提としていた。しかもあとで述べるように、ハイデガーの「存在」とは結局のところ、和辻が「風土」として主題化しようとした現象を捉えようとしたものである。しかし『存在と時間』では、「存在の意味」がもっぱら「時間」と規定されたため、空間性という契機が目立たないのも事実である。「存在者全体」という表現の導入は、ハイデガー自身が『存在と時間』のそうした問題点を意識し、その改善を図ろうとしたことの表れである。

このように、「存在者全体」という表現には、ハイデガーが『存在と時間』における「存在への問い」の定式化のどのような点に問題を見出し、またそれをいかなる方向において克服しようとしたかが示されている。彼は「存在」を「存在者全体」の生起と表現することで、「存在」を主観的意識の表象とするような誤解を避け、同時に「存在」の生起が「時間」の拡がりのみならず、「空間」の拡がりでもあることを明示しようとしたのである。

「存在者全体」の知としての「形而上学」

さて、それではハイデガーが『存在と時間』刊行後、こうした「存在者全体」についての考察をどのように展開したかを以下、具体的に見ていこう。彼が「存在者全体」について論じだすのは、一九二八年夏学期講義『論理学の形而上学的な始元根拠——ライプニッツから出発して』(以下『ライプニッツ』と略)からである。ハイデガーはこの『ライプニッツ』において、「存在者全体」を捉える知を「メタ存在論(Metontologie)」と呼んでいる。

ハイデガーは同講義で、この「メタ存在論」は「基礎存在論」を徹底化することから出てくると述べる(GA26, 201)。第二章でもすでに触れたように、『存在と時間』では、現存在の実存論的分析が、「存在の意味」を解明するための方法論的な通路として「基礎存在論」

と呼ばれていた。つまり基礎存在論は現存在の分析を指していた。

これも第二章で論じたことだが、『存在と時間』で取り上げられた現存在の存在様態、またそこに含まれる構造的契機は、すべて「存在」との関係性を何らかの形で示すものであった。つまり現存在の本質を捉えることは、究極的には「存在」そのものを捉えることに帰着する。そして先ほども述べたとおり、ハイデガーは同書刊行後、自身がそれまで「存在」として捉えようとしていた事象を「存在者全体」と表現するようになっていた。したがって「基礎存在論」としての現存在の実存論的分析は、それを「徹底化する」とたしかに「存在者全体」を主題化することに行き着くのだ。この「存在者全体」の考察を、ハイデガーは「メタ存在論」と名づけたのだった。

なおハイデガーは『ライプニッツ』において、この「存在者全体」の考察を「形而上学」とも呼んでいる。つまり彼は自身の問題設定を、ここで明確にアリストテレスに端を発する西洋の伝統的形而上学の系譜に位置づけているのである（GA26, 202）。彼がこのように自分の哲学的立場を「形而上学」と呼ぶことのうちにも、『存在と時間』における「存在への問い」の表現様式への反省が示されている。彼は「存在への問い」を、「存在者全体」を考察する「形而上学」と規定することにより、近代の主観性の哲学から明確に距離を取ったのだ。すなわち自分の問いが意識的主観の内容を記述するものではなく、人間を取り巻く「世界そのもの」を主題にしているのだということを、この「形而上学」という語を用いることにより、明示しようとしたのである。

このように、ハイデガーは一九三〇年代半ばまでは自身の哲学的企図を「形而上学」と呼んでいた。一九二九年の教授就任演説「形而上学とは何か」、一九二九／三〇年冬学期講義『形而上学の根本諸概念』、一九三五年夏学期講義『形而上学入門』などの題名に現れる「形而上学」という語は、こうした「存在者全体」を捉える知のことを指している。

しかしハイデガーは一九三六年以降、自身の哲学的立場を「形而上学」とは呼ばなくなる。そして「形而上学」という呼称は、もっぱら古代ギリシア哲学に由来する、西洋の存在忘却的な知の体制を批判的に指し示すためだけに用いられるようになる。これは「存在への問い」を「形而上学」と特徴づけることによって、その問いが捉えようとしている事象への接近をむしろ阻んでしまうことを意識するようになったことによる（この点については第五章で説明する）。このように、「形而上学」という語の用法は一九三六年を境にしてある意味において正反対になるので、本書で「形而上学」への言及がなされる場合も、その点に注意して読み進めていただきたい。

「歴史の生起における自然の支配」

以上で見たように、ハイデガーは『存在と時間』刊行後、「存在」についての知を「存在者全体」についての知として語るようになった。この「存在者全体」が何を意味するかについては、第一章で提示した「存在」に関する私なりの理解に基づき先ほど簡単に示しておいた。以下ではハイデガー自身が「存在者全体」についてどのように語っているのかを見てゆきたい。

「存在者全体」に関する知にはじめて言及した『ライプニッツ』講義では、「存在者全体」が何を意味するかについてはほとんど説明されていない。しかし同講義の次の学期に行われた一九二八／二九年冬学期講義『哲学入門』では、メタ存在論という呼称は用いられていないものの、「存在者全体」を主題とする学についての詳細な説明を見出すことができる。

この『哲学入門』では、さまざまな種別をもつ「存在」をその統一性において捉えるという課題が「世界問題（Weltproblem）」の名の下に取り上げられている。ハイデガーはこの講義で「現存在の存在の多重性」を了解することが重要だとして、次のように述べる。「存在了解はある領域から別の領域へと外に越え出ていくのではなく、たとえば自然と歴史の了解において、いわば直接的に行ったり来たり振幅している」(GA27, 322)。つまり自然と歴史はそれぞれ別の領域として切り離されているのではなく、両者はある統一を形作っているというのである。実際、気候・天候などを了解することは、そのもとで必要となるおのれの行動を了解することそのものなのだし、天変地異なども人間の運命と切り離すことはできない。

ハイデガーは『哲学入門』の終わりのほうで、このように自然と歴史を統一的に捉えるという課題を「歴史の生起における自然の支配への問い」と表現している。彼によると、この問いにおいては、存在論的に区別されたものとしての自然という領域と歴史という領域が問題なのではなく、「歴史の生起における自然の存在」が問題である。ハイデガーはこの問いを「自然のようなものは、同時に歴史的でもある存在者の全体において、いかに存在するのか」とも表現している（GA27, 393）。

この問いは同じところでさらに、「存在者において時間といったようなものが実り、空間が拡がることは何を意味するのか」とも言い換えられている（GA27, 393）。ここでは「時間の実り」と「空間の拡がり」について語られている。時間と空間がそれぞれその直前で語られていた歴史と自然に当たるとすれば、歴史と自然の共属性の指摘において、まさに時間と空間の統一性が問題にされているのである。

以上で見てきたように、ハイデガーは自然と歴史が領域として区分できるようなものではなく、それらがむしろ根源的な統一体を形作っていることに注意を促す。彼は「存在者全体」という概念によって、領域に区分される以前の自然と歴史の統一的全体、すなわち「歴史の生起における自然の支配」を捉えようとしたのである。

ハイデガーのこうした議論の眼目は、今ひとつわかりにくいかもしれない。彼は要するに、先にも触れた和辻哲郎が『風土』においてまさに「風土」として捉えようとした現象を、ここで問題にしているのだ。和辻の説明によれば、「風土」はそのうちに生きる人間のあり方（歴史）を規定すると同時に人間のあり方にとって意味あるものとして見出されるような、人間の歴史と密接に連関した自然的事象のことである。われわれがある特定の「風土」について考えるとき、われわれはそのうちでの人間のある固有の生活様式を思い描かないではいられない。つまりそうした人間の生活様式と切り離された「風土」なるものを考えることはできないのだ。この意味において和辻は、「風土」は「歴史的風土」であり、また「歴史」は「風土的歴史」だと言うのである（『和辻哲郎全集　第八巻』、岩波書店、一九六二年、一六頁）。

なおドイツ語ではこの「風土」に該当する言葉は見当たらない。それゆえハイデガーも、日本語では「風土」として一語で言い表せるものを表現するのにいろいろと苦心している（和辻の『風土』のドイツ語版の題名が、日本語の題名をそのまま踏襲して“Fudo”となっているのも、同じ事情によるものだろう）。ハイデガーはこうした自然と歴史の交錯によって形作られた事象を、まさに自然と歴史という領域を包括している全体という意味で「存在者全体」と呼んだのだった。そしてこの「存在者全体」についての知についても、それが自然と歴史という個別領域に関する存在論を「超えた」（＝メタ）まったく独自の知であることを強調するために、『ライプニッツ』講義では「メタ存在論」と名づけたのだ。

ピュシスへの還帰

ただし、「メタ存在論」という呼称は『ライプニッツ』講義にしか見られず、その後は基本的に、この「存在者全体」を主題とする知はもっぱら「形而上学」と呼ばれるようになる。中期におけるこの「形而上学」において注目すべきは、古代ギリシアへの還帰というモチーフが強く打ち出されている点である。つまりハイデガーは、「存在者全体」についての考察を、古代ギリシアにおける「ピュシス（φύσις）」についての知を取り戻すことと位置づけているのである。

ハイデガーは、先ほど取り上げた『哲学入門』、またそれ以降の講義において、しばしば「ピュシス」概念の説明を行っている。ピュシスは通常、「自然」と訳されるギリシア語である。ハイデガーはわれわれが「自然」として理解しているものによっては汲み尽くせない内実をこの「ピュシス」から読み取ろうとする。そして彼が「ピュシス」の意味として語っているものは、彼の「存在者全体」の説明とほぼ等しいものとなっている。以下では具体的に、彼が「ピュシス」についてどのように語っているのかを見ていく。

一九二九／三〇年冬学期講義『形而上学の根本諸概念』では、「ピュシス」が元来、「生長（Wachstum）」を意味していたことが指摘される。ハイデガーはこの「生長」について次のように説明する。「人間の原経験において立ち現れているような、きわめて基本的で幅広い意味での」「生長」は、「単に切り離された出来事としての植物や動物の生長、すなわち植物や動物の発生と消滅というだけでなく、季節の変化のただ中での、また季節の変化によって支配された、昼と夜の転換のただ中での、星辰《せいしん》の運行のただ中での、嵐、天候、諸元素の猛威のただ中での発生や消滅の生起としての生長である」（GA29/30, 38）。ここでは生長が他のさまざまな存在者のただ中での「生長」であり、それだけで切り離して捉えられるものではないことが強調されている。

ここで注目すべき点は、ハイデガーが「ピュシス」を「生長」と意訳していることである。われわれは「自然」というと、存在者の集合体を思い浮かべるのが普通である。それに対して、ハイデガーは「ピュシス」の本質を「生長」という動的側面のうちに見て取るのだ。これはまさしく、彼が「存在への問い」において「存在」と呼んでいるものに該当する。先ほどの引用では、「生長」が周囲の存在者と連関していることに注意が促されているが、これもまた、本書第一章で、鳥の「飛んでいること」に即して示したような、「存在」が「存在者全体」のうちで生起する、すなわちそのような「存在者全体」と不可分であるという側面を捉えたものである。

以上のことをまとめて、ハイデガーは「ピュシス」を「存在者全体がおのれ自身を形成しつつ支配すること」と規定する（GA29/30, 38f.）。単に「存在者全体」と言うだけだと、存在者の集積という静止的な印象がどうしてもぬぐえない。しかしすでに述べたように、「存在者全体」は存在者の動的な「存在」を、それと本質的に連関している周囲の存在者すべてとともに捉えたものであった。つまり「存在者全体」とは、存在者の「存在」とともにおのずと形作られるものなのだ。

この場合、「存在者全体」をそこで「存在」が生起する舞台の書割《かきわり》のようなものと捉えてはならない。それでは「存在者全体」が、「存在」の生起以前にすでに準備されていたことになるからだ。そうではなく、「存在者全体」はまさに「存在」の生起とともに形成される、つまり、「存在」の生起が「存在者全体」の立ち現れそのものでもあるのである。右の「ピュシス」の定義も、この「存在者全体」の自己形成的な出来事を表現しようとしていることがわかるだろう。

ピュシスと人間の運命

「ピュシス」は「自然」と訳されるので、われわれはこの語を聞くと、普通は人間という歴史的存在とは区別された自然的存在からなる領域を思い浮かべることだろう。しかしハイデガーは「ピュシス」の説明において、ギリシア的な「ピュシス」には人間やその活動も含まれている点に注意を促す。「人間がおのれ自身において経験する出来事、すなわち出産、誕生、幼年期、成熟、老化、死」なども、「人間の運命とその歴史をそれ自身のうちに一緒に包含する、存在者の全般的な支配〔ピュシス〕に属している」(GA29/30, 39)。

先ほども述べたように、たとえば気候や天候、自然災害は、人間の運命を左右する。またそうした気候や天候が何であるかは、つねに人間の営みにどのような影響を与えるかという観点から理解されている。このことから明らかなように、「自然」はたしかにそれだけで切り離して捉えられているのではなく、人間の運命と密接に絡み合う仕方において了解されているのである。

ただしハイデガーの「ピュシス」の規定においては、人間は単に「存在者全体」に支配され翻弄されるだけの存在とされているわけではない。彼は人間が「存在者全体」によって支配されつつも、その「存在者全体」を開示し、またそれを語るという独特な仕方で存在することを強調する。すなわち「ピュシス」は「人間自身がそれによって徹底的に支配され、かつ人間が支配できないような、こうした全体的支配」を意味するが、この「全体的支配」によって支配された人間は、「そうした全体的支配についてつねにすでに語りだしている」と言うのである（GA29/30, 39）。

以上の議論において、ハイデガーは「ピュシス」が単に「自然」だけではなく、人間の「歴史」をも含んだものであることを強調している。このことからも、彼の「ピュシス」の規定が実質的には、『哲学入門』講義で「歴史の生起における自然の支配」と表現されていた「存在者全体」という事象を捉えようとしたものであることは明らかだろう。つまりハイデガーは「ピュシス」によって、「自然」という語だけによっても「歴史」という語だけによっても汲み尽くせない、両者の交錯によって形作られた「風土」という次元を捉えようとしたのである。

以上で見てきたように、ハイデガーは一九二〇年代の終わりになると、自身の「存在への問い」を「存在者全体」についての考察として定式化するようになってゆく。同時にこうした考察は、古代ギリシアの「ピュシス」への還帰という意味ももつものでもあった。この古代ギリシアの「ピュシス」への立ち返りというモチーフは、『存在と時間』ではまだ表に出てきていなかった。これは同書がなお、キリスト教の根源的な経験を取り戻すという志向をもっていたことによっている。

逆に言うと、中期になって古代ギリシアの「ピュシス」という「異教的なもの」への還帰が唱えられるようになったことは、ハイデガーの前期の思索を特徴づけていた、キリスト教の哲学的基礎づけというモチーフが放棄されたことを示唆《しさ》している。前章では「存在への問い」が「神的なもの」の本質についての問いによって動機づけられていたことを指摘した。だが「存在」の本質に対する一定の見通しを得るとともに、ハイデガーは「神的なもの」の本質が、キリスト教の神とは根本的に相いれないことを自覚するに至ったのだった。こうした立場の転換は、ハイデガーの中期思想を特徴づける非常に重要な点なので、節を改め、以下で詳しく検討する。

2　中期の神論

神の考察としての「形而上学」

すでに第二章で指摘したように、ハイデガーの「存在への問い」は元来、「神的なもの」をその超越性を損なうことなく捉えうる存在概念の確立を目指すものだった。しかし「存在への問い」のこの神学的動機は、『存在と時間』ではほとんど表立つことはなかった。というのも、同書では「存在」の解明がなされなかったので、その解明を前提とした「神的なもの」の考察が展開される機会もなかったからだ。そのため『存在と時間』は、あたかも無神論的な書物であるかのように受け取られることになった。

ハイデガー自身、そのような誤解を意識して、一九二九年の論文「根拠の本質について」(『道標　ハイデガー全集第九巻』所収)の脚注で次のように注意を促している。「世界 - 内 - 存在としての現存在の存在論的解釈によって、神に関わる可能的存在については肯定的にも否定的にも決定されていない」(GA9, 159, Anm. 56)。つまり『存在と時間』の現存在の分析は「神」を主題的に論じていないだけで、現存在の「神」との関係について何らかの決定を下しているわけではないと言うのである。

同じ注では、今の箇所に続いて次のように述べられている。「超越の解明によってはじめて現存在の十全な概念が得られるのであって、この存在者を顧慮することによってのみ、今や現存在の神に対する関係は存在論的にどういった事情にあるのかが問われうる」(GA9, 159, Anm. 56)。現存在がその本質において「存在」の生起する場であることは、これまで何度も触れてきた。ハイデガーはこの時期、現存在にとっては本質的なこの「存在」への関係性を、現存在が「存在」へと超え出ていくことと捉えて、それを「超越」と呼んでいる。したがって右の引用で述べられている「超越の解明」とは、実質的には「存在」そのものの解明のことを意味している。

以上のことから、右の引用では結局のところ、「存在」が解明され、そのことによって現存在の十全な規定がなされたとき、現存在の「神」に対する関係も問うことができると言われていることになる。つまりここでは事実上、「神」が「存在」という問題に属することが主張されているのである。

これとほぼ同じ議論が、一九二八年夏学期講義『ライプニッツ』の脚注にも見られる。そこでハイデガーは「超越の問題は時間性への問い（中略）へと引き取らなければならない」と指摘し、そして「そこからどのように超越そのものに（中略）圧倒的なものとしての、神聖性としての存在の了解が属しているのかがはじめて示されうる」と述べている（GA26, 211, Anm. 3）。前章で見たように、「時間性」は「時間」の拡がりとして生起する「存在」へと脱自する現存在のあり方を捉えたものである。したがって「超越」の問題を「時間性」への問いへと引き取るということは、「超越」を「存在」への「超越」として捉え直すことを意味している。この引用では、この意味における「超越」が超え出ていく先としての「存在」が、「圧倒的なもの」、「神聖性」であることが示唆されているのである。

以上の解釈が正しいとすれば、『存在と時間』において「超越」や「脱自」という神学的背景をもつ術語が用いられていたのも、その段階ですでに「神」との関係が視野に入れられていたからだと考えられるだろう。そして同書刊行後、「存在」を直接的に主題化するに至り、「存在への問い」の神学的な含意も同時に前面に押し出されてきたのである。すなわち「存在」――この時期の定式化に従えば、「存在者全体」――を考察する「形而上学」とは、それ自身、「神」についての考察なのである。

もともと伝統的な形而上学は、超越的な存在を探求する神学を意味するものだった。ハイデガーはこのような形而上学の元来の意味を念頭に置きつつ、「存在への問い」がそれ自身、「神的なもの」の考察であることを強調しようとして、おのれの思索を「形而上学」と呼んだのだ。

「圧倒する力」としての存在

以上で見てきたことから、ハイデガーが「存在」を「神的なもの」と捉えていたことを認めるとしよう。また同時に、先ほどの引用にも示されているとおり、ハイデガーは「存在」の「圧倒的なもの」という性格のうちに神性の本質を見て取っている。だとすると、「存在」はなぜ「圧倒的なもの」なのだろうか。「存在」の圧倒性とは何を意味するのだろうか。

この点については、『ライプニッツ』の先ほど引用した脚注の続きの箇所にヒントが示されている。「『存在』と超越の本質のほうからのみ、そしてただ超越の本質に属したまったき分散（中略）において、またそのような分散に基づいてのみ、こうした圧倒する力という存在理念は理解できる。しかし絶対的な汝といったものに定位した解釈においては理解できないし、また善（bonum）として、価値として、ないしは永遠なるものとしても理解できない」（GA26, 211, Anm. 3）。

これは「超越の本質に属した」「分散」が、現存在にとって「圧倒する力」として経験されるということだろう。この「分散」が何を意味するのかは、『ライプニッツ』の別の箇所で論じられている。細かい説明は省略するが、そこでは現存在の存在に本質的に属する「分散」として、「身体性」、「性別」、「時間」、「空間」への「多様化」が挙げられている。そしてこの「分散」は、根本的には「被投性」に基づくと言われている（GA26, 173f.）。簡単に言えば、存在者の「存在」が生起することにおいて、現存在は「時‐空間」の拡がりへと否応なしに晒されており、またその際、現存在はおのれが選んだわけではない身体へと委ねられている。こうした事態が「存在」の圧倒性として経験されるというのが先ほどの引用箇所の趣旨だろう。

超越の本質に属した「分散」とは、要するに現存在が「存在者全体」の生起に巻き込まれ、それによって支配されている状態のことである。現存在はこのときおのれを「存在者全体」に圧倒された非力な存在として経験する。すでに前節で見たように、ハイデガーは

「存在者全体」という概念によって「存在」の生起そのものを捉えようとしていた。つまりここでは、現存在が「存在」を経験することが、現存在が「存在者全体」によって圧倒されることと捉え直されているのである。こうした連関を念頭において、ハイデガーは『ライプニッツ』の脚注で、「存在」を「圧倒する力」と規定しているのである。

存在者の「存在」は「存在者全体」と不可分であり、その「存在」はそこから切り離してわれわれがコントロールできるようなものではない（もちろん人間が存在者をコントロールすることはいくらでも可能である。しかしそのとき、その存在者の「存在」は度外視されている。逆に言うと、このように「存在」を度外視することが、存在者のコントロールを可能にしているのだ）。つまり人間が「存在」を真に経験するということは、「存在者全体」に対する自分の無力さを経験することそのものなのだ。ハイデガーはこうした「存在者全体」の人間を圧倒する性格のうちに、「神的なもの」、「聖なるもの」の起源を見て取る。「存在」の根源的な経験とは、それ自身においてまさに「神的なもの」の経験なのである。

私は第二章で、ハイデガーの「存在への問い」が「根源的な神性への問い」であると指摘した。しかし『存在と時間』では「存在の意味」が解明されなかったため、神性が「存在」に基づくものであることが表立って示されることはなかった。その後、「存在」を直接的に主題化するに至り、「存在」が現存在を「時‐空間」への「分散」を強いる圧倒性をもち、またそれこそが神性の本質であることが、このようにしてはっきり提示されたのだ。多くの読者はハイデガーのこの議論を見て、彼がこの時期に何か新しいことを論じだしたように感じる。しかし実際のところ、ここでは以前からの「存在への問い」への答えが示されているにすぎないのだ。

神と人間の関係

これまでも繰り返してきたことだが、現存在は「存在」の生起の場であることをおのれの本質とする存在者である。このことは、現存在が「存在」なしにはそれ自身でありえないことを意味している。逆に言えば、「存在」も、現存在なしには「存在」として生起することはないのである。

ところで先ほども述べたように、この「存在」がある意味において「神的なもの」と捉えられるのだとすれば、今指摘した「存在」と現存在の関係は、「神的なもの」と現存在との関係にも当てはまることになるだろう。つまりこの観点からは、現存在は「神的なもの」の生起の場であることになるわけだ。実際、ハイデガーは一九三六年夏学期講義『シェリング「人間的自由の本質について」』において、人間と「神的なもの」、すなわち「神」との関係について次のように述べている。「神があらわとなるためには、人間が存在せねばならない」(GA42, 207)。

この箇所は、ドイツ観念論の哲学者フリードリヒ・シェリング(一七七五―一八五四)の『人間的自由の本質』の解釈として語られたものだが、それより少し前の時期に属する一九三四/三五年冬学期講義『ヘルダリーンの讃歌「ゲルマーニエン」と「ライン」』でも、同じような主張が見られる。それはヘルダリーンの讃歌『ライン』の第八詩節の解釈として述べられるものだが、その詩節は次のようなものだ。

浄福の神々は自分では何一つ感じない
あえていうなら　別の存在が
神々の名において　彼らに思いを寄せつつ
感じなければならぬのだから。
この別の存在が神々には必要なのだ。

(『ヘルダーリン詩集』川村二郎訳、二〇〇二年、岩波文庫、一四五頁より引用)

ここで言われている「別の存在」は「英雄や人間」を指している。すなわち神々はこうした「英雄や人間」を「必要とする」と言うのである。ハイデガーはこの箇所に対して、

「この詩人の思索は西洋の思索の、ということは同時に存在の、もっとも屹立《きつりつ》しもっとも孤独な頂のひとつに登りつめる」という異例の高い評価を与えている（GA39, 269）。この詩節でヘルダリーンは神々についてしか語っていないが、ハイデガーはここに「存在」の思索を見て取る。

そして今の引用に続く箇所では、次のようにも述べられている。「ヘルダリーンが第八詩節で詩作的に思索していることは、存在（Seyn）の本質における最高の、問うに値する事柄である」（GA39, 269）。ヘルダリーンは第八詩節で、神々はおのれを感受する「英雄や人間」を必要とすると述べているが、ハイデガーはこれをそのまま「存在」の本質を示したものと捉える。このことからも彼が神々を「存在」そのものと見なしていることは明らかだろう。

ハイデガーがヘルダリーンの詩作品を高く評価し、一九三〇年代半ばから講義などで繰り返し取り上げたことはよく知られている。ヘルダリーンには「ドイツ的なもの」を謳う詩人というイメージがあるので、ハイデガーの彼への傾倒もある種のドイツ・ナショナリズムの表れと解釈されることが多い。しかし今も見たように、ハイデガーは古代ギリシア以降の西洋の歴史において、ヘルダリーンただひとりが「存在」の真の本質を捉えていたと考えている。つまりヘルダリーンに対する高い評価は、純粋に「存在」の思索という観点からなされているのである。

そのヘルダリーンの詩で述べられているのは、神々はおのれの示現のために人間を必要とするということだ。しかし他方、人間も「存在」を見守ることをその本質とする存在者である。とすれば、「存在」が「神」そのものである以上、人間もまた「神」なしにはそれ自身でありえないことになるだろう。つまり現存在は神との関わりにおいて、はじめておのれの本来性を実現するのである(『存在と時間』で論じられていた「本来性」も究極的には、こうした「神」に対する真正な関係に帰着するだろう)。

以上で述べられたような神と人間との相互依存的な関係を、ハイデガーはシェリング講義では、まとめて次のように表現している。「人間を欠いた神とはいったい何であろう。絶対的な退屈の絶対的な形態である。神を欠いた人間とは何であろう。無害なものといった姿をもつ純粋な狂気である」(GA42, 207)。この箇所は「神」を見失った生を「死と絶望」を愛する低き生として徹底的に批判していた若き日のキリスト教擁護の評論を思い起こさせる。ハイデガーは神なしには有意義な生は生きられないという若き日の確信にあくまでも、留まり続けたと言えるだろう。ただしこの時期になると、真の「神」はキリスト教の神ではないことが自覚されるようになってくる。つまり彼はキリスト教からは明確に距離を取るようになるのである。

キリスト教に対する批判

ハイデガーによる神学生時代からの神性の本質への問いは、少なくとも『存在と時間』の時期まではキリスト教の枠内にとどまり、そのうちで「神」についての根源的な経験を捉えようとする姿勢を保っていた。しかし『存在と時間』刊行後、以上で見てきたように、「存在」の「圧倒する力」のうちに神性の本質を見て取るようになると同時に、彼はそうした神性がキリスト教の神の神性とは異なるものであることを明瞭に意識するようになってゆく。

ハイデガーのキリスト教からの離反は、何よりも古代ギリシアの「ピュシス」に対する積極的な評価に象徴的に示されている。この「ピュシス」の人間を圧倒する力こそが古代ギリシアの神々の本質だとすると、「ピュシス」への還帰とは「異教」の神々への還帰だと言ってよいだろう。こうした神々をキリスト教は「偶像」として排撃したわけだが、ハイデガーはそれらのうちにこそ真の神性を見て取る。そして逆に、キリスト教の神はそうした根源的な神性を覆い隠し、存在忘却をもたらしたものとされるのだ。

ハイデガーの言う「存在」とは、結局のところ「神」なのだという主張は、じつはそれほどめずらしいものではない。もっともそうした主張は、キリスト教を擁護する立場からなされることが多い。問題は、「存在」が「神」だと言う場合、「存在」と「神」とがどのように理解されているかということだ。このときキリスト教の神を想定してしまうと、ハイデガーの趣旨には完全に反してしまうことになる。

先ほど引用した『ライプニッツ』の注においては、「圧倒する力」としての「存在」は「絶対的な汝」、「善」、「価値」、「永遠なるもの」ではないと述べられていた。これらの語はキリスト教の神を特徴づけるために伝統的に用いられてきた規定である。ハイデガーはここで、自分が「神」と呼んでいるものは、キリスト教の神とはまったく異なるものであることを、このようにして強調しているのである。

そうだとすると、ハイデガーはキリスト教の神がどのような意味で真の神性を示すものではないと考えるのだろうか。彼が「存在への問い」という観点からとりわけ問題視するのは、キリスト教があらゆる存在者を神によって造られたもの、すなわち「被造物」と捉え、そのことによって「存在」の本質を根本的に覆い隠している点である。

ハイデガーは一九三五年夏学期講義『形而上学入門』で、この点について次のように述べている。たとえばあるひとがキリスト教の聖書を神の啓示と真理として受け止める場合、そのひとは「なぜそもそも存在者が存在し、むしろ無があるのではないのか」という問いをどのように問うたとしても、あらかじめある答えを前提としている。その答えとは

「存在者はそれが神自身でない限り、神によって創造されている」というものだ。そしてここでは「神自身は創造されない創造者として『ある』」と捉えられている。しかしハイデガーによると、このような信仰をもつ者は、信仰者としてのおのれ自身を放棄しない限り、「存在への問い」を真に問うことはできない（EM, 5）。

キリスト教は、あらゆる存在者を神によって造られたものと解釈することによって、あらかじめ「存在」の本質への道をふさいでしまっている。「存在」とは元来、おのずと立ち現れ、現存在を圧倒する「力」、すなわち「ピュシス」として現存在を支配するものだった。しかし存在者が神による作り物とされるとき、こうした「ピュシス」は完全に視野の外に置かれ、無化される。

要するにキリスト教においては、神もそれ以外のものも単なる存在者として捉えられたうえで、その関係性が「創造」として語られているにすぎないのだ。ここではハイデガー的な意味での「存在」はまったく視野に入っていない。こうして彼は、キリスト教が真の「存在」を問う哲学とは無縁であると断言するのである（EM, 6）。

ハイデガーは「存在」の「圧倒する力」のうちにこそ神性の本質を見て取った。したがってキリスト教が真の「存在」を捉えられないことは、それが根源的な神性とも無縁であることを意味している。こうした点をハイデガーは『ライプニッツ』講義において、次のような問いの形で表現している。一般に神への信仰だと思い込まれているものは、むしろ根本において無神論ではないのか、そして「真の形而上学者は通常の信仰者、『教会』の構成員、もしくはいかなる宗派の『神学者』よりも宗教的ではないだろうか」(GA26, 211, Anm. 3)。この時期、ハイデガーにとって「形而上学」とは、「存在への問い」の遂行そのものを意味していた。すなわちここには、「真の形而上学者」として「存在」を問う者こそが普通のキリスト教信者よりも宗教的であること、つまり真の神性により肉迫していることが示唆されているのである。

以上、ハイデガーの中期の思索における神の本質をめぐる考察を概観した。元来、「存在への問い」が神性の本質への問いによって動機づけられていたことは第二章で指摘したとおりである。しかし『存在と時間』では「存在の意味」の直接的な解明がなされなかったため、そうした「存在への問い」の本来の趣旨も表立たないままだった。同書刊行後、「存在」の主題化に着手するとともに、「存在」が「神的なもの」そのものであることが明示されるようになったのだ。

このように、中期に入って「存在」が直接論じられるようになるとともに、「存在」と密接に結びついているさまざまな事象もまた、同時に考察の主題として前面に現れてくる。これまで見てきた「神」がまさにその一例だが、次に論じる「芸術」もそうした事象に属している。以下では節を改めて、ハイデガー中期の思索における芸術論を取り上げ、この時期の「存在」の思索の特徴をさらに際立たせることを試みたい。

3　ハイデガーの芸術論

存在開示の言語としての詩作品

ハイデガーがその思索において芸術を重視していたことは、論文「芸術作品の根源」などをとおして、一般にも比較的知られたことだろう。このような芸術への関心が明瞭になってくるのは中期に入ってからである。たとえば今挙げた論文「芸術作品の根源」は、一九三〇年代半ばに成立した。また先ほども取り上げたヘルダリーンの詩作品の解釈を講義で行うようになるのも、一九三〇年代半ばになってからのことである。

しかしよく考えてみると、詩作品の解釈が文学研究者ならばいざ知らず、哲学者の主要な業績に含まれるのは異例である。そもそもプラトンが『国家』で詩人追放論を唱えたことにも見られるように、芸術は哲学と対立するものと永らく位置づけられてきた。哲学、さらにはそこから派生した諸学問が客観的真理を捉える営みであるのに対して、芸術はむしろ美という価値に関わり、真理とは無縁と見なされてきたのである。

ハイデガーはこの捉え方に異を唱える。存在者の「存在」をあらわにする点においては、既存の哲学や学問より、むしろ芸術に分があるとするのだ。この芸術に対する高い評価は、根本的には彼の言語の本質についての考え方に基づいている。ハイデガーは言語の本質を「世界」の表明としての「語り」を蔵することのうちに見て取っていた。そしてこのような言語の本質が、詩的言語のうちにもっとも純粋に体現されていると見なしていた。まさにこの観点から、ハイデガーがヘルダリーンの詩作品を高く評価していたことは、先ほども指摘したとおりである。

そのうえでハイデガーは、詩作品以外の芸術作品、たとえば絵画、彫像、神殿建築なども、基本的には「世界」の「語り」を蔵する言語に基づくと捉えていた。その限りにおいて、あらゆる芸術作品に「世界」を開示する機能が認められているのである。

このような芸術作品、なかんずく詩作品への高い評価は、『存在と時間』刊行直後に行われた一九二七年夏学期講義『現象学の根本問題』においてもすでに示されていた。そこで彼は「実存する現存在が、おのれの実存とともにつねにすでに開示されている世界をあらためて注視して、それに言葉を与え、そのことによって他者にもはっきりと見えるようにすること」が重要だとしたうえで、そうした役割を果たすのが「詩作品」だと述べている。すなわち「詩作品」は「世界 - 内 - 存在としての実存が始元的な仕方で言葉になること、すなわちそれが発見されること」そのものなのであり、そのように「語り出されたものによって、かつては見る目をもたなかった他者に世界がはじめて見えるものとなる」のである（GA24, 244）。

前章で見たように『存在と時間』では、「世界‐内‐存在」の「語り」を蔵したものが「言語」と規定されていた。『現象学の根本問題』では、基本的にこの「言語」の規定が踏襲されたうえで、「言語」のもっとも純粋な形態が詩作品のうちに見て取られる。「世界‐内‐存在」の「語り」とは、実質的に「世界」そのものがどのようなものかの表明である以上、詩作品の本質は、「世界」の根源的な開示であることになるのである。

ハイデガーは一九三四年の講演「ドイツ哲学の現在の状況と将来の課題」（『演説と生涯のその他の証　ハイデガー全集第一六巻』所収）においても、詩作品を「存在の開示」として高く評価している。われわれは通常、言語を単なる意思疎通の手段にすぎないと見なしている。この立場から見れば、詩作品はむしろ例外的なもの、規範から外れたものでしかない。こうした見方に対して、ハイデガーは詩作品こそが「根源的な形態における言い表すことの規範」であり、日常的言語はそれからの派生、あるいは頽落でしかないと主張する（GA16, 330）。

詩作品が「言い表すことの規範」だというのは、詩作品においてこそ言語の本質がはっきりと示されているということだ。そうだとすると、言語の本質とは何なのだろう。ハイデガーは同じ講演で、「言語において、存在の根源的な露呈と示現が起こる」と述べている(GA16, 329f.)。つまり言語とは、眼前に見出される事物について事後的に何かを語ることではなく、事物がある固有の「世界」とともにおのれを示す出来事そのものだと言うのである。

このことを、「世界」と「言語」とが別々にあり、「言語」が「世界」を写し取るといったような関係と捉えてはならない。「言語」とともに、また「言語」において「世界」が生起しているのであり、つまり「言語」とは「世界」の生起そのものなのだ。詩作品はその語りにおいて、このような「言語」の本質をもっとも純粋に示すゆえ、ハイデガーは詩を「言語」の規範と見なすのだ。

芸術作品の真理

以上で見たように、ハイデガーは言語を「世界」の生起そのものと捉え、そうした言語の本質をもっとも純粋に満たしたものとして詩作品を高く評価する。ところで最初に述べたように、彼は彫刻や絵画などの造形芸術を含むあらゆる芸術作品も、基本的には言語に基づくと見なしていた。したがって、彼の芸術作品の本質に対する考察は、基本的にはすでに見てきたような詩作品の捉え方に準拠したものとなっている。

このような、ハイデガーの芸術作品一般についての思索をもっとも直接的に、また具体的に示しているのが論文「芸術作品の根源」（『杣道　ハイデガー全集第五巻』所収）である。この論文は一九三五年に最初に行われ、その後一九三六年にかけて内容を拡張しながら繰り返された講演に基づいている。したがってこの講演は、ハイデガーの中期思想のもっとも成熟した姿を示すものと言えるだろう。

ハイデガーが同論文で、フィンセント・ファン・ゴッホ（一八五三―一八九〇）の靴の絵を芸術作品の例として取り上げていることは有名である。以下ではまず、この靴の絵についてのハイデガーの記述を手がかりにして、彼が芸術作品の本質をどのように捉えていたかを具体的に見ていこう。

ハイデガーはゴッホの靴の絵において「真理が生起している」と述べている。とはいえ、この「真理」とは、「何か手前のものが正確に模写されている」ことを意味するのではない。むしろ「靴という道具の道具存在があらわになることにおいて、存在者全体、すなわち抗争関係にある世界と大地が非隠蔽性へと到達する」という事態を指している（GA5, 43）。本章ですでに論じたように、一般にある存在者が存在するとは、その「存在」を可能にする「存在者全体」が生起することと不可分である。したがって靴の絵において、靴という道具の「存在」があらわになっていることとは、その靴の「存在」と切り離せない「存在者全体」もあらわになっていることを意味するのである。

このように、靴の絵において靴の「存在」と不可分の「存在者全体」があらわになっていることをハイデガーは「存在者全体」が「非隠蔽性」へと到達すると表現している。そして靴の絵において生起している「真理」とは、こうした「非隠蔽性」を指すと言うのである。すでに第一章で指摘したように、ハイデガーは前期のころから「真理」を一貫して「非隠蔽性」、すなわち「隠されていないこと」、「あらわなこと」と解釈していたが、それは究極的には「存在」の立ち現れを意味するのだった。ここでもまさにこうした「真理」観が示されているのである。そして「芸術作品」の本質が、この「真理」を「作品のうちに置くこと」として捉えられているのである。

世界と大地の抗争

ここで注目したいのは、靴の絵の説明で、「存在者全体」が「抗争関係にある世界と大地」と言い換えられている点である。この「世界」と「大地」、またそれらの「抗争」とは何を意味するのだろうか。

ハイデガーは「芸術作品の根源」では、神殿というひとつの建築作品を例に取り、「世界」について次のように説明している。神殿という作品はおのれの周囲に、人間の生を形作る軌道と連関の統一を取り集める。この軌道と連関のうちで「誕生と死、災厄と繁栄、勝利と恥辱、持ちこたえと没落が、人間にとって自分の運命の形となる」。こうした連関の支配的な拡がりをハイデガーは「歴史的フォルクの世界」と名づけている（GA5, 27f.）。

つまり「世界」とは、人間の生にとって避けることのできない諸可能性の連関を示しているのである。神殿における神への奉献や祈り、祭典などは、今示したような生の諸連関における神の加護を求めるものである限り、神殿の存立は、そうした生の諸連関の支配を前提とする。ハイデガーは「芸術作品の根源」において、このような生にとっての根本的な出来事の連関を「世界」と呼んでいるのである。

本章の前半部で「存在者全体（ピュシス）」の説明をしたところで、「存在者全体」には人間の歴史、運命が含まれていることを指摘した。「芸術作品の根源」における「世界」とは、「存在者全体」を構成する、このような人間存在に関わる側面を指すと言ってよいだろう。つまりハイデガーは中期においては「存在者全体」そのものを「世界」と呼んでいたのだが、「芸術作品の根源」においては「世界」はそれよりも限定された意味で使用されていることに注意されたい。

そうだとすると、「大地」とは何を意味するのだろうか。ハイデガーはここでまず、神殿を取り巻き、神殿と本質的に連関しているさまざまな存在者を次のように列挙する。神殿は岩の上に建つことにより、岩の支える力を岩から汲み取る。神殿は嵐に対して持ちこたえることによって、嵐をその暴力においてあらわにする。石材のきらめきが日の光、天空の拡がり、夜の暗さをそれとして際立たせる。神殿がそびえ立つことによって、大気の見えない空間が見えるものとなる。建築作品の安定が海の荒れ狂いを際立たせる。神殿の周りで、樹木と草、鷲と雄牛、蛇とコオロギがはじめてそのくっきりとした姿を獲得し、それがそうであるものとして前に現れてくる（GA5, 28）。

ハイデガーはこのように、神殿とともに立ち現れる事物について語っている。そのうえで、古代ギリシアにおいて「ピュシス」と呼ばれたこうした諸事物の立ち現れの全体は、人間がそこに住まうところであることを指摘して、この場所を「大地」と呼ぶ（GA5, 28）。つまり右で挙げたようなさまざまな事物が立ち現れてくる場所が、まさしく「大地」なのである。神殿は、それが屹立することによって、ある固有の大地を「大地」として際立たせるのである。

ハイデガーは以上の議論をまとめて次のように述べる。「神殿という作品は、そこに建ちつつ世界を開き、この世界を同時に大地へと戻し置く。この大地はそのことによって、それ自身はじめて、故郷の土地としてはっきりと現れてくる」（GA5, 28）。神殿がそこに建っているという事態を、人間や動物、植物や事物があらかじめ対象として存在していたところに、事後的に神殿が置かれたというように捉えてはならない。むしろ神殿がそこに建つことによって、事物にはじめてその姿が与えられ、また人間にも自分自身が何者であるかについての見通しが与えられるのだ、こうハイデガーは注意を促す（GA5, 29）。

以上、ハイデガーが「世界」と「大地」をそれぞれどのように捉えているのかを見てきた。この「世界」と「大地」はもちろん相互に切り離されたものではなく、ある固有の統一を形作っているものである。この統一についてハイデガーは次のように説明する。「世界は大地に基づき、大地は世界を貫きそびえる」。その際、「世界は大地の上にとどまりながら、大地を引き立たせようと努める」。そして「大地はかくまうものとして、そのつど世界をおのれ自身のうちに取り込み、留め置こうとする傾向をもつ」（GA5, 35）。

つまり人間の運命はまずもって、「大地」によってその内実が具体的に規定される。いっぽう「大地」もまた、人間の運命を規定するという仕方において、はじめておのれの何たるかを示すのだ。「世界」と「大地」はそれぞれ切り離されてあるのではなく、どちらもこうした相互の緊張関係においてはじめてそれ自身でありうる。そしてこのような「世界」と「大地」との相互関係を、ハイデガーは「抗争」と表現するのである。

ここで注意しなければならないのは、「世界と大地の抗争」ということで、ハイデガーがそれまでとは異なった、何か新しい事象を問題にしているのではないということだ。それはすでに「存在者全体」、「ピュシス」などとして論じられてきた事象、すなわち「自然」と「歴史」の根源的な統一のありさまをより詳細に分節化して捉えたにすぎない。本章ではすでに、この事象が日本語では「風土」と呼ぶものに当たると指摘した。「自然」や「歴史」を領域として切り離して捉える既存の学問知によっては取り逃がされてきた「風土的なもの」をあらわにする特権的な役割を、ハイデガーは芸術作品のうちに認めているのである。

芸術による「フォルク」の基礎づけ

以上、ハイデガーの中期の思索における芸術論の内容を簡単に紹介した。すべての芸術の根底には、「存在者全体」の表出としての「言語」がある。こうした「言語」の本質を、もっとも純粋な形で満たすものが詩作品である。そしてこの詩作品の言葉によって開かれた「存在者全体」のうちで、絵画や建築など他の芸術作品が、それぞれなりの仕方で作品のうちに「存在者全体の真理（非隠蔽性）」を置き入れる。

このように言うと、芸術作品は目の前にすでに見出される世界を模写するだけのように見えるかもしれない。だが、ハイデガーは芸術作品が「存在者全体」を創設することとそのものであることを強調する。彼は「芸術作品の根源」で、芸術による「真に創造する企投」により、現存在が歴史的な現存在としてすでに投げ入れられている場所が開かれると述べている。そしてこの場所を「歴史的フォルク」の「大地」と「世界」と呼ぶ（GA5, 63）。

もちろん作品には、制作者だけではなく、それを受容する者も存在する。芸術作品が「大地と世界の抗争」の開示であることに応じて、受容者によるこの作品の「保護」は、作品においてあらわになった「大地と世界の抗争のうちに立つ」という意味をもつ。この「大地と世界の抗争のうちに立つこと」をハイデガーは「知」と呼ぶ。もちろんそれは何かについて知識を得たり、表象したりすることではない。この「知」は「大地と世界の抗争」におのれ自身を晒し出し、それを持ちこたえる「意志」、あるいは「覚悟」である、そうハイデガーは述べている（GA5, 54）。

今述べたことは、芸術作品を媒介として、創造者と受容者、また受容者相互のあいだにある固有の「大地」と「世界」が共有されることを示している。つまり芸術作品はこのような仕方で人間の共同性を根拠づける働きをもつのである。ハイデガーによると、「作品の保護は（中略）人間を作品において生起している真理に帰属することへと入れ込み、このようにして相互 - 共同存在を非隠蔽性への関わりに基づいた、現 - 存在の歴史的な持ちこたえとして根拠づける」（GA5, 55）。

以上で見てきたように、ハイデガーは芸術作品のうちに「フォルク共同体」を基礎づける役割を認めている。一九二〇年代の青年運動、学生運動の多くが、今は隠されている「フォルク」の本来のあり方を取り戻すことを旗印としていたことには前にも触れた。そうした若者たちに絶大な影響を与え、ハイデガー自身も関心を抱いていた詩人シュテファン・ゲオルゲ（一八六八―一九三三）が詩作品を「ブント」（ドイツ語で同盟を意味する）結集の核としていたこともあり、芸術が「フォルク」を根拠づけるという考え方は当時、それほどめずらしいものではなかった（ちなみにヘルダリーンの後期の讃歌を発見し、その再評価に多大な貢献を果たした文献学者ノルベルト・ヘリングラート〈一八八八―一九一六〉もゲオルゲのサークルに属していた。ハイデガーは自身のヘルダリーン研究がヘリングラートに負うことを各所で言及している）。

ハイデガーの芸術論は、一九二〇年代にドイツの若者たちを席巻したある種のロマン主義の集大成という側面をたしかにもっている。しかし注意しなければならないのは、彼がすでに流布していた何らかの「フォルク」理念に肩入れしているわけではないということだ。むしろ彼は巷の「フォルク」についての言説の不確かさを問題視し、自分が唯一可能だと考える「フォルク」の根拠を示そうとしたのだった。そしてその根拠こそが、彼が「存在への問い」において捉えようとしていた「存在」なのである。

それゆえ「フォルク」についてのハイデガーの議論は、ドイツの「フォルク」の優越性に哲学的なお墨付きを与えるためのものではない。仮に「ドイツ性」なるものが語りうるとしても、彼の立場に従えば、それは「存在」の生起によってはじめてその内実が示されるようなものでしかない。そして「存在」の生起が地域的な多様性をもつ限り、ドイツの「フォルク」と同等の権利をもって、それ以外の「フォルク」の存立もそこでは認められているのである。

ハイデガーは『存在と時間』刊行後、「存在」の直接的な解明に取り組むようになった。そしてこのことによって、「存在」と密接に結びつき、「存在」の解明を前提とする「神性」や「芸術」なども取り上げるようになった。そしてこのように、「存在」の解明とともに、「存在」と本質的に連関する事象が視野に入ってくる中で、今述べたような「フォルク」の基礎づけという「存在への問い」の「政治的」含意も前面に押し出されてくるのである。

まさしくこの中期に属するハイデガーのナチス加担も、こうした「存在への問い」のもつ政治性の直接的な帰結と見なすことができる。以下では章を改めて、ハイデガーとナチズムの関係を取り上げ、「存在への問い」の政治的含意をより具体的に示すことを試みたい。この作業をとおして、中期の思索の特色がよりいっそう明瞭になるだろう。

第四章　ハイデガーのナチス加担

ハイデガー＝ナチズム論の盲点

ハイデガーの「存在への問い」が「フォルク共同体」の基礎づけという関心によって規定されていたことを、前章の終わりで指摘した。彼の「神的なもの」への問いも、それが個人を超越した「絶対的なもの」の追求であるとすれば、ある意味において、人間の共同性の基盤を探し求める営みであったと言ってよい。つまり彼の思索においては「存在」とは「神的なもの」なのであり、またそうした「神的なもの」は、共同体を基礎づけるものと見なされているのである。

『存在と時間』刊行後、「存在」が直接的に論じられるようになるとともに、共同体の基礎づけという「存在への問い」の政治的含意も顕在化してくる。ハイデガーのナチス加担として知られる出来事もまた、彼の思索のこうした政治性と密接に結びついている。ナチスへの関与が自身の哲学に基づいていたことについて、彼はとくに隠し立てはしていない。それどころか事あるごとに、ナチス加担が自らの哲学的思索を背景としていたことに注意を促している。この点はナチスを支持しているときも、またナチスから離反してからも、さらに第二次世界大戦後、ナチス協力者として非難されているときもずっと変わることはなかった。

ところが多くの「ハイデガー－ナチズム論」は、こうしたハイデガー自身の説明をなぜか素通りしてしまう。そしてそのうえで、彼が重要な事実を隠蔽しているとか、ナチスに加担したことを矮小化しようとしていると言い募《つの》る。さらにはこのようなハイデガーの隠蔽工作に抗《あらが》うという自負をもって、自分たちがナチズム的だとイメージしているものをハイデガーのテクストから見つけ出し、彼の思索に潜むこの「ナチズム的な要素」ゆえに彼はナチスに加担したのだと結論づける。

これまでの「ハイデガー－ナチズム論」によく見られたこうしたタイプの議論は、ナチスに加担した以上、彼の思想にはナチズム的なものが含まれているはずだという臆断《おくだん》に基づいている。しかしいかに自明の推論に見えたとしても、彼の思想をナチズムの公式イデオロギーと単純に同一視してしまうと、事態を正しく捉えることはできなくなる。

先ほども述べたように、ハイデガーの「存在への問い」は「フォルク」の基礎づけを目指してなされたものだった。つまり彼の思索そのものが元来、「フォルク」に対するひとつの立場を示すものであった。それゆえナチスが「フォルク」の再生を唱えて台頭したとき、ハイデガーは自身の「フォルク」理念をナチスをとおして実現しようと試みた。このように、「フォルク」の刷新を目指すという大枠においてハイデガーとナチズムが一致していたことはたしかに事実なのである。

しかし「フォルク」をどう捉えるかという点において、両者の立場には大きな隔たりがあった。「フォルク」を「人種」として単純に生物学的なものに還元してしまうナチズムは、ハイデガーの立場とまったく相いれないものであった。ただナチスが権力を掌握した当初の段階では、ハイデガーは自身が積極的に働きかけることによってナチズムの「フォルク」観を「是正」することはなお可能と考えていた。こうした見込みに従って、彼はナチズムを自身の哲学的立場に引き寄せ、それに基づいて再定義しようとした。すなわち現実のナチズムとハイデガーの思想的立場の共通性ではなく、むしろ違いこそが、彼のナチスへの関与を動機づけていたのである。

多くの「ハイデガー‐ナチズム論」の論者は、彼の思想とナチズムの共通点を彼の哲学の中に何とかして見つけ出そうとするために、ハイデガーのナチス関与を動機づけていた彼独自の「フォルク」概念を完全に見落とすことになる。「フォルク」の捉え方が「存在への問い」に基づくものである以上、この「フォルク」の度外視は、彼らの「存在への問い」そのものに対する無理解を露呈してしまうのだ。

逆に言うと、ハイデガーの「存在への問い」を的確に理解できていれば、彼のナチズムに対するスタンスも明瞭に捉えられるということだ。本書ではこれまで、「存在への問い」の意義、またそこに含まれる諸々の論点を詳細に検討してきた。以下ではその成果を踏まえることで、「ハイデガー‐ナチズム問題」にどのような展望が開かれるのかを具体的に見ていきたい。

ハイデガーのナチス加担として何よりも問題にされているのは、彼がナチス支持の立場でフライブルク大学の学長に就任したという事実である。しかし、仮にハイデガーが個人的にナチス党を支持していたとしても、そのことが必然的に学長就任をもたらすわけではないだろう。そうした事態が起こるためには、そもそも彼自身が学長職への意欲をもっていたことがまずその前提にはなるはずだ。また、それだけではなく、当時は学長選が行われていたのだから、周囲からの支持も必要であったはずである。実際、彼は学長職を積極的に目指すというほどではないにせよ、チャンスがあれば引き受けるという程度の意欲をもっていたのは事実である。そしてこの彼の学長職への意欲は、一九一〇年代から彼が抱いていた学問の刷新の構想に由来するものであった。

学問の刷新と言っても、前章の末尾で見たように、ハイデガーが真正な「知」として提示していたものが「存在者全体」に開かれ、その圧倒的力に耐え抜くことそのものだとされていたことを見れば、それがわれわれがイメージする「学問」とは異質なものであることは明らかだろう。そしてそこで開示されている「存在者全体」は、「フォルク」がそのうちにおのれを見出す場所、つまり「フォルク」の「大地」と「世界」と規定されていた。

つまりこの「知」は学者だけではなく、「フォルク」の成員がその「フォルク」の成員である限りにおいてだれでもが担いうるもの、それゆえ担わねばならないものと理解されていたのである。

ただしこのような「知」は、西洋的学問の覇権のもとで覆い隠され、そもそも「知」としてのステータスを認められていない。ハイデガーの「存在への問い」は元来、このような根源的な「知」の復権を目指していた。そして彼は一九二〇年代から、ドイツの大学がこうした「知」を率先して担い、それをドイツ社会全体に植え付ける役割を果たすべきだと考えていた。

ハイデガーはナチスが政権を獲得し、大学改革を求める学生たちが大学運営に大きな影響を与えるようになったとき、それを自身の大学理念を実現する絶好のチャンスと捉えた。本章では最初に、ハイデガーの学長就任の背景にあった学問構想と、そうした構想の立場から彼がナチスの台頭をどのように捉え、またなぜそれに積極的に関与していこうとしたのかを明らかにしたい。

先ほども述べたように、学問の刷新は「フォルク」の新たな根拠づけを目指したものだった。こうした自身の「フォルク」概念に基づいて、ハイデガーは「国民社会主義（ナチズム）」の再定義を試みたのだった。本章では、ハイデガーが自身の哲学的立場からナチズムの「あるべき姿」をどのように規定したのかを見ていくことにする。

周知のとおり、ハイデガーの大学改革の試みはただちに行き詰まった。ハイデガーの考えるところの「真のナチズム」は、現実のナチズムを変革するには至らなかったのである。本章では最後に、ハイデガーのナチズム運動を領導《りょうどう》しようとする試みがなぜ失敗に終わったのかを彼自身の後年の反省も視野に入れつつ、考察していくことにしたい。

1　ナチス加担の学問論的背景

学問の刷新に向けて

先ほど、「フォルク」の再生への関心がハイデガーとナチズムを結びつけていたことを指摘した。こうした「フォルク」の重要視は、ハイデガーやナチスの支持者だけに見られたものではなかった。「はじめに」でも触れたように、第一次世界大戦後のドイツでは、「フォルク」への関心は時代の一般的風潮となっており、とりわけ青年運動や学生運動を担っていた若者たちのあいだでは広く共有されていた。

もともと大学の外で生まれた青年運動の影響を受けつつ、二〇世紀の初頭に勃興した学生運動はかねてより、学問が専門分化し、「生から疎遠に」なっていることを批判し、学問の刷新と大学改革を唱えていた。第一次世界大戦の敗北によるドイツ民族の分断やヴェルサイユ条約によって課された莫大な賠償金の負担、労働者と有産市民層の格差の拡大などの状況に直面して、学生たちは「フォルク」の結集、統一を求める姿勢をさらに強めていった。彼らは既存の学問がそうした問題の解決に無力であることを批判し、「フォルクのための学問」を求めたのだった。

その際、学生たちから厳しい非難のやり玉に挙げられたのが、マックス・ヴェーバー（一八六四―一九二〇）が講演「職業としての学問」（一九一七年）で唱えた「価値判断を交えない学問」という理念だった。この講演自体は、学生団体の草分けであった自由学生連合の依頼で行われたものだった。専門分化して生と隔絶した学問を批判し、学問に対して生の指針を求める若い学生たちをたしなめる形で、ヴェーバーは学問が価値判断から距離を取るべきことを主張した。教師は教壇において自身の政治的立場を説くべきではなく、また学生たちも教師に「世界観」を期待すべきではないと主張し、学生たちに日々の地道な仕事に戻るよう勧告したのである。

しかしヴェーバーの勧告もむなしく、先ほども述べたとおり、学生たちの学問の刷新に対する待望は第一次世界大戦後も弱まることはなかった。それどころかヴェーバーの「価値判断を交えない学問」という理念のほうが学生たちから攻撃の的とされたのだ。

以上のような一九一〇年代から二〇年代にかけての大学を取り巻く状況を見ると、ハイデガーの哲学が当時の大学生による既存の学問や大学への批判を意識して、それに哲学的な基礎を与えようとするスタンスを取っていたことは明瞭である。そもそも彼自身が学生であった時代に書かれた宗教的な小論は、現代社会のデカダンス、ニヒリズムを批判し、キリスト教信仰への立ち返りによる生の刷新を説くものであり、それ自身が当時の青年運動のエートスを何ほどか分有するものであった。

そして第一次世界大戦後、フライブルク大学で行われた初期の講義において、ハイデガーは硬直化した学問知から脱却し、「事実的生」へと立ち返ることを説いていた。一九一九年夏学期に「大学と大学における学業の本質について」という講義を行っていることからもわかるように、彼は当初から大学問題を視野に入れていたのである（GA56/57, 205ff.）。さらにその後も一九二九年の教授就任演説「形而上学とは何か」（『道標　ハイデガー全集第九巻』所収）や一九二九年夏学期講義「大学における学業への導入」（『ドイツ観念論〈フィヒテ、シェリング、ヘーゲル〉と現代の哲学的状況　ハイデガー全集第二八巻』所収）で、大学の専門学校化を批判する一方、「存在への問い」に基づいた学問の本質規定を行っていることにも見られるように（GA9, 104, GA28, 347ff.）、彼の関心は一貫して大学の刷新に向けられていた。

以上からすると、ハイデガーの「存在への問い」そのものが、学問の専門分化と生にとってのその意味の稀薄化という状況を見据えつつ、学問の本質を「存在」についての「知」と規定することで、学問にあらためて根拠と規範性を与えようとする試みであったと見ることができる。このように、学問が「存在」によって拘束されるものであることを強調することによって、彼は「価値判断を交えない学問」というヴェーバーの「リベラルな」学問観を真っ向から覆そうとしたのである。

学生との関係

『存在と時間』刊行前から、ハイデガーの名がドイツ中の大学生に広く知れ渡っていたという事実は、学生たちが自分たちの求めていたものを彼の思索の中に見出していたことを示している。また『存在と時間』が刊行直後から、哲学書としては異例の反響を呼んだことも同じ理由によるだろう。ハイデガーは学生たちのあいだで、それこそ精神的指導者としての地位を獲得していたのである。

ハイデガー自身もそうした役割を引き受けることを躊躇しなかった。『存在と時間』ではじめて明確に打ち出された「存在への問い」は、西洋的学問を根本から批判し、そこでは隠蔽されている「真の存在」へと迫ろうとする努力だった。『存在と時間』刊行後、彼はこの「真の存在」についての知を、「存在者全体」を捉える学（形而上学）と規定し、それが既存の領域的な学問とはまったく異なる学問であることを強調した。そしてハイデガーは、このような「存在者全体」の「知」が「フォルクの世界と大地」の「知」にほかならず、すなわち「フォルク」の核心を形作るものと捉えていた。つまり「存在者全体の学」としての「形而上学」はそれ自身、「フォルク」の基礎づけという意味をもっていたのである。

このようにハイデガーの一九二〇年代の思索は、学生たちの「ひからびた専門知」に対する批判、そしてそうした既存の学問に代わる「フォルクのための学問」への要求に哲学的な表現を与える試みであった。彼自身、そのような意識のもとで思索を遂行していた。また学生たちも、彼の思索の意図をそう受け止めていたのである。

ハイデガーが学生たちにいかに熱烈に支持されていたかは、次の出来事に象徴的に示されている。一九三〇年にハイデガーはベルリン大学から招聘《しょうへい》を受けたが、結局、フライブルク大学に残留することを選択した。その際、数百人の学生が楽団を伴って夜半、彼のフライブルク郊外の自宅に松明《たいまつ》をもって押しかけ、感謝の意を表した。この出来事を報告する当時の新聞記事が、ハイデガー全集第一六巻の補遺に収録されている。そこには出来事の経緯とともに、学生代表のハイデガーにスピーチ、それに応えるハイデガーの感謝のスピーチの概要が記されている。

学生代表は背伸びして精一杯、むずかしい言葉を使っているという感じの生硬なスピーチでハイデガーを称えつつ、今後も自分たちを精神的に鼓舞するようにと願っている。ハイデガーは答礼のスピーチで、「客観的で普遍的拘束力をもつ認識や力という支え（Halt）がわれわれにはまったく欠けている」なかで、「現存在のただ中でおのれを持すること」を要求し、それは「戦い」として遂行されると述べている（GA16, 758）。ここではまさに、このおよそ三年後にハイデガーが学長に就任してから、折に触れて行われた学生たちに対する呼びかけとほぼ同じ内容が語られているのである。

大学の状況

以上で見てきたように、一九二〇年代にはすでに学生たちのあいだでは、「フォルク」の再生を求め、学問に対しても「フォルク」への寄与を求める機運が高まっていた。こうした状況を追い風としてうまく捉えたのが、ナチス傘下の学生団体、ナチス学生同盟（一九二六年設立）である。ナチス学生同盟が「学問と生」を架橋する「フォルクのための学問」と、それを担う「フォルクの指導者」という理念を提示したとき、多くの学生が学生同盟に追随《ついずい》した。またナチス学生同盟を積極的に支持しないとしても、この理念そのものに反対する学生はほとんどいなかった。

こうしてナチス学生同盟はナチスが政権を獲得するのに先立ち、すでに一九三一年に

「ドイツ大学自治会連合（Deutsche Studentenschaft）」を掌握していた。すなわちナチスは、ドイツ社会のどの領域にも先立って、まず大学で成功を収めたのだ。このドイツ大学自治会連合はナチス学生同盟の支配下に置かれると、トップダウンの指導者原理を導入した。その後もドイツ語の名称は変わらないが、もはや自治組織ではないので、日本語の翻訳としては以下、「ドイツ学生団」と呼ぶことにしたい（ナチス学生同盟の成功については、田村栄子『若き教養市民層とナチズム』名古屋大学出版会、一九九六年、第七章以下参照）。

ナチスは一九三三年に政権を獲得した時点では、明確な大学政策をもっていなかった。この政策上の真空状態の中、ドイツの大学の「強制的同質化」、つまりナチ化を主導したのがドイツ学生団である。先ほども述べたように、ドイツ学生団はナチスの政権獲得よりも一足早く、ナチスの支配下に置かれていた。そしてドイツ学生団は、ナチスが権力を獲得すると、ナチス自身の大学政策の真空状態に乗じる形で、自分たちの「国民社会主義的な大学革命」を演出しようと試みた（Michael Grüttner, Wissenschaft, in: Wolfgang Benz, Hermann Graml und Hermann Weiß〈Hrsg.〉, *Enzyklopädie des Nationalsozialismus*, München, 2007, S. 143.）。

ドイツ学生団による強制的同質化の矛先は、何よりもまず大学に在籍するユダヤ人に向けられた。彼らは大学からのユダヤ人の排斥を主張し、ユダヤ人教員に対する授業ボイコットや、ユダヤ人学生への嫌がらせを主導した。また「非ドイツ的精神」に抗するという名目で各大学において実施されたユダヤ人や反戦主義者の著作の焚書《ふんしょ》も、ドイツ学生団が主催したものだった。

さらにドイツ学生団は「反動的で」「硬直化した」教授たちにも激しい攻撃を浴びせかけた。学生たちは学問の専門化、それに伴う学問の意味喪失に対抗し、学問がふたたび「フォルク」にとってその意味を取り戻すこと、すなわち「フォルク」にとって有用なものとなることを要求した。ドイツ学生団は「学問の自由」を盾にとり、旧来の体制を墨守《ぼくしゅ》する教授たちに対抗するために、自分たちで専攻ごとに勉強会を開催し、ナチス的な学問がいかにあるべきかを彼らなりに模索した。

ドイツ学生団は大学の正課に労働奉仕と国防奉仕を取り入れることを主張していた。これは必ずしもドイツ学生団だけの要求ではなく、ワイマール時代から多くの学生団体が求めていたものでもあった。労働奉仕は大学生を「フォルク共同体」に根ざした存在にすることにより、肉体労働者と知的労働者のあいだの階級融和を図り、フォルクの統一を実現するという趣旨をもっていた。また国防奉仕はヴェルサイユ条約によって禁止されていた義務兵役を代替する目的をもち、これも多くの学生に支持されていた。

教授たちは学業の妨げになることを理由として、これらを大学の正規の課程に導入することに反対していた。しかし大学執行部とドイツ学生団が対立したときに、国や各州の官庁が学生団に肩入れしたため、結局は学生の要求が貫徹されることになった。こうして学生たちは自分たちが大学を支配できるという全能感をもち、教授の伝統的権威と大学の自治は無力化された（Michael Grüttner, *Studenten im Dritten Reich*, Paderborn, 1995, S. 62ff.）。

「ドイツ人の使命」

ナチス政権獲得後のこうした大学の状況を、ハイデガーはどのように捉えていたのだろうか。一九三三年一月に待望の首相の座を獲得したナチスは、三月にふたたび行われた総選挙で他の連立与党とともに議会の過半数を占め、三月二三日には全権委任法を成立させた。このようにナチスが独裁政治の基盤を着々と固めつつあったころ、ハイデガーは旧来の友人エリーザベート・ブロッホマン（一八九二―一九七二）宛ての手紙（三月三〇日付）で次のように述べている。「現在の出来事は私にとって――まさに多くのことがはっきりせず、未決定のままであるがゆえに――並々ならぬ引き寄せる力をもっています。この出来事によって、偉大な責務のために働き、フォルク的に基礎づけられた世界の建設に助力するという意志と確かな気持ちが高められています」（GA16, 71）。

ブロッホマンはユダヤ人の女性である。ナチスの台頭に不安を感じているユダヤ人にこのようにナチスへの期待を語るのは、場違いだという印象は否めない。実際、ブロッホマンは非アーリア人公務員の免職を定めた職業官吏制度再建法（四月七日成立）によりハレ教育アカデミーの職を解かれ、一九三三年末にはイギリスへの出国を余儀なくされている。

しかしこのことはむしろ、この手紙を書いた時点では、ナチスがユダヤ人をひどく迫害することはないだろうとハイデガーが楽観視していたことを示している。彼はナチスの台頭のうちに、否定的な可能性よりも手紙で述べられているような、「フォルク的に基礎づけられた世界の建設」という積極的な可能性を見て取っていたのである。

しかもハイデガーには、この「フォルク的な世界の建設」という理念にはブロッホマンも賛同していると考えるだけの理由があった。ブロッホマンはハイデガーの妻エルフリーデの学友だったたが、ハイデガーは彼女たちと青年運動のサークルで知り合ったと言われている（リュディガー・ザフランスキー『ハイデガー　ドイツの生んだ巨匠とその時代』山本尤訳、一九九六年、二二九頁以下）。

ブロッホマンはまた、ドイツの著名な教育学者で当時、ゲッティンゲン大学の正教授を務めていたヘルマン・ノール（一八七九―一九六〇）の弟子でもあった。ノールはヴィルヘルム・ディルタイ（一八三三―一九一一）の「生の哲学」に定位した精神科学的教育学の主唱者であり、ワイマール体制における「新教育（Reformpädagogik）」運動の中心的人物でもあった。

この「新教育」は、ノールの理解によれば、一方で「子どもからの教育」というスローガンに示されるような個人の自発性の尊重を志向しつつ、他方でそうした個人を「フォルク共同体」の担い手へと教育することを目指すものだった。このような性格をもつ「新教育」運動は、ノールが積極的に参加していた青年運動の「文化批判」――ドイツの急速な産業化によってもたらされたドイツ・フォルクの分断や精神的貧困に抗して、「フォルク共同体」によってふたたび「生の統一」を獲得しようとする思想――に根ざしていた（坂越正樹『ヘルマン・ノール教育学の研究』風間書房、二〇〇一年、一二〇頁以下）。

ワイマール共和国の時代に、こうした「新教育」の方向性に即して、教育の抜本的な改革が目指された。その際、右で述べたような「フォルク」への教育の担い手として、小学校教員の地位と能力の向上がとくに重視され、プロイセン州では辣腕《らつわん》の文部大臣カール・ハインリヒ・ベッカー（一八七〇―一九三三）のもとで、小学校教員を養成する新たな高等教育機関が教育アカデミーとして設置された（最終的に一五校が開校された）。その学長の人選にあたって、ベッカーは青年運動や教育改革運動との関係を重視した（佐藤史浩「ワイマール共和国における教育アカデミーの創設とその展開」『宮城學院女子大學研究論文集』118号、二〇一四年、五頁）。その際、ノールは自分の弟子たちを教育アカデミーに教員として多数送り込んだが、ブロッホマンもその一人であった。

ところで、先ほど紹介した一九三〇年のハイデガーのベルリン大学への招聘《しょうへい》は、ベッカーの後任の文部大臣アドルフ・グリメ（一八八九―一九六三）が哲学部の推薦リストを覆して推し進めたものだった。かつて青年運動にも携わっていたグリメのこの人選は、ドイツの大学における哲学部の正教授ポストの中でももっとも重要だと見なされていたベルリン大学のポストにハイデガーを就けることにより、ワイマール共和国の教育改革に反抗的であった大学に「新教育」の精神を植え付けようとする意図があったと解釈できる。ハイデガーはワイマール時代からすでに、「新教育」の側に立つ哲学者と認識されていたのである。

さて、ブロッホマンもノールの弟子として、以上のような「新教育」を奉じる教育学者であった。それゆえ彼女には、「フォルク」の建立を志向するハイデガーの大学改革構想に異議を唱える理由はなかった。そもそも彼女の師のノールからして、ナチスが政権を奪取した当初の段階において、ナチズムを「フォルク」の統一を教育によって実現しようとする「新教育」を継承するものと評価していたのである（坂越正樹『ヘルマン・ノール教育学の研究』、一四〇頁以下）。

以上で見たことからもわかるように、ワイマール時代から教育の刷新を志向していた人びとは、ナチスによる政変をそれまでの教育改革の断絶と見なすのではなく、むしろその継続、さらに言うとその実現とさえ捉えていた。ナチズムに対する熱烈な期待を表明するハイデガーのブロッホマン宛ての手紙も、今述べたような事情を念頭に置いて読み解く必要があるだろう。

同じ書簡でハイデガーは、従来の「文化」や「価値」なるものが自分には無意味なものとなり、そのことが「現存在における新たな地盤を求めるよう私に強いていた」とも述べている（GA16, 71）。そして「われわれがその地盤、そして同時に西洋の歴史におけるドイツ人の使命を見出すことになるのは、ただわれわれがおのれ自身を（中略）存在そのものに晒し出すときだけである」と結論する（GA16, 71）。つまり現代において「文化」や「価値」はもはや現存在を支えるものではありえず、ただ「存在」のみが現存在の地盤となりうる。こうした「存在」におのれを晒し出すことが、ハイデガーによると「ドイツ人の使命」なのである。

手紙の続きでハイデガーは、自分は「現在的なものをまったく将来から経験している」と述べ、「ただこのようにしてのみ真の参加が生い育つ」と主張する。つまり彼は「現在的なもの」、すなわちナチスの政権獲得のうちに、「存在」におのれを晒し出すという「将来」の可能性を見て取っている。そしてこの「将来を目指すこと」こそが、ナチズム運動への真の参加であるとするのである。したがって逆に、このような「将来」への展望をもたない限り、ナチズム運動は無意味なものでしかないことにもなる。

この観点からすると、ハイデガーにとって大学の現状はまったくもって満足できるようなものではなかった。彼はブロッホマン宛ての四月一二日付の手紙で、「多くの人があちこちで忙しげにしているにもかかわらず、大学をどうすべきかをだれも見て取ることはできていない」と嘆いている。ハイデガーは有能な人々が多くの反動がはびこる大学に対する不信から傍観するだけにとどまっていることを指摘する一方、だからと言って「党員たちだけに任務を委ねてしまう逆の過ちに陥ってしまってはならない」と警告している（GA16, 75）。

ここにはハイデガーがフライブルク大学の学長に就任する直前に、学内の情勢をどのように認識していたかが明確に示されている。彼は一方で、大学には自分たちの使命が把握できておらず、とりわけ正教授たちがナチスを軽侮《けいぶ》しつつ、反動的に旧来の体制にしがみついているために、大学内のすぐれた人材が疎外されている状況を憂慮していた。また彼は、正教授たちのサボタージュを理由として、ナチ党員たちが大学の運営に直接的に介入してくることにも懸念を抱いていた。

こうした情勢認識に基づいて、ハイデガーは大学改革を志向する内部の有能な人材を結集し、ナチスの機先を制し、自分たちの手で大学の体制を積極的に刷新することを目論んだのだった。「ドイツの大学の自己主張」という彼の学長就任演説の題名は、まさに今述べたような、大学がみずから主導して改革を推進するという決意を表明しているのである。

なぜナチスに加担したのか

以上のような大学の情勢認識をブロッホマンに示してから九日後の四月二一日に行われた学長選挙で、ハイデガーはほぼ満票で学長に選出された。前任の学長ヴィルヘルム・フォン・メレンドルフ（一八七七―一九四四）は同年四月半ばに就任したばかりだったが社会民主党員であったため、ナチスの圧力で、わずか数日で辞任を余儀なくされた。ハイデガーは、その後任として学長に就任したのである。

後年ハイデガーは、最後の最後まで学長選への出馬を迷っていたが、周囲の強い要請により最後には押し切られたと回顧している（GA16, 653f.）。彼は大学行政の実務経験をもたなかったので、たしかに学長職を引き受けることにためらいがまったくなかったわけではないだろう。しかし他方、ブロッホマン宛ての手紙にも見られたように、事態に積極的に関与したい気持ちをもち合わせていたのも事実である。そして学生のあれだけの信望を集めている自分ならば、学生たちをうまく導くこともできるという成算も抱いていたに違いない。同僚の正教授たちは正教授たちで、ハイデガーなら猛威を振るうドイツ学生団を何とか手なずけてくれるかもしれない、そう期待したのだろう。

ハイデガーからすると、学長への就任は一九一〇年代の終わりから、自身がつねに考察し続けてきた学問理念、大学理念を実現する千載一遇のチャンスと見えたのだろう。つまり彼にとって学長就任はナチスへの迎合や思想的変節などではなく、あくまでも、それまでの学問論的思索の延長線上に矛盾なく位置するものであったのだ。

ワイマール共和国時代からずっと続いていた教育改革論議というコンテクストの中でものを考えていたために、ナチスの権力奪取がもたらす他の否定的な可能性が、ハイデガーの目には入らなくなっていたことは否定できない。この意味では、ハイデガーのナチス加担という出来事から、ドイツの大学人特有の視野《しや》狭窄《きょうさく》を見て取ることもできるだろう。実際に、こうしたコンテクストを共有しない大学外の人びとには、彼のふるまいは理解しがたいものであったようだ。

たとえば、故郷メスキルヒで銀行に勤めていた弟フリッツ・ハイデガー（一八九四―一九八〇）は、兄のナチス支持を冷めた目で捉えていた。ハイデガーはそうした弟に、自分のナチス入党直後に宛てた手紙（一九三三年五月四日付）で「君は運動全体を下のほうから捉えるのではなく、総統から、また総統の偉大な目標から捉えるべきだ」と諭《さと》し、さらに次のように語っている。「僕は昨日、入党したが、それは単に内的な確信からだけではなく、ただそのような手段によってのみ、運動全体の純化と明確化が可能だという意識に基づいている。君が今、入党する決心ができていないとしても、僕が君に勧めたいのは、入党の心構えをして、そのとき、君の周りで起こっている下品で不愉快な事柄には決して気を取られないことだ」（Walter Homolka, Arnulf Heidegger〈Hrsg.〉, *Heidegger und der Antisemitismus:Positionen im Widerstreit*, Freiburg im Breisgou, 2016, S. 36）。

この手紙においてハイデガーは、ナチズム運動の現状に粗野で不快な要素があることを認めている。しかし運動をそうした「下のほうから」ではなく、「総統の偉大な目標」から捉えるべきだと主張する。この「総統の偉大な目標」が何であるのかは、ハイデガーによる「運動全体の純化と明確化」によってはじめて明らかになるのであるから、実際にはこれはハイデガー自身の目標でしかないわけだが、それは彼がブロッホマン宛ての手紙で「ドイツ人の使命」と呼んでいたもの、すなわち「おのれ自身を存在に晒し出すこと」にほかならない。

ハイデガーはこのように、ナチスの政権掌握を、自身の大学理念の実現のチャンスという観点からのみ捉えていた。そして「総統」がそうした自身の理念を共有してくれると期待していた。当時のハイデガーの興奮は、現在の目から見るとたしかに理解しにくいところがある。また同時代にも、彼の弟のように異様だと思った者がいないわけではなかった。彼の行動は、一九二〇年代のドイツの大学における学問論的論争に疎遠な者には理解しがたいものであったのだ。

逆に、先ほど紹介した教育学者のノールは、ワイマール共和国における「新教育」運動に即した教育改革の推進者だったが、その彼もナチスの権力掌握をそれまでの教育改革と矛盾するものと捉えず、当初はむしろその実現の好機と見なしたのだった。こうした例は、ハイデガーが一九二〇年代初頭から親しく付き合い、大学改革の志を共にしていた哲学者カール・ヤスパース（一八八三―一九六九）にも見ることができる。彼はハイデガーのナチス支持には批判的でありながらも、その背景にあった学問理念を否定することはなかった。学長就任演説「ドイツの大学の自己主張」を印刷した小冊子を送られたヤスパースは、一九三三年八月二三日付のハイデガー宛ての書簡で、一方でその演説の「時代適合的な諸特質」については苦言を呈しつつも、他方でこの演説を、「現代の大学の意志を表すこれまで唯一の証拠文書」たらしめる「内容の濃さ」を称賛している（ヴァルター・ビーメル／ハンス・ザーナー編『ハイデッガー＝ヤスパース往復書簡　1920‐1963』渡邊二郎訳、名古屋大学出版会、一九九四年、二四二頁）。

ヤスパースはのちに一九六〇年代の覚書で、「精神的な高さは失われてはいなかったが、彼の演説と行動の中身は、耐えがたいほど低い異質の水準に、落ちこんでしまっていた」と述べており、手紙よりは率直にハイデガーに対する不信感を示している。だがそれでも、そこに何らかの「精神的な高さ」があったことを認めているのである（カール・ヤスパース『ハイデガーとの対決』渡邊二郎他訳、紀伊國屋書店、一九八一年、三二六頁）。

しかもヤスパースは前述のハイデガー宛ての手紙で、彼自身も大学改革案を起草したことを告げている。この「大学刷新問題のための提言」はバーデン州文部・教育省に送るために一九三三年七月に執筆されたが、結局、送られないままにとどまった。これはかなりエリート主義的な内容の改革案で、大学教授を厳選すること、また大学運営を簡素化し、学長や学部長にもっと大きな決定権を与えることを提案している（この「提言」の内容については、前掲の『ハイデッガー＝ヤスパース往復書簡 1920－1963』、三九二頁以下参照）。

ヤスパースはこの「提言」に付すために書かれたバーデン州文部・教育省宛ての書簡の下書きで、「［私にとって］本質的と思われる事柄は、これまで政府の側から聞かされた諸原則と矛盾はせず、むしろ合致するものであります」と述べている（『ハイデッガー＝ヤスパース往復書簡 1920－1963』、三九一頁以下参照）。つまり彼はすでにナチスが政権の座につき、例の悪名高い全権委任法を成立させた後の一九三三年七月の時点においてもなお、自身の大学改革案が州政府の方針と矛盾するものではないと捉えていたのである。基本的にはナチスを粗野な存在と捉えていたヤスパースでさえナチスの政権奪取とそれに伴う大学の情勢の流動化に際して、一時的にではあれ、長年温めていた自身の大学改革の構想の実現を模索していたということだ。

以上で見たのは、多くの大学生、また改革志向をもった大学教員たちにとっては、ナチスによる政変の際に、自分たちが以前から唱えてきた大学の刷新への道がいよいよ開かれたと捉えるのはごく自然なことであったということだ。ハイデガーやノール、そしてヤスパースもそうした感覚を自明のごとくに共有していた。そしてそれぞれが自分自身の構想をもって状況に関与しようとしていたのだ。

その際、ヤスパースは妻がユダヤ人だったので、ナチスに入れ込むことはできなかったし、また入れ込もうとしてもナチスから拒まれていただろう。実際、彼は一九三七年にはハイデルベルク大学を追われ、彼の妻は強制収容所に移送される危険につねに晒されていたのである（リュディガー・ザフランスキー『ハイデガー　ドイツの生んだ巨匠とその時代』、四九五頁）。

逆にすでに一九二〇年代から学生たちの精神的指導者として圧倒的な人気を誇っていたハイデガーは、学生たちに押し上げられる形で一気に学長までのし上がった。ハイデガーが四三歳という異例の若さで学長に就任したことは、彼自身や学生たちにとっては、学問の世界における「刷新」の象徴と受け止められたに違いない。つまり彼は若い力によって押し上げられた、文字どおり「青年学長」とでも言うべき存在だったのだ。

ハイデガーの両義的立場

ハイデガーは学長就任に当たっては、自身の思索に基づいた「運動全体の純化と明確化」を目指していた。したがって、彼のナチス加担は単純にナチズムのイデオロギーへの追従を意味するものではなかった。以下ではハイデガーがとくに学問論的な立場という観点から、ナチズムをどのように捉えていたか、そしてその「純化」をどのように行おうとしたかを簡単に見ていこう。

学長に就任したハイデガーは、一九三三年五月の入学登録式典に際しての演説（『演説と生涯のその他の証　ハイデガー全集第一六巻』所収）において、「気楽さ、目的や嗜好の恣意性、行いにおける無拘束性」を意味するものでしかなかった「大学の自由（akademische Freiheit）」は、一九三三年の夏学期をもって意味を失ったと高らかに宣言した。そして本来、自由とは「拘束や秩序や法則から自由であることではなく」、「ドイツの運命に共同で精神的に献身する覚悟に対して自由であることを意味する」と述べた（GA16, 95f.）。

ハイデガーは、大学への国家の干渉を排除するという意味での「大学の自由」という理念が、しょせんは学問研究の恣意性、無意味さを自己正当化するものにすぎないと批判する。これからの学問は、「ドイツの運命」によって拘束されるべきだと言うのである。先ほども見たように、ハイデガーはブロッホマン宛ての私信で、ドイツ人の使命を「おのれ自身を存在そのものに晒し出すこと」と規定していた。したがって、われわれがそれに対して献身すべき「ドイツの運命」とは、「存在」そのものであり、より具体的に言うと、ドイツの「フォルク」がそのうちにおのれを見出す場所としての「存在者全体」を意味するということになる。

このようにハイデガーは、拘束性を欠き、無際限に細分化されてゆく学問に対するドイツ学生団の批判を受け入れつつ、学問が「存在」によって拘束されるべきことを説いていた。ただし彼の立場は、ドイツ学生団が唱えていた学問論とまったく同じであったわけではない。ドイツ学生団は「政治的学問概念」を新しい学問概念として主張していた。これは学問が自立的で、前提をもたない営みであるべきだとする自由主義的な学問観に対抗し、学問が「フォルク」にとって有用でなければならないこと、その意味で学問が政治的な制約を受けることを主張するものだった (GA16, 656)。すなわち彼らが言う「政治的学問」とは、学問の無意味化という事態を克服するために、学問が「フォルク」への貢献という政治的な目標によって拘束されるべきだと主張するものであったのだ。

しかしハイデガーから見ると、この政治的学問概念は不十分なものでしかなかった。彼は学長就任演説「ドイツの大学の自己主張」で、この「新しい学問概念」は「あまりにも現代的な学問の自立性と無前提性を否定するだけ」で、学問の本質を捉えたものではないと批判した（GA16, 108）。ハイデガーは今日の学問の専門化、無意味化は、西洋的学問が「存在」という真の拘束性を見失ったことの帰結と捉えていた。そうである以上、学問は「存在」におのれを晒し出すという使命に立ち返らない限り、おのれの真の意味を取り戻すことは不可能である。しかるに学生団が唱える政治的学問なるものは、存在者の対象化のみに携わるという既存の学問のあり方を前提としたまま、それに新たな目標を付与するものでしかなく、決して「存在」へと開かれることはない。したがって、「新しい」と自称するそうした学問概念はこれまでの学問を根本から変革するどころか、「存在忘却」というその本質をむしろ温存するものでしかない、そうハイデガーは批判したのである。

ハイデガーの大学改革の試みは、一方では学生たちによる学問の刷新への要求をその推進力として当てにしていた。しかし他方、彼は学生たちが主張するような仕方で、ただ学問を政治的な目標によって拘束するだけでは、近代的学問の本質を根本から変えるには不十分だと見なしていた。それゆえ彼は、自身の「存在への問い」の立場から、学問が「存在」というおのれの本質根拠へと立ち返ることを求めたのだ。

このように、ハイデガーと大学の「強制的同質化」に邁進《まいしん》する学生たちは、学問論的立場という点では完全に一致していたのではなく、両者のあいだには緊張関係が存在していた。すでに前章でも指摘したことだが、ハイデガーにとって知、学問とは「フォルク共同体」の根拠そのものとなるべきものであった。すなわちハイデガーとドイツ学生団のあいだの学問観の相違は、究極的には「フォルク」理解の相違に帰着するのである。以下では、両者の「フォルク」理解の対立、またこれを克服しようとするハイデガーの努力を見ていくことにしたい。

2 「フォルク」の再定義

「フォルク」とは何を意味するか

すでに本章の最初で述べたことだが、ハイデガーとナチズムは、「フォルク」に根ざした世界を建設するという点において、少なくとも言葉のうえでは同じ目標をもっていた。問題は、「フォルク」がそれぞれにおいて何を意味するのかである。このように、ナチズム運動を純化し明確化するというハイデガーの試みも、究極的には「フォルク」概念を純化し明確化することに帰着するのである。

多くの論者はハイデガーの政治的立場を語るとき、彼の「フォルク」についての言説を捉えて、それを偏狭なナショナリズムや自民族中心主義と同一視する。しかし彼の「フォルク」をめぐる議論は、むしろナチスがそのような誤った立場に陥らないように、「存在への問い」に立脚して「フォルク」の真の本質を提示することに主眼を置いていたのである。

ハイデガーはすでに見たように、「存在」の生起とともに開かれる場、すなわち「存在者全体」を「フォルク」のあり方を真に規定するものと捉えていた。つまり「フォルク」が何者であるかは、その「フォルク」がおのれをどのような場に見出しているかによって決まるということだ。この「場」とは、すでに指摘したように、「風土」と言い換えることができる。つまりハイデガーは「フォルク」とは風土的に規定されたものだと捉えている。さらに言えば、「フォルク」の実質は「風土」そのものだということだ。

これに対して、ナチズムが標榜していた人種主義は「フォルク」を「人種」と捉えており、ハイデガーが「フォルク」にとって本質的だと見なす「風土的なもの」がまったく視野に入っていない。彼はナチズムを自身の真正な「フォルク」概念によって再定義し、それを人種主義から脱却させようと試みたのだった。

「フォルクの精神的世界」についての知

ハイデガーが学長就任演説「ドイツの大学の自己主張」（以下「自己主張」と略）で目指したのも、究極的には今述べたような「フォルク」概念の明確化であった。ただし彼にとって

「フォルク」とは、「存在」についての真正な知に基づくものでなければならなかった。と言うか、「フォルク」は「存在」の「知」そのものであった。それゆえ彼は「自己主張」において、「存在」の「知」がいかなるものかを示し、この「存在」の「知」こそが大学で教えられるべき「学問の本質」だとしたのである。以下では、「自己主張」の学問論的な議論を「フォルク」の規定に関係する限りにおいて、簡単に紹介してゆこう。

ハイデガーは「自己主張」で、学問の本質を学問の「始元」、すなわち「ギリシア哲学の勃興」のうちに見て取る。古代ギリシアにおける学問のもっとも始元的なあり方のうちにこそ、学問の真の本質が示されていると言うのである。そうした学問の始元の姿を彼は次のように特徴づける。「西洋の人間はフォルク性に基づいて、自分の言葉によって、はじめて存在者全体に反抗し、存在者全体をそれが実際にそのようなものとしてあるような存在者として問い尋ね、把握する」(GA16, 108f.)。したがって、「学問の始元的な本質」とは、「おのれをつねに隠す存在者全体のただ中で、問いつつ耐え抜くこと」になる。そして「こうした行為しながらの持ちこたえは、そこにおいて運命に対する自分の無力を自覚している」(GA16, 110)。

本書第三章で指摘したように、ハイデガーは「存在者全体」についての知を「形而上学」と呼び、それを古代ギリシアの「ピュシス」の知と同じものと捉えていた。彼が「自己主張」で「学問の本質」として論じているのも、結局のところ、そうした「存在者全体」についての知としての「形而上学」そのものなのである。

しかしハイデガーも、むろん現代において、この始元的な「知」を単純に取り戻すことができると考えていたわけではなかった。彼はニーチェの「神は死んだ」という言葉が真理であり、また「存在者のただ中で現代人が見捨てられた状態」をまじめに受け止めねばならないとすれば、学問はその「始元」とは異なったあり方を取らざるを得ないことを認めている。すなわち「ギリシア人たちの、存在者に直面して始元的に驚きつつ持ちこたえること」という学問のあり方が、今日においては「隠蔽され不確かなもの、すなわち問うに値するものにまったく覆うものなしに晒されていること」へと変化してしまったと言うのである（GA16, 111）。

古代ギリシアにおいては、「存在者全体」に圧倒されるという直接的で生々しい経験がまずあり、それを運命として耐え抜く、ということが知の基本的態度であった。これに対して、現代のわれわれは存在者のただ中で見捨てられている、すなわち、「存在者全体」に圧倒されるという経験を失ってしまっている。したがって現代にあっては、既存の学問的手続きを自明視することなく、隠されている「存在」という「不確かなもの」におのれを晒し出すことこそが「知」の本来的な意味となる、そうハイデガーは主張する。こうして彼は、「存在」という「隠蔽され不確かなもの」、「問うに値するもの」を「問うこと」を「知の最高の形態」と規定したのである。

「問うこと」は、ハイデガーによれば、学問が個々の諸専門に閉じこもり、無数の領域に無目的に拡散してしまった現状を打ち破り、「学問を人間的‐歴史的現存在の世界形成的な諸力すべての豊かさと恵みにふたたびじかに晒し出す」（GA16, 111）ことである。彼はこうした「世界形成的な諸力」として、次のものを挙げている。「自然、歴史、言語。フォルク、風習、国家。詩作、思索、信仰。病、狂気、死。法、経済、技術」（GA16, 111）。

すでに前章で見たように、ハイデガーの中期における「存在」の規定の特徴として、「存在」を圧倒的な「力」、「威力」として捉えるということがあった。「世界形成的な諸力」として右で挙げられている諸事象もすべて、人間の意のままにはならないものとして、人間を圧倒的な力で規定してくるものである。それらが「世界形成的」と形容されるのは、そうした諸力それぞれが、ある固有の世界に根ざしたものであり、逆にそうしたものとして、その世界を形作っていることを意味している（なお前章でも述べたとおり、この時期より少しあとに書かれた「芸術作品の根源」では、「存在者全体」が「大地と世界の抗争」と捉え直され、「世界」は「大地」と対立させられる。しかし学長時代には、「存在者全体」そのものが「世界」と呼ばれている。つまりこの時期の「世界」は、のちに「大地」と呼ばれる契機も含でいることに注意されたい）。

郵便はがき

料金受取人払郵便

小石川局承認

1107

差出有効期間
2024年7月9
日まで

112-8731

東京都文京区音羽二丁目
十二番二十一号

講談社　学芸部

現代新書　行

愛読者カード

あなたと現代新書を結ぶ通信欄として活用していきたいと存じます。ご記入のうえご投函くださいますようお願いいたします。

ご住所《フリガナ》　〒□□□-□□□□

お名前《フリガナ》

生年(年齢)　(　　歳)

電話番号

性別　1男性　2女性

メールアドレス

ご職業

★現代新書の解説目録を用意しております。ご希望の方に進呈いたします（送料無料）。

1希望する　　2希望しない

TY 000043-2205

この本の タイトル	

本書をどこでお知りになりましたか。

1 新聞広告で　2 雑誌広告で　3 書評で　4 実物を見て　5 人にすすめられて
6 新書目録で　7 車内広告で　8 ネット検索で　9 その他（　　　　　　　）
＊お買い上げ書店名（　　　　　　　　　　　　　　　　　　　　　　　）

本書、または現代新書についてのご意見、ご感想をお聞かせください。

最近お読みになっておもしろかった本（特に新書）をお教えください。

どんな分野の本をお読みになりたいか、お聞かせください。

★下記ＵＲＬで、現代新書の新刊情報、話題の本などがご覧いただけます。
gendai.ismedia.jp/gendai-shinsho

したがって「問うこと」をとおして、このような「世界形成的な諸力」におのれの身を晒し出すことは、そうした諸力が帰属する「世界」を担うことそのものとなる。ハイデガーはそうした「世界」を「自己主張」では、「フォルクの精神的世界」と呼んでいる。すなわち彼によると、われわれが「存在者全体の不確かさのただ中で、問いつつむき出しのままで持ちこたえるという」学問の本質を意志するとき、「わがフォルクの真に精神的な世界」が「フォルク」に与えられる（GA16, 111f.）。つまり中期の思索においてすでに「存在者全体」として語られていたものが、じつは「フォルクの精神的世界」であったことが、ここで明確に示されるのである。

人種主義との対決

ここで注意しなければならないのは、それまで「存在者全体」や「世界」と呼ばれてきたものが、「フォルクの精神的世界」と言われるようになったとき、これまでとは異なる新たな要素が付け加わったわけではないということである。以前から論じられてきた「存在者全体」や「世界」にもともと含意されていた要素が明確化されたにすぎないのだ。「存在者全体」（ないしは「ピュシス」）が、歴史的現存在を含んでいることはすでに指摘されていた。簡単に言うと、ある「風土」によって規定されたものとしての人間の営みも、そこには包含されている。そしてその営みは単独で生起するものではなく、共同的なものとして生起する。この「風土」に基づいた人間の共同的な営みが「フォルク」の内実として押さえられているのである（そもそも日本語の「風土」という概念が、そこでの人間の共同的な営みの表象と切り離すことはできないが、ハイデガーは「存在者全体」や「ピュシス」もこれと同様に捉えようとしているのである）。

ここで目を引くのは、「フォルクの世界」が、ことさらに「精神的な（geistig）」と言われていることである。ハイデガーはこの「自己主張」以外では、初期の教授資格論文「ドゥンス・スコトゥスの範疇論と意義論」で「生きた精神」について語っていることを除いて、「精神（Geist）」という語をみずからの立場を表現するために積極的に用いることはない。この語は『存在と時間』では、伝統的な人間学を前提とする表現であるため、現存在の規定にはふさわしくないものとして退けられていた。それだけに、ここでの使用がひときわ目立つものとなっている。

「自己主張」では、「精神」は「根源的に気分づけられ、知りつつ、存在の本質に対して覚悟すること」と規定されている（GA16, 112）。このように「精神」とは「存在」に対して開かれていることを意味するが、これは「存在」の生起をその前提にしているので、実質的には「存在」が生起しているという事態そのものを指している。したがって、「フォルクの精神的世界」はこうした「精神」が関わる「存在」の生起、より具体的に言うと、そうした「存在」の生起とともに形成されている「存在者全体」を意味することになる。先ほども述べたように、この「存在者全体」は「フォルク」の共同的生そのものを含み込んだものであるのだから、「存在者全体」としての「世界」とは即、「フォルクの世界」でもあるわけだ。

ハイデガーはこの「フォルクの精神的世界」を「フォルクの大地と血に根ざした諸能力をもっとも深くから保護する力」であり、この力は「フォルクの現存在をもっとも内側から刺激し、もっとも大きく揺り動かす力」であると規定する（GA16, 112）。「大地と血」は言わずと知れたナチスのスローガンであり、その人種主義的立場からすれば、これらこそが「フォルク」の精神や文化を規定するものだと見なされる。ハイデガーはある意味でこれを逆転させ、むしろ「フォルクの精神的世界」という「精神的なもの」が「血と大地」によって象徴される「身体的なもの」、「物質的なもの」を基礎づけていることをこのようにして強調しているわけである。「精神的なもの」がこの文脈では、ハイデガー的な意味での「存在」そのものを指していることも言うまでもない。

多くの論者は今の引用箇所に見られる「血と大地」というナチスのスローガンへの言及を、ハイデガーのナチス迎合の紛れもない証拠と見なしている。しかし彼は「フォルク」

を身体的なもの、物質的なものによって基礎づけられていると見なすナチスの人種主義には批判的である。そして単に物質的要因だけに依拠する人種主義から、自身の立場を明確に区別するために、「自己主張」では「フォルク」を真に規定する「世界」の精神性、すなわちその非物質性をあえて強調したのである。

「存在者全体」の知を担う「労働」

ハイデガーは「自己主張」において「学問の本質」を、「存在者全体」を開示することと規定した。そしてこの「存在者全体」とは、「フォルクの世界」として、「フォルク」を真に「フォルク」たらしめるもの、すなわちある「フォルク」を別の「フォルク」から区別するものであった。これまで何度か指摘したように、これは「フォルク」がそのうちへと投げ入れられ、またそれによって規定されている「風土」のことを指している。こうした「風土」についての知をハイデガーは、「学問の本質」と見なすのだ。

しかし「存在者全体」についての「知」が、ハイデガーが主張するように、既存の学問知とはまったく異なるものだとすると、そのような「知」を担うとは、具体的にはどのようなことを意味するのだろうか。

われわれは「知」と言えば、学者が研究室で実験を行ったり、フィールドで調査を行ったり、ないしは書物や論文を読んだりするような活動、またそれによって得られた知識を普通はイメージするだろう。しかしハイデガーはそうした学者の知的営みを、「存在者全体」の「知」の第一次的な形態と見なしているわけではない。「存在者全体」に襲いかかられつつ、それを持ちこたえることとして特徴づけられる「知」は、根源的には「労働(Arbeit)」のうちに見て取られるのである。

この点について、ハイデガーは一九三四年一月の演説「市の失業救済事業対象者のために大学で行われる講習会の開講にあたって」(『演説と生涯のその他の証　ハイデガー全集第一六巻』所収)で明快に述べている。「真正な学問の知は、農夫、木こり、土木鉱山労働者、手工業者のもつ知と本質においてまったく区別されません」。なぜなら、「知」とは今や次のことを意味するからだ。すなわちそれは「われわれが共同体的、かつ個別的な仕方でそのうちへと置かれている世界の勝手を知ること」、また「決断において、また行動において、そのつどわれわれに課された任務に対処できること」である(GA16, 234f.)。

ここではそのような任務として、「畑を耕すこと、木を切り倒すこと、溝を掘ること、自然にその法則を問い尋ねること、歴史をそれがもつ運命的力において際立たせること」などが挙げられている。これらの仕事を遂行するためには、まさにおのれを取り巻く「世界」を熟知することがその前提となる。ハイデガーは労働を根本において支えるこのような「世界」の知のうちに、「知」の根源的な姿を見て取る。「知が意味するのは、われわれが置かれている状況を掌握していることです」（GA16, 235）。

右でも述べられているように、学問的な知もこうした「フォルクの世界」に迫る知である限りでは真正なものでありうる。しかし「存在者の対象化」に立脚する既存の学問は、この観点からすると、労働による存在者の根源的な開示に基づいた、二次的、派生的な知でしかない。存在者の対象化においては、存在者はもっぱら「こちらに向かって立っている」ものとしてしか経験されないため、「対象存在においては、存在者の存在は汲み取られない」からである（GA38A, 157）。

このようにハイデガーは、対象化に基づいた近代的な学問が「知」の唯一の様式ではなく、またそのもっとも根源的な様式でもないこと、むしろ存在者の根源的な開示は「労働」によって担われることを強調する。こうした捉え方に従えば、学問と労働、すなわち知的労働と肉体労働のあいだに通常、認められている序列関係は成り立たないことになるだろう。われわれは普通、知的労働を肉体労働よりも価値あるものと見なしている。だが、ハイデガーはこうした見方を否定しているのである。「労働」の本質はおのれを取り巻く「存在者全体」、すなわち「フォルクの世界」を開示し、そのことによって「フォルクの世界」の支配を承認する点にこそ存する。このように、「フォルクの世界」を開示するという知的性格をもつ点においては、学問と労働とのあいだには何の違いもないのである。

すでに指摘したように、知識人階級と労働者階級のあいだの格差の克服による「フォルク」の統一は、一九二〇年代から「新教育運動」や学生運動が目標として掲げていたことであった。ナチスが左翼運動に対抗して労働者の取り込みに力を入れたことに応じて、今述べたような知識人と労働者の融和はナチス系の学生たちにとっても重要な課題となっていたのである。

ハイデガーがその演説において学生たち、ひいてはナチスのこのような主張に賛同を示したのは、表面的な迎合ではなく、彼の根本的な確信に根ざしたものと捉えるべきである。生まれ故郷で近代主義者から「ローマ派」として侮蔑されたこと、また地方出身のカトリック奨学生として大学においてつねに肩身の狭い思いをしてきたこと、これらの経験に根ざした「教養市民的なもの」に対する根本的な不信感が、ハイデガーの学長期の言説の裏には潜んでいる。そしてそのような立場から、土地に根ざした庶民のつましく目立たない労働のうちに潜む知を、真正なものとして際立たせようとしたのだろう。

なお弟に宛てた手紙にも見られるとおり、ハイデガーがヒトラーに心酔していたことは疑いえない。また彼は先ほども参照したブロッホマン宛ての書簡（一九三三年三月三〇日）で、同僚の大学教授たちがヒトラーを成り上がりのつまらない人物だと軽蔑することに反発を示している（GA16, 72f.）。つまり彼のヒトラーに対する思い入れも、教養市民層の価値観に対する反感に裏づけられていたのである。ハイデガーのナチス加担の理由としては、先ほどその学問論的な動機を強調したが、さらにさかのぼると、その背景には彼の出自に由来する階級的な要素があったことは否定しがたい。

さて、話を元に戻すと、当時は学生たちが知識人階級と労働者階級の融和を積極的に唱えていた。もっとも学生たちはこうしたことを唱える際、大学で無味乾燥な学問を学ぶより、労働奉仕のほうが重要だと主張して知を軽視する方向に向かうことが多かった。ハイデガーが「労働」をめぐる言説において、真の「労働」が「存在者全体」についての「知」によって基礎づけられていることを強調したことには、学生たちの素朴な「反知性主義」に釘を刺すという意図もあった。つまりハイデガーはここでも学生、ひいてはナチズムのイデオロギーにただやみくもに追随していたわけではなく、むしろ彼らを自身の哲学によって正しい方向に導こうと試みているのである。

労働に基づいた共同体＝国家

先ほど見たように、農夫、木こり、土木鉱山労働者、手工業者、学者はそれぞれ、自身の「労働」において「（フォルクの）世界」を開示し、そのことによって「世界」を創造し、また保護する。労働者は各自の仕事に従事することにおいて「存在者全体」に晒し出され、同様に「存在者全体」に晒し出されている他の労働者と「世界」を分かち合う。つまり同じ一つの「世界」のうちで他者とともに存在することは、「労働」を媒介としてこそ生起するのである。

労働者が各自の「労働」において「世界」を気遣い、そのことによって「世界」を維持し保護すること自体が、同じ「世界」のうちで共に生き、またその「世界」によって存在を保証された他者を気遣うことにもなる。つまり「労働」はそれ自身、つねにすでに「他者のため」という性格をもっているのである。

この点について、ハイデガーは一九三四年夏学期講義『言語の本質への問いとしての論理学』で、次のように述べている。「労働はその遂行という目的のために、他の労働へと事後的に差し向けられるのではない」。逆に「労働」は「人間の根本的ふるまいとして共同相互存在の根拠とその可能性である」。すなわち「労働それ自体が――それがたとえ個々人によってなされるとしても――人間を他者との共存在へと連れ出し、しかもこのことは全体へと晒し出されることのうちで、またそのことに基づいて起こる」(GA38A, 154)。

ハイデガーは大学の入学式典での演説「労働者としてのドイツの学生」(『演説とその他の人生の証　ハイデガー全集第一六巻』所収)で、こうした「労働」に基づいて形作られた共同体を端的に「国家（Staat）」と呼んでいる。「労働はフォルクを存在のあらゆる本質的諸力の作用する場へと置き移し、適合させる。労働において、そして労働としておのれを形成しているフォルク的現存在の組織が国家である」（GA16, 205f.）。人びとは各自の「労働」において「存在」に晒される。そしてこの「存在」によって人びとは結びつけられ、一つの共同体が形作られる。ハイデガーはこの共同体を「国家」と呼ぶ。このように、「労働」はそれ自身において、「国家」という共同体を形作り、またそれを担う営みなのである。

ハイデガーはまさにこうした労働のうちに「政治」の根源的な場面を見て取った。つまり労働者はとりたてて政治活動に携わるまでもなく、自身の「労働」によって「フォルクの世界」――古代ギリシア的には「ポリス」――を担うことにおいて、すでに「政治的（ポリティッシュ）」なのである（EM, 117）。

ハイデガーは「黒いノート」の学長在任中に書かれた覚書で、「存在者全体」についての「知」としての「形而上学」を端的に「超‐政治（Meta-politik）」と呼んでいる（GA94, 116）。このことの意味もまさに今述べたことから理解できる。各自がそれぞれの「労働」をとおして「存在者全体」の「知」を担うこと、つまり「労働」によって「存在者全体」に晒し出されることは、「フォルクの世界」をそれとして成り立たせる営みとして、それ自身すでに「政治」だと見なされるのである。そしてこのような意味における「政治」が、われわれが通常、政治と捉えている活動を超えたより根源的な意味での「政治」ということで、「超 - 政治」と名づけられているのである。

ナチズムの真の意味

ハイデガーによると、このように定義された国家においてこそ、はじめて「フォルク」はおのれ固有の存在様式を展開するという意味での真の「自由」を獲得する。学長辞任後(一九三四年五月)のギムナジウムの同窓会でのスピーチ「ギムナジウム卒業二五周年」(『演説と生涯のその他の証　ハイデガー全集第一六巻』所収)では、ドイツにおける新しい運動——これはナチズムを指している——は「フォルクの自由へのもっとも深く広い気遣い」だと述べられている。この「フォルクの自由」とは、単に「行動が拘束されないこと」ではなく、「われわれの本質のもっとも内的な法則と秩序への拘束」を意味している。またそれは、「フォルクにおのれの歴史的精神的存続を保証する、あの諸力に集中すること」でもある(GA16, 281)。ここで言う「諸力」とは、まさに「存在」(すなわち「存在者全体」)のことを指している。つまり「フォルクの自由」とは、「存在」に開かれ、それによって拘束されることと規定されるのだ。

このようにハイデガーは、「ドイツ的社会主義の本来的な意味」を、「労働」によっておのれを「存在」に晒し出し、その秩序によって拘束されることのうちに見て取っていた。「ドイツ的社会主義は、わがフォルクの本質にふさわしい諸秩序の基準と法を求める闘いです。ドイツ的社会主義は真の実力と功績にしたがった序列を意志します。ドイツ的社会主義は奉仕の無条件性とあらゆる労働の不可侵の栄誉を意志します」(GA16, 281f.)。ここで述べられている「わがフォルクの本質にふさわしい諸秩序の基準と法」とは、結局、「存在」にほかならないだろう。つまりハイデガーは、ドイツ的社会主義を、「労働」によって「存在」という「フォルク」固有の秩序に献身することと再定義したのである。

以上で見てきたように、ハイデガーは自身の労働論に基づいて「国家」や「社会主義」を定義し直し、そのことによって、「国民社会主義ドイツ労働者党(NSDAP)」があるべき姿を指し示そうとしたのだった。彼によると、真の「労働」は「存在者全体」の「知」に基づくものでなければならなかった。そしてこうした「知」が、「形而上学」と呼ばれていた。そうだとすると、国民社会主義(ナチズム)は、この「形而上学」を意志することがその本来の意味だということになるだろう。

もっともこのような国民社会主義のハイデガー独自の規定は、実際にナチズムが前提としていた近代的な労働観、およびそれに基づく社会主義の捉え方とはまったく相いれないものだった。すなわち、国民社会主義をめぐるハイデガーの言説は、ナチズムへの単なる迎合だったわけではない。むしろそれはナチズムの一般的な理解を否定して、自分自身の思索に基づきナチズムを再定義する試みであった。彼はナチズムに対して既存の政治の枠内で物事を考えることから脱却し、「超‐政治」という意味での真の「政治」を意志することを求めたのだ。

3　ナチスとの訣別

ドイツ学生団への失望

ハイデガーはドイツ学生団という若い力が、彼が構想したこの本来的な「知」の先導的な担い手になることを期待していた。もともと彼の「存在への問い」自体が、ワイマール体制下における学生運動の「フォルク共同体」への希求に哲学的な基礎を与えようとするものであった。学生たちもそのことを敏感に察知し、それゆえにハイデガーは彼らのあいだで絶大な人気を博したのだった。こうした「フォルク」を憂慮する学生たちが急速にナチスの支持へと傾き、ナチスの政権獲得とともに大学運営を左右する存在になったとき、ハイデガーはそこに自己の「フォルク」理念を大学に浸透させる大きなチャンスを見て取った。

学生たちは「フォルク」統一という観点から、知識人階級と労働者階級の分裂を克服することを喫緊《きっきん》の課題と見なしていた。このような観点から、彼らは「フォルクのための学問」を要求したり、労働奉仕の導入を求めたりしていたのである。

しかし右で述べたような「フォルク」の重視は、ナチス学生同盟の支配以前から、その裏面としてユダヤ人排斥の主張を伴いがちであった。そして周知のとおり、ナチスは「フォルク」を人種と解釈する人種主義に基づいて、ユダヤ人を自分たちアーリア人種とは異なる「人種」として「フォルク共同体」から排除することを主張した。ナチスが政権を獲得してからは、ドイツの大学においてもこうした人種主義に基づいて、ユダヤ人の教員や学生の排斥が行われた。ハイデガーは職業官吏制度再建法によりユダヤ人教官の免職が決定したとき、学長としてそれに原則的に反対しなかった。しかし何人かの同僚については、例外規定を引き合いに出して免職しないよう求める嘆願書を州政府に送っている(GA16, 140f., 144ff.)。またブロッホマンや自分の助手だったヴェルナー・ブロック(一九〇一―一九七四)の海外への移住も支援した。

ハイデガーが学長職を引き受けた際、ドイツ学生団の大学改革への意欲を当てにしていたことは何度も述べたとおりである。しかし彼は学生たちの「フォルク」や学問についての考え方は、哲学的に不十分だと見なしていた。もちろん人種主義に基づく反ユダヤ主義にも反対だった。それゆえハイデガーは改革の方向性を正しく定めるためにも、まずは学生たちを学問の真の本質とそれに基づいた「フォルク」概念へと導くことが必要だと考えていたのである。

ハイデガーが学長として目指していた大学改革は、大学における「強制的同質化」の先兵として猛威を振るっていた学生たちに自分の思想を浸透させることができるかどうかにかかっていた。しかし彼は学長就任後のかなり早い時期に、この試みがうまくいかないことを認めざるをえなくなっていた。一九三三年夏学期の段階で、彼はドイツ学生団への次のような辛辣な批評を「黒いノート」に書き記している。「学生団が今、この夏学期の始まりに到るまでに示したことすべてから、次の結論を導かざるを得ない。つまり学生団はまったく無能だということである——新たな建設においてはじめてそうだというのでなく、すでに大学内部の革命において無能である。／完全な精神的な未熟さはいかに多くの勇気や熱狂によっても代替できない」(GA94, 116)。

かくしてハイデガーは、早くも一九三三年の終わりごろには、ドイツの大学には自分が学長就任演説で求めたような「自己主張」が不可能であることを認識していた。「黒いノート」のある覚書では、「終わりつつある、学長在任の年の本質的な経験」について次のように述べている。その経験とは「真の『自己主張』に対する無力に由来する、大学のとどめがたい終わりである。自己主張は最後の、何の反響もなく消え去りつつある要求であり続けている」(GA94, 154)。ここからハイデガーは自身の学長職について、次のように総括する。「私の参画の時期はあまりにも早すぎた、ないしより正確には、まったくの無駄だった」(GA94, 155)。

また同じ覚書で、ハイデガーは次のように自嘲している。自分のように「内的な変貌と自己教化」を目指すことは「時代に適った指導」ではなかった。ナチス政権下で求められているのは、せいぜいのところ「新たな諸施策の目に見える積み重ね」、「既存のものの印象深い変更」でしかなく、「本質的なものは、まったく旧来のもののもとにとどまったままでしかない」(GA94, 155)。

学長辞任

結局、学長に就任してからわずか一年足らずの一九三四年四月、ハイデガーは職を辞した。このことについて彼は「黒いノート」の覚書で、苦々しく次のように述べている。「学長職の終わり。一九三四年四月二八日。——私は辞職した。なぜなら責任を負うことはもはや不可能だからである。/凡庸さと喧騒、万歳!」(GA94, 162)。

こうしてナチスの「精神的」指導を目指したハイデガーの学長としての試みは挫折に終

わった。後年の説明では彼は、自分が学長を辞任した直接的なきっかけとして、自分が指名した法学部長の更迭《こうてつ》をバーデン州文部・教育省から迫られたことを挙げている。しかしこの出来事があろうがなかろうが、早晩、学長を退かざるをえなかっただろう。というのも先ほども述べたように、すでに一九三三年の終わりには大学運営が行き詰まっていることを明瞭に認識していたからである。

ハイデガーが学長就任後、早い段階でドイツ学生団の無能ぶりに失望していたことはすでに見た。彼の大学改革の成算は、ドイツ学生団が学問の本質に目覚め、自身が目指す改革の推進勢力になるかどうかにかかっていた。したがって、ドイツ学生団が自分の期待どおりに動かない場合は、彼の試みも頓挫《とんざ》せざるをえなかった。

もちろんハイデガーは同僚の正教授たちの協力を得ることもできなかった。そもそも今も述べたように、ハイデガーの学長としての基本的な姿勢が、ドイツ学生団の変革への要求の力を借りて守旧的な正教授たちの抵抗を排除しようとするものであった以上、同僚との対立関係に陥ることは不可避だった。

ハイデガーが同僚正教授たちを当てにしていなかった、ないしはどちらかというと敵対視していたことは、彼が学長に就任してから評議会をしばらく開かなかったことにも示されている。そのことに同僚教授から不満が噴出し、前任の学長フォン・メレンドルフにたしなめられ、六月になって彼ははじめて評議会を開催した。

正教授陣はドイツ学生団が要求する労働奉仕や国防スポーツ（これは実質上、軍事教練を意味する）の導入に対して、大学の授業を妨げるという理由で消極的だった。これに対して、ハイデガーがむしろ学生団の意向に寄り添う姿勢を見せたため、またしても同僚の反感を買うことになった。また八月にバーデン州で新たな大学条例が施行されたが、それは州内の大学にもナチス流の上意下達の「指導者原理」を導入するものだった。州の文部大臣が学長を指名し、学長が学部長を指名することになったのだ。この条例により大学運営の権限を大幅に制限された正教授たちは、その導入に積極的だったハイデガーに対して、大学自治を売り渡したと激しく反発した（興味深いことに、前にも触れたヤスパースは大学条例による「指導者原理」の導入を支持していた）。

ハイデガーが同僚の正教授との対立に突き進んでいったのも、学生たちの強力な支持を当てにしてのことであった。しかしその学生たちの指導にも失敗したとなると、もはやなすすべがないのは明らかだった。彼は一九三三年の終わりにはこのことに気づいていた。

ところで「序論」でも言及したファリアスが『ハイデガーとナチズム』で、ハイデガーはナチス内部でも反資本主義的で、とりわけ政治的に急進的な立場を取っていた突撃隊のシンパであり、それゆえ彼がナチスを完全に見限ったのは、一九三四年六月末のエルンスト・レーム（一八八七―一九三四）ら突撃隊の指導部の粛清事件（「長いナイフの夜」）以降であると唱えて以来、こうした見方が研究者のあいだで定説となっている。しかし当時のドイツ学生団と突撃隊の密接な関係を考慮に入れると、ハイデガーがドイツ学生団に見切りをつけながら、突撃隊にはシンパシーを抱いていたとは考えにくい。というのも、ドイツ学生団がその導入を要求していた国防奉仕は突撃隊の指導によるものであったし、一九三三年一〇月にすべての大学に突撃隊大学局が設立されて以降、ドイツ学生団は事実上、突撃隊の統制下に置かれていたからである（Michael Grüttner, *Studenten im Dritten Reich*, S. 251f.）。したがって、ハイデガーがドイツ学生団に示していた批判的見解は突撃隊にもそのまま当てはまると考えるのが妥当だろう。

ハイデガーの「誤り」は何だったのか

一九三三年一月にナチスが政権を獲得したとき、ナチスはまだ明確な大学政策をもっていなかった。早くからナチ化されていたドイツ学生団が、そうした状況に乗じて大学内での主導権を握ろうとしたことは、本章ですでに述べたとおりである。ハイデガーもブロッホマンに手紙で、「現在の出来事は私にとって――まさに多くのことがはっきりせず、未決定のままであるがゆえに――並々ならぬ引き寄せる力をもっています」と述べていたように、大学をめぐる状況がいまだ定まらず、その進路も未決であったがゆえに、自身の大学改革構想を実現するチャンスがあると考えたのだった。

後年のわれわれからすれば、こうしたハイデガーの期待はあまりにナイーブに見えるだろう。しかしそれはわれわれが、ナチスがその後にもたらした事態すべてを知っているからこそ言えることである。その時代を生きる者にとっては、ナチスがどう転ぶかはまだはっきり見通せていなかった。ナチスへの関与は、そうした中でのハイデガーの「決断」だった。

ハイデガーのナチス支持を面と向かって非難したヤスパースにしても、ナチスが権力を握ってから数ヵ月経った一九三三年七月になお、前述のように大学改革についての建言書をいったんは州政府に送ろうとしていたのである。このように、ナチス政権獲得後の大学は、以前から大学の刷新を志向してきた者にとっては、自身の理念を実現するチャンスがあると考えることが何ほどかは可能であるような状況にあったのだ。

ただ実際にそれが、ナチスへの公然たる支持となるかならないかは、他のさまざまな要因に規定されていた。ヤスパースは妻がユダヤ人であったため、そもそもナチスに受け入れられる存在ではなかった。ハイデガーの場合には、彼の反共産主義と反カトリックの立場がナチズムと共振したということがあった。彼は先ほどもその一部を引用したブロッホマン宛ての一九三三年三月三〇日付の書簡で、両者について次のように言及している。『マルクス主義』や『中央党』〔カトリックの政党〕との対決は、コミュニズム的世界の反精神との対決へと成熟し、また同様にキリスト教の死滅しつつある精神との対決へと成熟していかなければ、その本来の意味においては行き詰まりに終わらざるを得ません」(GA16, 72)。つまりハイデガーはここで、ナチスによるドイツ共産党や中央党の解体を「第一の覚《かく》醒《せい》」として肯定しつつ、それをさらに共産主義やキリスト教との思想的対決という「第二の覚醒」へと深めていく必要性を説いているのである。

ここでは一面において、共産党や中央党との政治的対決が、共産主義やキリスト教の精神(反精神)との哲学的な対決とは原理上、異なる次元に属していることがその前提とされている。しかし他方、前者の政治的対決が後者の哲学的な対決のきっかけとなり、それを促進しうるという考えもそこには見出される。つまりこの点においてハイデガーは、権力政治と哲学という二つの異なった領域のあいだにある種の関係性を認めているのである。

ハイデガーは後年、政治と哲学を峻《しゅん》別《べつ》できていなかったこと、すなわち両者をある意味において混同していたことのうちに自身の学長職の「誤り」を見て取っている。彼は一九四六年に書かれた「黒いノート」のある覚書で、自身の「一九三三年の学長職の『真の誤り』」は「フォルクの覚醒とともに、今こそ、そのフォルクの西洋的運命において始元的-

歴史的になるときだと考えていたこと」だったと振り返っている。ハイデガーはこの「誤り」を今引用した箇所の直後では、「『とき』の急ぎすぎ」、つまり「変化は『作用』や『一撃』によって生み出しえないことをまだはっきりと見ていないこと」とも表現している。つまり彼は自身の「誤り」を、人びとを何らかの一撃によって思索へと導きうると考えてしまった点にあると分析していた（GA97, 98）。思索とはそのようなものではなく、もっと長い「とき」を必要とすることを十分に認識できていなかったと言うのである。

実際、同じ覚書では、「誤りは〔中略〕まだ十分に問うことも待つこともせず、思索をその本質において過小評価したことにあった」とも述べられている（GA97, 98）。思索が人びとのあいだに浸透するには長い時間がかかる。それにもかかわらず、学長時代にはそうした思索の固有性をまだ十分に認識できず、その人びとへの浸透が政治的一撃によって起こりうるかのような幻想を抱いていた点を後年のハイデガーは問題視しているのである。

このように、一九三三年の時点においては政治と思索の次元をまだ明確に区別できていなかったことが、ナチスに対する過大な期待をハイデガーに抱かせたと言えるだろう。そしてこの「誤り」を、彼は学長職を経験したことによってはじめて認識した。まさに学長職の辞任とは、彼が自身の「誤り」を明確に意識したことを示している。

加担から批判へ

ただし注意しなければならないのは、「誤り」を認めたからといって、ハイデガーは自身の思索そのものが誤っていたと認めているわけではないということである。つまりハイデガーの学長辞任は、決して彼の思想的立場が変わったことを示すものではない。むしろ彼は学長職の受託を動機づけていたのと同じ思想に基づいて、学長職を辞任したのである。そして以後、まさにその思想的立場に基づいて、ナチズムが誤った「フォルク」概念に規定されていることを厳しく批判していくのである。

これに対して、一般の「ハイデガー－ナチズム論」は、ハイデガーのナチス加担の理由を彼の一時的な政治的急進化によるものとすることが多い。彼らがそうした政治的急進化の証拠として挙げるのが、学長期の彼の演説に見られるナチス的な語彙《ごい》の使用である。そのうえで、学長辞任後、そうした語彙が背景に退くことをもって、彼が自身の思想的立場を変えたと解釈するのである。

ハイデガーが自身のナチス加担を「反省して」、その要因となった自分の思想を改めたという解釈は俗受けしやすいが、実際には何の根拠もないことだ。学長期の彼の言説に見られるナチス的な語彙は、右でも見たように、あくまでも、自分の思索に立脚してナチズムのあるべき姿を示す際、その語彙の通常の意味を換骨奪胎《かんこつだったい》する形で用いられたものにすぎない。したがって、そうした努力が無効に終わり、自分の主張が人びとに理解されなければ、ナチス的な語彙に託して自分の立場を説明する必要もなくなり、つまりそうした語彙が表に出てこなくなるのは当然である。彼の思想的立場は、ナチスに積極的に関与していたときとそこから離反したときとで基本的に何の違いもないのである。

ハイデガーの思想がナチスに加担していた時期に「ナチ的」だったという主張は、彼がナチスを支持していた以上、それを裏づけていた思想もナチズムと同じ要素を含むはずだとの推論に基づいている。たしかに彼は「フォルク」の再生および統一という大きな目標をナチズムと共有していた。しかし問題は、「フォルク」の意味をどのように理解するかにある。この点について、「フォルク」を生物学的な人種として捉えるナチズムと「フォルク」を「風土的なもの」と捉えるハイデガーのあいだには大きな隔たりがあった。それゆえハイデガーは大学を起点として、ナチズムを人種主義的な「フォルク」理解から、自身の「フォルク」理解へと導こうと試みたのである。

すなわち、ハイデガーのナチスへの積極的な関与を動機づけていたのは、彼の思想とナチズムの同一性ではなく、むしろ両者の差異であったということだ。彼は当初、この差異は自身の指導によって乗り越えられると考えていた。しかし彼はまもなく、そうしたことが根本的に不可能であることを認識した。それ以後、彼はナチスから距離を取り、それまでとまったく同じ思想的立場に基づいてナチズムを批判していくことになるのである（ハイデガーのナチズム批判については、第六章で詳しく取り上げる）。

もっとも同じ思想的立場にとどまると言っても、他方でハイデガーは、「存在」という事象をどのように表現するかについてはそれまでどおり、つねに試行錯誤を続けている。そして一九三六年ごろ、「存在」を言い表すという点において、彼自身が新たな展開として認めるような変化が起こった。これ以降のハイデガーの思想が、通常は「後期」に分類されている。本書では次章において、この後期の思想の特徴を見ていくことにしたい。

第五章　後期の思索

「存在への問い」の到達点

これまでたびたび述べてきたように、ハイデガーは『存在と時間』刊行後、「存在」を「存在者全体」の生起と捉え直し、この「存在者全体」についての知を「形而上学」と呼ぶようになった。そしてこの「存在者全体」とは、実質的には「フォルク」の共同体を意味していた。

悪名高いハイデガーのナチス加担は、この「存在への問い」の政治的含意がまさに顕在化したものだった。彼は、自分の哲学によってナチズムを定義し直すことを試みたのだ。のちに彼は、当時、一撃で人びとに思索の転換を促すことができると考えていたことを「誤り」だったと認めている。だがそれは、彼の思想が「フォルク共同体」の基礎づけという、ある種の政治的要素をその本質としてそもそもはらんだものであったからこそ犯された「誤り」であった。

しかしハイデガーのナチス関与は失敗に終わり、彼はフライブルク大学の学長職を一年足らずで辞任した。これは事実上、彼がナチスに見切りをつけたことを示している。だがナチスからの離反は、自分のそれまでの思想を変えたことを意味するのではない。むしろ一九三〇年代半ばまでは、一九三五年夏学期講義『形而上学入門』を見てもわかるように、

「存在者全体」についての知としての「形而上学」という構想はそのまま維持されている。

その後、一九三六年になると、ハイデガーは自分の思索の表現を大きく変化させることになる。「存在の真理」や「性起《しょうき》」という後期の思索を特徴づける用語が現れるのはこの時期からのことである。一般に極度に難解とされる彼の後期思想は、基本的にこの時期以降の仕事を指している。

本章ではこの、ハイデガーの後期の思索を取り上げる。ここではまず、「性起」に代表されるハイデガーの後期思想に特徴的な言い回しに注目し、そのような術語を導入することの意義を明らかにする。そうした語彙は基本的には、それまで「存在」や「存在者全体」と呼ばれてきた事象に含まれていながらも、それらの言葉によっては的確に表現できていなかった諸契機を明示しようとするものである。このことは、こうした言葉を用いるようになった後期において、「存在」に含まれる諸契機がより明確に自覚されるようになったことを示している。その意味において、この後期の思索を「存在への問い」の到達点と見なすことができる。

後期の思索においては、「存在」の意味が余すところなく明らかにされると同時に、それまで「存在忘却」として特徴づけられてきた西洋の伝統的哲学の思考様式が、「存在の歴史」として一定の時代区分に沿って、より具体的かつ明確に捉えられるようになる。こうした存在の歴史の思索では、西洋の伝統的な思索における「存在」の隠蔽をもたらした要因として、古代ギリシアにおける哲学の始まりと、その後のキリスト教の普及がとりわけ重視されている。本章では、ハイデガーの「存在」についてのポジティブな規定と対をなす、「存在」を隠蔽する西洋の伝統的な思考様式の本質とその起源についての「存在史的」考察を紹介したい。

第三章ですでに論じたように、ハイデガーの「存在への問い」は、根本においては「神性の本質そのもの」への問いであった。彼にとっては、伝統的な神学が「神」を結局のところ、存在者の水準へと引き落として捉えていることを批判して、「神」が「存在」に根ざしていることを示すことに考察の主眼が置かれていた。したがって、後期になって彼が「存在」の固有性についての洞察を深めたことは、同時に「神」の本質を以前よりも明瞭に自覚するようになったことを意味するだろう。ハイデガーの「存在への問い」の到達点を明らかにする本章では、その締めくくりとして、後期における彼の「神」論を取り上げることにしたい。

1 「性起」の思索

「存在者全体」から「存在の真理」へ

後期の思索においてハイデガーは、自身の立場を「形而上学」と呼ぶことはいっさいなくなる。逆に「形而上学」という語は、古代ギリシア哲学に端を発する、「存在忘却」をその本質とする西洋の知の伝統に対する呼称としてのみ用いられるようになっている。つまり「形而上学」は、「存在の思索」によって克服されるべきものと位置づけられるようになったのだ。

なお後期には、中期に多用されていた「存在者全体」という言い回しも見られなくなる。その代わりに「存在」の生起としての「時‐空間」の拡がりを示す表現としては、「存在の真理（Wahrheit des Seyns）」や「明るみ（Lichtung）」などが基本になる。

ハイデガーによると、「存在の真理」は『存在と時間』では「存在の意味」と呼ばれていたものを指している（GA9, 377）。この「存在の意味」とは、具体的には「将来」、「現在」、「過去」によって形作られた時間の拡がりのことを指していた。しかし第三章で指摘したように、われわれは「意味」を基本的には意識の相関物と捉えている。したがって、「存在の意味」を「時間」と規定すると、時間もまた「時間意識」という意識現象であると誤解されかねない。ハイデガーはこうした誤解を避けるため、「存在者全体」という表現によって、「存在」が空間性をも含んだわれわれを取り巻く「世界」そのものの生起を問題にしていることを明示しようとしたのだった。

しかし、「存在者全体」という言い回しにもまったく問題がないわけではなかった。われわれは普通、「存在者全体」と聞くと、とっさに存在者の集まりをイメージするだろう。そうすると、「存在」の生起に含まれる「出来事的」性格や運動性――たとえば鳥の「飛んでいること」など――が抜け落ちてしまう。

しかもわれわれが「存在者全体」を存在者の集積と理解する場合、その「存在者全体」は人間とは切り離され、人間の前に立てられた対象として捉えられている。ハイデガーはこうした捉え方を避けるため、「存在者全体」は人間から切り離されたものではなく、むしろ人間を圧倒し巻き込むものであり、さらには人間自身の営みが「存在者全体」に包含されていることをつねに強調していたのである。

しかし逆に言うと、あえてそのように注意しなければ、「存在者全体」はやはり人間を含まないものと捉えられてしまうだろう。ハイデガーが「存在者全体」という言い方を放棄したのは、まさにこのような問題点に気づいたからであったに違いない。彼はこれに代わる「存在の真理」という言い方によって、「存在」がまさに「存在」としてあらわになるという事態そのもの、その動的で出来事的な性格をあらためて強調しようとしたのである。

第一章ですでに論じたように、ハイデガーは真理を「非隠蔽性」、すなわち「隠されていないこと」と捉えている。したがって「存在の真理」とは、「存在」がそれとしてあらわになるという事態を指している。そしてこの「存在」があらわになるということは、本書のこれまでの議論に従えば、ある固有の「時‐空間」が生起することにほかならない。それゆえ「存在の真理」とは結局のところ、「時‐空間」の生起そのものを意味しているのである。

「性起」としての存在

ハイデガーは『存在と時間』刊行後、同書では論じられないままに終わった、「存在の意味」を直接示すことに着手した。その具体的な成果が、本書第三章でも紹介した彼の中期の思索である。そこでの努力は、主観の前に立てられた対象といったものではない「存在」をいかにしてそのようなものとして表現するかに関わっていた。そもそも西洋の伝統的な学問知は、基本的に対象について何かを語るというスタンスを取っている。したがって、「存在」を語るには、まずそうした学問的な姿勢、ならびにそこから生まれた語り口そのものの放棄が求められるのである。

仮にハイデガーが、対象化とは明確に区別された仕方で「存在」を適切に表現できたとしてみよう。だがその表現は、ふだんから対象化に立脚した言語に慣れ親しみ、それしか知らないわれわれには、まったくの意味不明なものとなったに違いない。それでもわれわれがハイデガーの言説を何とか無理をして理解しようとすると、今度はまたしても、「存在」が対象的なものへと引き戻されて捉えられてしまう。「存在」を忠実に語り示そうとするという彼の努力は、つねにこのジレンマに晒されていたのである。

「存在」を「存在者全体」の生起として捉える中期の定式化がすでに、「存在」が対象的なものではなく、われわれを取り巻く「世界」そのものであることを明示するという意図をもっていた。しかしほとんどの読者は、そもそも「存在者全体」がそれまで「存在」と呼ばれていた事象を言い表すものであることも把握できてはいないのだ。したがって当然のことながら、ハイデガーが「存在者全体」という表現をなぜ導入したのかも理解されない。そして結局のところ、「存在者全体」の開示もまた、「存在者全体」を対象化して捉えるというレベルで受け取られることになるのである。

おそらくハイデガー自身、こうした中期の思索の欠点を認識したのだろう。一九三〇年代後半になると、「存在」についての語り口をふたたび一変させる。「ヒューマニズムについての書簡」(『道標　ハイデガー全集第九巻』所収)の一九四九年版に付された注記では、「一九三六年に始められた道の歩み」に触れ、それが「存在の真理を単純に言おうとする試みの瞬間」と言い換えられている(GA9, 313)。こうした「存在の真理を単純に言おうとする試み」においてもっとも重要な術語が、「エアアイクニス（Ereignis）」、すなわち日本語では「性起」と訳される語である。

一九三六年に執筆が始まった『哲学への寄与論稿（性起について）』（以下、『哲学への寄与論稿』と略）において、ハイデガーは端的に「存在は性起として生起する」と述べている（GA65, 30）。この「性起」、すなわち“Ereignis”という語は、動詞「エアアイクネン（ereignen）」が名詞化されたものである。“ereignen”は“sich ereignen”という再帰動詞として用いられるのが普通で、この場合は何かが「起こる」、「生じる」、「出来する」という意味になる。したがって、動詞“ereignen”から派生した名詞“Ereignis”は「出来事」、「事件」を意味する。

ハイデガーが講演「同一律」（一九五七年）で述べるところによると、“ereignen”の語源は“er-äugen”であり、これは「見つける」、「見やりつつ自分のほうへと呼び寄せる」という意味をもつ（ID, 24f.）。この説明に従えば、“ereignen”は「存在」が人間を捉え、わがものとする局面を捉えた表現ということになるだろう。つまり“Ereignis”は人間を圧倒し、規定するという「存在」の性格を示しているのである。

しかし“ereignen”という語に含まれる“eignen”は、“eignen”（〜に帰属する）や“zueignen”（〜に〜をささげる）という、“eigen”（自分の、固有の）を語源とする動詞群に形が似ている。それゆえハイデガーが“Ereignis”を用いるときには、元来、語源的には無関係だが、この“eigen”という語への目配せもなされている。つまり“Ereignis”には、何ものかが「おのれ固有のものへと立ち返る出来事」、「おのれ自身になる出来事」というニュアンスも込められているのである。

なお本書で採用した「性起」という訳語は、「エアアイクニス」の定訳と言ってよいが、もともとは、仏教、とくに華厳教学《けごんきょうがく》の用語である。「性《しょう》」とは人間に本来備わっている「仏性《ぶっしょう》」、「自性清浄心《じしょうしょうじょうしん》」を意味し、「起」はそれが顕現することを指す。おのれに固有なものの生起という「エアアイクニス」の意義にうまく適合しているので、本書でもこの語を訳語として採用した。しかしこのことによって、ハイデガーの思想をとくに仏教的なものだと強調する意図はない。本書ではあくまでも、ハイデガーの思想を彼固有の文脈において理解することだけを目指している。そのようにして明らかとなった彼の思想が、結果として仏教の思想に類似していることはあるかもしれないが、そうした点は本書では取り上げないので、ご了承願いたい（ハイデガーの思想と仏教の関係に興味がある方は、井上克人『〈時〉と〈鏡〉超越的覆蔵性の哲学　道元・西田・大拙・ハイデガーの思索をめぐって』関西大学出版部、二〇一五年を参照）。

「性起」という語を使う意味

では、ハイデガーが「存在」を「性起」と表現するのは、どのような考えに基づいているのだろうか。この点については、"Ereignis"という原語の説明でもすでに触れられていたが、以下ではもう少し詳しく見ていくことにしたい。

ハイデガーが「性起」という表現を導入する動機としては、とりあえず次の三点が挙げられる。

（一）本書ですでに論じたように、「存在」は「将来」、「現在」、「過去」への拡がりとして生起する。ハイデガーは「存在」がこうした時間の拡がりとして生起する事態を「性起」と呼んでいる。この点について、一九六一年の講演「時間と存在」（『思索の事柄へ　ハイデガー全集第一四巻』所収）では次のように述べられている。「時間と存在という二つのものをそれらの固有なもの（Eigenes）へと、すなわちそれらが共属し合うことへと規定するものをわれわれは『性起』と名づける」（GA14, 21）。

「存在」は「時間」として生起することにおいて「存在」である。また「時間」は「存在」を形作ることにおいて「時間」である。両者はこうした仕方で相互に帰属しあっており、このように相互に帰属しあうことによって、まさにそれぞれの「固有なもの」を実現する。「存在」と「時間」が共属しあいながら、一つの事象を形作っていること、こうした事態を「性起」として捉えるのである。

（二）これまで見てきたように、「存在」の生起とは、ある固有の「時 - 空間」、すなわち「世界」が生起することだった。たとえば鳥が飛んでいることとは、鳥がそのように飛ぶことが起こりうる「世界」の生起を伴っている。したがって、鳥が飛ぶという事態に立ち会っている現存在も、同時にそうしたことが起こりうる「世界」の内にいることになる。すなわち『存在と時間』で述べられていた「世界 - 内 - 存在」として、現存在が生起しているのだ。このように「性起」には、「存在」の生起によって現存在が現存在として生起すること、そのようにして現存在がおのれ固有なものを獲得するという事態も含まれているのである。

ハイデガーによると、現存在は「存在の生起としての性起において、性起させられること（Er-eignung）」を意味する（GA65, 293）。つまり「存在」の生起において、現存在は自分固有のものを与えられる、すなわちそれ自身となるのである。彼は中期においても、現存在が「存在者全体」の生起の場であること、すなわち「存在者全体」の生起が現存在の生起そのものであることを強調していた。しかし「存在者全体」という表現では、現存在が「存在」によって捕らえられ、そのことによって自己自身になるというこの出来事的なダイナミズムをまったく表示できていなかった。そのため、「存在者全体」は対象的なもの、すなわち現存在と切り離されたスタティックなものと捉えられてしまうという難点を逃れることがむずかしかった。ハイデガーはこうした誤解を避けるため、「存在」を「性起」と呼び、そのことによって、「存在」と現存在との一体的な生起を表現しようとしたのである（GA65, 254）。

（三）「性起」という語には、そこにおいてそれぞれがおのれ固有のものを獲得するというニュアンスが込められていることを指摘した。ハイデガーは「性起」によって「性起させられる（ereignet）」もの、換言すれば「性起」によって、まさにそれ自身となるものとして、「神」、「人間」、「世界」、「大地」の四つを挙げている。つまり「性起」とは、これら四つのものがそれぞれおのれ固有のものを獲得し、それ自身として現出するという出来事を意味するのである（GA67, 308）。

「世界」と「大地」は、「存在者全体」の具体的な内実をなす「世界と大地との抗争」として、論文「芸術作品の根源」においてすでに論じられていたものである。そこでは「世界」とは、「大地」によって規定された「人間」の生を形作る諸連関のことであるとされていた。したがってこの「世界と大地との抗争」において、「人間」の運命が規定されてくるのであり、そのことによって「人間」は自分自身となるのである。そして「大地」の、「人間」の運命を規定するという圧倒的な力において、「神」がおのれを示している。

このように、「性起」によって「性起させられる」「神」、「人間」、「世界」、「大地」の四つの契機は、今見たような本質的な連関を形作りながら「存在」の生起を構成するものである。ハイデガーは、こうした仕方で「性起」において性起させられるものを「固有財産(Eigentum)」と名づける。"Eigentum"は通常、「所有物」や「財産」を意味する語である。ここではこの語は、今挙げた四つが「性起」においておのれに固有なものを獲得し、その意味において「性起」に所属するものであることを示しているのだろう(GA66, 309)。

以上の説明からもわかるように、「存在」を「性起」と呼ぶことによって、彼の思想にこれまでとは異なった、新しい内容が付け加えられたわけではない。ただそれまでの表現ではうまく言い表せなかった「存在」に含まれる諸々の契機を明示化したにすぎない。「存在」の生起とともに、また「存在」の生起において、「時間」、「空間」、「人間」、「神」、「世界」、「大地」といった諸契機がそれぞれにおのれに固有なものを獲得する。すなわちそれらはおのれ自身となる。「性起」という表現は、「存在」の生起がまさに今述べたような「出来事」であることを強調しているのである。

そうした意味においては「性起」という語の使用も、「存在」という事象を語るにふさわしい言葉を見出そうとする『存在と時間』以降の一貫した努力の延長線上に位置づけられるものである。『存在と時間』における「存在了解の地平としての時間」、中期の「存在者全体」などの定式化によって示そうとしていた事態すべてを包括し止揚《しよう》する形で、「性起」という言葉が導入されたのだ。

2 「存在の歴史」

「形而上学」への批判

ハイデガーは『存在と時間』の刊行後、そこで果たされなかった「存在の意味」の解明に着手した。本書ではここまで、『存在と時間』で未完に終わった課題に彼がどのように取り組んできたのかを概観した。この「存在の意味」が、中期になると「存在者全体」として主題化され、さらに一九三〇年代後半には「性起」として捉えられるに至ったのだった。

しかし『存在と時間』で果たされなかったのは、「存在の意味」の解明だけではなかった。ハイデガーの「存在への問い」には、「存在」という事象を直接、解明するという側面とともに、そうした「存在」を隠蔽し、その生起を妨げている伝統的な思考様式の特質を明らかにするという、もうひとつの側面があった。これは『存在と時間』の第二部において、「存在論の歴史の破壊」として遂行されることになっていたが、やはり未完に終わっている。

ハイデガーによると、西洋存在論の基本的方向性は古代ギリシアのプラトン、アリストテレスによって定められた。彼らの思索において、根源的な「存在」としての「ピュシス」が隠蔽され、以後、西洋の存在論においていかに「存在」が語られようと、そこでは真の「存在」はいっさい問題とされてはいない、というのがハイデガーが描く存在論の歴史の基本構図である。それゆえハイデガーが中期において古代ギリシアの「ピュシス」についての知を学問的に取り上げるときにも、「存在忘却」の端緒となったプラトン、アリストテレス以前の思索が念頭に置かれていたのである。

一九三六年以降の後期の思索においては、古代ギリシアに端を発する西洋の存在忘却的な知は「形而上学」と総称されるようになる。中期には、むしろ真の「存在」、すなわち「存在者全体」を考察することが「形而上学」と呼ばれていたのだから、彼の思想における「形而上学」という語の位置づけが一八〇度転換されたことになる。本書では以下、基本的にはハイデガーの後期の思索を取り上げるので、「形而上学」というときにも、存在忘却的な西洋の知の伝統を指していることに注意していただきたい。

ハイデガーは中期においては、「存在への問い」が「存在者全体」へと「超え出ていく」知であることを強調しようとして、「形而上学」という呼称を前面に打ち出したのだった（「形而上学」は元来“Meta-physik”、すなわち「超‐自然学」を意味する）。第四章でも見たように、ハイデガーはこの「形而上学」によって、「労働」を基礎づける「存在者全体」についての「知」といったものを想定していた。しかしわれわれは「形而上学」という言葉を聞くと、普通はアリストテレスの『形而上学』に典型的に示されているような、自然的存在を超えた神的なものや形相的なものの「理論的観照」といったものを思い浮かべるだろう。ハイデガーは真正な「知」に備わる「存在者全体」を捉えるという包括的性格を「形而上学」という言葉で表現しようとしたのだろうが、その語によっては、それが「労働」を支えるような「知」であるという側面は、やはり伝わりにくいだろう。

このように、「存在」の「知」が世界を対象化して考察する理論的知とはまったく異質のものであることを明確にするために、ハイデガーは「形而上学」という語ときっぱりと縁を切ったと思われる。そして以後、「形而上学」はもっぱら西洋の伝統的な存在考察を示す語としてのみ用いられることになるのである。

形而上学の「存在 - 神論的」本質

ハイデガーは西洋形而上学が「存在」をつねに忘却してきたことを問題視する。しかし西洋形而上学もアリストテレスの形而上学がそうであったように、存在の考察であることを標榜してきた。しかしその形而上学において存在として考察されてきたものは、ハイデガーが「存在」と呼んでいるものとはまったく異なるものである。ハイデガーはこの点を明確にするために、後期の思索においては、西洋形而上学で問題にされてきた存在を「存在者性（Seiendheit）」と呼び、自身の言う真の「存在」と区別するようになったのだ。

この「存在者性」は、西洋形而上学において、ある存在者を存在者たらしめる根拠として追求されてきた存在を指している。ハイデガーによると、この「存在者性」は二重の仕方で表象されてきた。まず「存在者性」は、存在者を存在者たらしめている「一般的なもの、共通なもの」と理解されてきた（GA48, 151）。これは伝統的形而上学で言うところの「エッセンティア（essentia）」、すなわち「本質」に該当する。これについての考察が、西洋では伝統的に存在論と呼ばれてきた。

この「本質」という意味での「存在者性」とは別に、形而上学における「存在者性」は「最高の、それゆえ神的な存在者」とも表象されてきた。これは何かが現に実在することを意味する「エクシステンティア（existentia）」の根拠をどこまでもさかのぼることによってたどり着く第一の原因を指している（GA67, 214）。この最高原因としての「神的なもの」を主題的に論じるのが、神学という学である。

形而上学においては、存在論と神学が相互に依存しつつ統一体を形作っている。神学がある存在者の現実存在の根拠を探究するとき、その存在者の本質は、存在論で捉えられたものがその前提とされている。逆に存在論において考察された存在者の本質は、それが現実に存在するかどうかについては、究極的に神学が表象する第一原因に依拠している(GA67, 215)。

形而上学がこうした存在論と神学の相互連関によって形作られていることを、ハイデガーは形而上学の「存在 - 神論的な (onto-theologisch)」本質と呼んでいる。これは右でも述べたように、形而上学が存在者を「エッセンティア」(「である」)と「エクシステンティア」(「がある」)という二つの観点から捉えてきたことを意味している(GA67, 215)。

形而上学の「存在 - 神論的な」本質とは要するに、この世界のすべてのものを、神を頂点とした因果連関の網目によって捉えることができるという、西洋的学問を根本において支えている合理性の基本構造を示すものにほかならない。この基本構造にどこまでも忠実に従うことが、「理性」の本領なのである。もちろん今日の学問においては、「神」について表立って論じられることはないかもしれない。しかしそこにおいても、この世界のあらゆる事象が因果連関のうちに位置づけられるという信念は確固たるものとして揺らぐことはないのである。

すでに指摘したように、ハイデガーは後期になると、伝統的形而上学において存在とされてきたものを「存在者性」と呼ぶようになった。そしてそれとともに自身が「存在」と捉えるものに、"Seyn" という表記を用いるようになる。"Seyn" は "Sein" の古形で、ハイデガーが一九三〇年代以降、繰り返し講義で取り上げた詩人ヘルダリーンや哲学者シェリングがこの形を用いている。もっともこの使い分けは厳密なものではなく、これまでどおり "Sein" が使用されることもある。

なお本書では、これまでもそうしてきたが、"Seyn" としての真の「存在」に言及するときも、「存在者性」としての存在に言及するときも、どちらであるかが文脈から明らかな場合は「存在」と記載する。ただしハイデガー的な意味での「存在」についてはこれまでも「存在」というようにカギカッコを付けて表記してきたし、以下でもそれを踏襲したい。

「存在」の立ち去り

以上で見てきたように、ハイデガーは後期の思索において、形而上学を「存在」の「存在者性」への移行という、「存在」の生起に関する出来事と捉え、それを「存在の歴史(Geschichte des Seins)」として主題化するようになる(GA6.2, 446)。基本的には彼が「第一の始元(erster Anfang)」と呼ぶ古代ギリシア哲学の勃興以来、「存在の真理」はそれとして適切に基礎づけられたことはなく、存在はつねに「存在者性」として解されてきたというのが、「存在の歴史」の基本的な見取り図である。

われわれは歴史というと、普通は戦争や政変など、さまざまな出来事の系列を思い浮かべることだろう。しかしハイデガーは西洋の歴史のもっとも根本的な出来事を、形而上学という形を取った「存在忘却」のうちに見てとり、唯一その観点から西洋の歴史を特徴づけようとする。この見地に立つと、各時代の政治や戦争の様相を根本から決定しているのも、それぞれの時代の「存在」の生起のあり方だということになる。

今述べたような仕方で形而上学を「存在の歴史」として特徴づけることは、「存在」という事象をすでに視野に収めていることをその前提としている。このように「存在」を見据えることによってはじめて形而上学全般が「存在」の不在と捉え直されるのだ。この「存在の歴史」の根本動向をハイデガーは「存在の立ち去り（Seyns Verlassenheit）」と名づける。彼の定義によれば、「存在の立ち去り」は「存在が存在者を立ち去り、存在者をそれ自身へと委ね、存在者を作為性の対象になるがままにする」ことである（GA65, 111）。つまり「存在の立ち去り」とは、まずは存在者から「存在」が立ち去っていることを意味する。しかもそこでは、このように存在者が「存在」から切り離されていることの帰結として、その存在者が作為や操作に委ねられるという事態も同時に生じているのである。

「存在の立ち去り」は『存在と時間』以来、「存在忘却」と呼ばれてきたものと基本的には同じ事柄を指している。ただ「存在忘却」という表現を用いると、「存在」の不在という状況があたかも人間の過失であって、人間が「存在」を思い出しさえすれば「存在」が取り戻されると捉えられかねない。しかし「存在」の生起は人間のイニシアティブによって左右できるようなものではない。「存在」の不在が人間を襲う運命に他ならないということを、ハイデガーは「存在の立ち去り」、あるいは「存在の歴史」という表現によって示そうとしたのである。そしてそのうえで、「存在忘却」を「存在の立ち去り」の帰結と位置づけるのである（GA65, 114）。

「作為性」の支配

この「存在の立ち去り」は、形而上学において「存在者性」が存在者の根拠と見なされることと表裏一体の現象である。「存在者性」が存在者の根拠であるということは、「存在者性」を把握しさえすれば、存在者を掌握し支配できるということだ。ハイデガーによれば、「存在の立ち去り」によって存在者は「人間による計画的な計算と操作的な支配に委ねられる」。そしてこのとき人間は「作成可能な存在者の運用者としておのれを維持することに執心する」（GA69, 38）。

このようにハイデガーは、「存在の立ち去り」をその本質とする「存在の歴史」を「作為性（Machenschaft）」の支配と特徴づけている。彼によると、近代の「技術」や「文化」

は、この「作為性」の無条件的な支配に基づいている。とはいえ、ハイデガーは「作為性」を近代になってはじめて現れたものと捉えていたわけではなかった。むしろすでに、古代ギリシアの形而上学において存在を「存在者性」と解釈したことのうちにその端緒を見て取る。この「作為性」が、形而上学のいくつかの「時代（Epoche）」をとおして段階的に強化されていき、最終的に近代の形而上学においてその本質を全面的に開花させたというのがハイデガーの「存在の歴史」の基本的な捉え方なのである。

それではハイデガーの「作為性」についての説明を具体的に見てみよう。彼は『哲学への寄与論稿』において、「作為性」、"Machenschaft"という語は通常は、「陰謀」や「策謀」を意味するが、自身の用法としては「作ること（ポイエーシス、テクネー）」との関連で用いると注意する（"Machenschaft"に含まれる"machen"は、「作る」という意味の動詞である）。ここでハイデガーは、「作ること」はたしかに人間のふるまいだが、この「作ること」が存在者を制作可能なものと解釈することに基づいている点に注意を促す（GA65, 126）。たしかにあるものを制作可能と見なすことがなければ、それを作るという発想も出てこないだろう。

存在者が制作可能なものと見なされるようになると、それに伴って古代ギリシアの「ピュシス（自然）」の解釈も変質し、「自分で自分を作ること」と理解されるようになる（GA65, 126）。人工物が作られたものであるのは当たり前だが、「自然」にもこの存在解釈が適用され、「自然」もまた自分で自分を作るものと見なされるようになるのである。つまり「自然」の表象のうちにも「制作」という観念がすでに浸透していることがここには認められるのだ。

ハイデガーは、古代ギリシアの「存在者性」そのものがすでに制作という観念と切り離すことができないこと、すなわち作為性をその本質とすることを指摘する。このことはたとえば、プラトンのイデアがつねに「テクネー（技術知）」との連関で捉えられていたことを見れば明らかだろう。というのもプラトンは、あるもののイデアを、そのものの制作に際して知ることが必要なものと特徴づけているからである。このように、およそ存在者の存在を「存在者性」と捉えるとき、そこではつねに存在者を制作可能なものと捉えることが同時に生起しているのである。この点に注目して、ハイデガーは西洋形而上学における「存在者性」の本質を「作為性」と規定するのである。

ユダヤ－キリスト教の存在史的位置づけ

古代ギリシアにおいて「ピュシス」が「自分で自分を作る」という仕方で制作可能なものと捉えられたことにより、「ピュシスの脱力化（Entmachtung）」がすでに起こっていたとしても、そこでは「自分で作る」という自然の側の自発性、自律性の契機はまだ保たれていた。つまりその限りでは、「ピュシス」は完全に「作為性」のもとに置かれていたわけではなかった。ハイデガーは西洋形而上学のその後の歴史を、古代ギリシアではこのようになお、その本質を完全には示していなかった「作為性」が、次第に前面に現れ出て、おのれの本質を全面的に展開していく過程として描き出していくのである。

ハイデガーは『哲学への寄与論稿』の別の覚書では、中世ヨーロッパになるとユダヤ‐キリスト教の創造説の支配のもと、神以外のあらゆる存在者が造物主としての神による被造物とされたことにより、すべてのものが「作られたもの」だという信念が強化され、自明視されるようになったと指摘する。彼によると、キリスト教の教えにおいて「あらゆる存在者は被造物としてその起源において説明され、またそこでは創造者がもっとも確実なものであり、あらゆる存在者はもっとも存在的な原因〔神〕の結果である」。しかしこうした「原因‐結果‐関係」は、存在者が存在するという「もっとも尋常ではない事柄」を平凡で普通のもののわかりやすさへと押し込めてしまう方便でしかない。まさに存在者がこのように「もっとも尋常で慣れ親しんだもの」となったところにおいて、「存在の立ち去り」がもっとも顕著に生起しているのである（GA65, 110）。

近代になってこの創造神の地位を継承したのが人間である。「今や存在者がその対象性においてのみ捉えられ、支配される限り、かつては創造神によって作られた存在者は、人間の作り物となった」(GA65, 111)。この箇所でハイデガーは、中世と近代との断絶を問題にしているのではなく、むしろ両者の連続性を強調している。つまり、キリスト教の創造説によって存在者が作り物として自明化されたことが、近代技術による存在者の全面的な対象化の下地を作ったと考えているのである。

この点は一九四三年夏学期講義『ヘラクレイトス』で、次のように明快に指摘されている。キリスト教は「そのうちで信仰され教えられているテクネー的な創造説のために、形而上学的に見れば、それもまた現代技術の勃興にとっての本質的な根拠のひとつである」(GA55, 209)。現代のテクノロジーはその根本において、すべてのものが作りうるものであるという解釈に基づいている。ハイデガーはこの捉え方が、すべてのものを被造物と見なすキリスト教の創造説によって強化され、自明化されたものであることに注意を促している。そして近代においては、存在者は制作可能なものだというこの前提がそのまま引き継がれつつ、ただ存在者の作り手が、創造神から人間へと移行したと捉えるのである。

以上、ハイデガーが「存在の歴史」をどのように捉えていたかを概観した。彼はそれを、当初はまだ目立たずに隠されていた形而上学の「作為性」という本質が、次第に表に現れ出てきて、ついには近代になり、全面的に発揮されてゆく過程と捉える。こうした「作為性」の強化により、「存在の真理」はいよいよ覆い隠され、同時に、「存在の真理」がそのように覆い隠されているという事態そのものが、まったく意識されなくなってしまったと言うのである（GA65, 171）。

「第一の始元」と「別の始元」

今も述べたように、ハイデガーは「存在の歴史」を、古代ギリシアの形而上学を目立たない形で規定していた「作為性」が次第にその本質をあらわにしてゆくプロセスとして描き出す。この「作為性」の支配が「存在の立ち去り」である。つまり「存在の歴史」とは、基本的に「存在」の不在の歴史なのである。

ハイデガーが大学での講義において、しばしば過去の哲学者を取り上げていることを知っている人は多いだろう。彼のそうした過去の哲学者についての解釈は、専門家によって間違いがよく指摘される。だがそこで彼が一貫して主張しているのは、西洋の過去の哲学においては「存在者性」しか問題にされておらず、真の「存在」はまったく主題化されていないという点なのだ。この主張の妥当性を否定できない限り、つまり過去の哲学者がハイデガーと同じ「存在」を論じていることを示さない限り、専門家による批判は彼の主張の核心にはかすりもしないことだろう。

また、このように「存在の歴史」の思索においては形而上学が「存在」の不在によって特徴づけられるときには、「存在の真理」もそこでは同時に視野に入っていることにも注意が必要である。すなわち、われわれが「存在の立ち去り」を「存在の立ち去り」と捉えるときには、ある意味において、すでに「存在」そのものにも触れているということだ。このように、「存在の立ち去り」において「存在」がおのれを告げることを、ハイデガーは「存在の鳴り響き」と表現する（GA65, 107ff.)。

われわれは今日の状況を「存在の立ち去り」として思索するとき、「存在」がそれとして支配する可能性もすでに視野に入れている。このように、「存在」が真に「存在」として生起することをハイデガーは「別の始元」と呼んでいる。この「別の始元」が「別の始元」とされるのは、「存在」が「存在者性」としておのれを示した古代ギリシアの「第一の始元」と区別するためである。

この「第一の始元」は普通われわれが哲学の始まりと見なしているプラトンやアリストテレスだけではなく、アナクシマンドロス、ヘラクレイトス、パルメニデスなどのいわゆる「前‐ソクラテス期」の思索も含む、古代ギリシアの思索全体に関わっている。この「第一の始元」においては、プラトンやアリストテレスの哲学はむしろ「始元の終わり」と位置づけられる。

つまりハイデガーは、プラトン、アリストテレスの哲学はギリシア哲学の終わりにすぎず、本来のギリシア的思惟を代表するものではないと捉えているのである。ところが、このギリシア的な始元の終わりでしかないものが、その後の西洋世界においては規範的なものと見なされるようになってしまった。この点をハイデガーは問題視しているのである。このような彼の見解は、中期の講義『形而上学入門』でも、すでに次のように述べられていた。「ギリシア人の哲学はその根源的な始元ではなく、始元的な終わりに基づいて西洋を支配するに到るが、この始元的な終わりがヘーゲルにおいて偉大で決定的な仕方で完成へともたらされたのである」（EM, 144）。

ここで言及されているギリシア人の哲学の「始元的な終わり」は、プラトン、アリストテレスの哲学を指している。後世、この「始元的な終わり」が基準と見なされたことにより、それ以前のギリシアの思索はすべてその「前史」、すなわち「前‐プラトン（もしくは前‐ソクラテス）の哲学」としてひとくくりにされてしまった。一九四〇年第二学期講義『ニーチェ：ヨーロッパのニヒリズム』では、この点が次のように述べられている。「西洋哲学におけるプラトニズムの紛れもない支配は、ついにひとがわれわれの叙述に従えばまだ形而上学ではなかったプラトン以前の哲学さえもプラトンのほうから解釈し、それを前‐プラトンの哲学と名づけていることにも表れている」（GA48, 297）。

ハイデガーからすると、ギリシア的思惟の本来の姿は「ピュシス」の思索に示されていた。しかしプラトンの思索においては「存在者性」（イデア）の登場とともに、すでに「ピュシス」の埋没が起こっている。それゆえプラトンの形而上学は「始元的な終わり」と位置づけられるのである。

ちなみにギリシア哲学の専門家の大半は、今紹介したようなハイデガーのギリシア哲学観を笑止千万なものとして否定する。たとえばギリシア哲学研究の大御所、藤沢令夫《ふじさわのりお》は『プラトンの哲学』（岩波新書、一九九八年）で、「『真理』（アレーテイア）がプラトンに至って、『イデア』（中略）の軛《くびき》のもとに従属させられて、『（存在が）隠されていないこと』（中略）というその本源的意味を失ない、認識や判断の正しさ（オルトテース）へと逸脱変貌したといったような説を聞かされても、どうしてそういう見方が可能なのか、首をかしげてしまう」と述べている（同書、一一頁以下）。

非常に興味深いのは、このようにハイデガーの議論を不可解だとする藤沢の同書におけるプラトンの解説全体が、プラトンの真理観をまさに認識や判断の正しさと捉えている点である。そもそも藤沢も含めてギリシア哲学研究者たちがプラトンを称揚するのは、プラトンに西洋哲学における理性主義の原型を築いたという功績を認めるからではないのか。ハイデガーもまた、この点におけるプラトン哲学の画期的意義を強調している点においては、藤沢たちといささかも異なるところはない。ただハイデガーは、その理性主義の画期性を「ピュシスの隠蔽」という点に見て取ろうとしているだけである。これに対して、今日の研究者がハイデガーの議論を不可解だと言うとき、彼ら自身がプラトンの理性主義の本質をどう捉え、またそのどのような点を高く評価しているのかが当然、問いに付されることになるだろう。

古代ギリシアの思索の限界

これまで見てきたハイデガーの「存在の歴史」の思索においては、プラトン、アリストテレス以降の哲学がただひたすら断罪され、それとは逆に、前 - プラトン期の思索が過度に持ち上げられているように見えるかもしれない。実際、ハイデガーの「存在の歴史」をめぐる言説は、今触れた藤沢もそうだが、前 - プラトンの思索に還帰することを求めるロマン主義と見なされることが多い（藤沢令夫『プラトンの哲学』、一二頁）。

たしかに一九三〇年代半ばまでの中期の議論では、第三章でも論じたように、プラトンやアリストテレスの思索によって覆い隠された根源的な「ピュシス」の知への還帰が唱えられていた。しかし後期の「存在の歴史」の思索では、前 - プラトン期の哲学にも、かつてとは明らかに異なる評価がなされるようになっている。つまり前 - プラトン期の思索においてすでに形而上学の下地が形作られていた点が強調され、もはやそれは、還帰の目指すところとは見なされなくなっているのである。

ハイデガーによると、前-プラトン期の思索はたしかに、存在者が存在者それ自身からおのれを示すという根源的な「アレーテイア（非隠蔽性）」、すなわち「ピュシス」の経験を捉えていた。しかしそうした思索も、存在者がそのように現れることの根拠、すなわち「存在の真理」を問うてはいないことをハイデガーは指摘する。一九三七／三八年冬学期講義『哲学の根本的問い』では、この点が次のように述べられている。「ギリシア人はアレーテイアそのものにそれ以上、思索において立ち入らず、それをとりたててその本質において根拠-究明しなかった」のであり、「むしろ彼ら自身、非隠蔽性としての真理の本質の（中略）暴力のもとに立ち尽くすのみだった」（GA45, 112）。

ギリシア人が存在者の「非隠蔽性」の根拠-究明を行わなかったということとは、存在者がそれとして現れ出ることの根拠となっている「存在」を、それそのものとしては問題にできなかったことを意味している。ギリシア人はたしかに、存在者が向こうのほうから現れ出てくることとの暴力的な「力」を経験していた。しかしそれを存在者の「非隠蔽性」としてしか把握することができず、そうした存在者の現れを可能にしている「存在の真理」という次元を捉えることはできなかった。つまりハイデガーは、古代ギリシアの「ピュシス」や「アレーテイア」もあくまでも存在者の現象という局面だけを捉えたものであるとして、それもまた存在者の存在者性の規定でしかなく、「存在の真理」は見落とされているとするのである。

今述べたことだけではまだわかりにくいかもしれないので、具体例を挙げて説明しよう。たとえば鳥が現れるという事態を考えてみよう。そこではもちろん鳥という存在者の「非隠蔽性（アレーテイア）」が生起している。しかしこれまで何度も見てきたように、この鳥の「非隠蔽性」とともに、鳥の「飛んでいること」、「木に止まっていること」という活動、さらにはその活動を可能にする「空間」も生起している。これらの事象が後期においては「存在の真理」として主題化されているのである（中期の表現では「存在者全体」）。このように、鳥の「非隠蔽性」においては単に鳥という存在者があらわになっているだけではない。そこでは必ず「存在の真理」も生起している。さらに言うと、鳥が鳥として現れ出るということは、このような、「存在の真理」に基づいているのである。

しかし古代ギリシア人は、こうした鳥の現象を鳥という存在者の「非隠蔽性」以上のものとして捉えることはなかった。つまり彼らは、そこで生起している「存在の真理」を「存在の真理」として問題にすることはできなかった。「アレーテイア」も「ピュシス」も存在者の「現前」、「立ち現れ」を捉えた規定にすぎず、そうした存在者の立ち現れそのものがそもそもそれに基づいているところの「存在の真理」は、そこでは完全に見落とされてしまっている。

ハイデガーによると、このように「存在の真理」がそれ自体として基礎づけられなかったことにより、「人間のつかみかかり（言明による、テクネーによる、確実性による）が『存在』の存在者性の解釈にとっての基準となった」(GA65, 184)。つまり「存在の真理」が閑却されてしまったことにより、存在者の根拠を人間の側から「存在者性」として設定する可能性が開かれたと言うのである。

以上で確認したように、ハイデガーは少なくとも後期においては、単純に前‐プラトン期の思索への回帰を唱えていたわけではなかった。これに対して中期の思索においては明らかに、「ピュシス」や「アレーテイア」を自身の「存在」解釈に引き付けて解釈していた。中期の学問論においては、学問の本質をギリシアの始元的な知のうちに見て取っていたのである。だが後期になると、ギリシア的な知と自身の立場を同一視することは差し控えられるようになる。そして「ピュシス」や「アレーテイア」が根源的な存在経験に根ざすことは認めつつも、それらもまた存在者の「非隠蔽性」のみに着目した規定にとどまり、「非隠蔽性」を根拠づける「存在の真理」は取り逃がしていることを問題視するようになったのだ。

そうである以上、形而上学を克服しようとする「存在の思索」は、古代ギリシアの「第一の始元」への単純な還帰にとどまることは許されない。形而上学の克服のためには、「第一の始元」においてもいまだ基礎づけられることのなかった、「存在の真理」がそれとして建立される「別の始元」を待たねばならない、そうハイデガーは考えるのである。

3　後期の神論

神と人間の「あいだ」としての「存在」

本書の第二章と第三章では、ハイデガーの初期から中期に至る思索を根源的な「神性」の探求として特徴づけた。こうした「神性」の追求の根底には、人間の意のままにならず、むしろ圧倒的なものとして人間がそれに従うほかないようなものが人間の生にとっては本質的であり、そのようなものこそが生にその本質的な意味を与えうるという若いころからの彼の直観が潜んでいた。こうした意味での「神的なもの」を追求するという彼の思想の根本モチーフは、『存在と時間』ではあまり表に出ていない。しかしその刊行後、「存在」の直接的な考察が行われるようになると、「神的なもの」もふたたび考察の対象として浮上するようになってくる。こうして第三章で見たように、ハイデガーは一九二〇年代終わりには、「存在」の生起そのものが神性の本質であることを明確に指摘するに至るのである。

その後、一九三〇年代後半以降の後期の思索になると、本章ですでに概観したように、「存在」の生起の構造がより詳細に分析されるようになってくる。こうした「存在」の分析の深まりは、今も述べたような「存在」と「神性」の本質的な連関ゆえ、必然的に「神性」のより立ち入った記述を伴うことになった。以下では、ハイデガーの若いころからの神性をめぐる思索の到達点を示すものとして、後期の「神」論を見ていこう。

ハイデガーは『哲学への寄与論稿』において、「神」、「人間」、「存在」という三者の関係について次のように述べている。「存在は神と人間にとってのあいだ（Zwischen）として生起するが、このあいだの空間がはじめて神と人間に本質可能性を明け渡すという仕方によってである」（GA65, 476）。これは、それはあらかじめ「神」と「人間」という存在者があって、そのあいだで「存在」が生起するということではない。むしろ「存在」が生起することにより、神が「神」として、人間が「人間」として、はじめて生起しうるということがここでは言われているのである。

「神」と「存在」の関係

ハイデガーは「神」と「存在」との関係について、「神々は存在を必要とする」と表現している。すなわち「存在」は、「神々によって必要とされるもの」なのである。ここでまず目につくのは、ハイデガーが「神」ではなく、「神々」と語っていることである。このことによって、とりあえず彼が問題にしている「神」が、一神教、すなわちキリスト教の神ではないことが明らかになる。つまり彼がここで試みているのは、キリスト教の神を捉え直すことではなく、「神」をそれとはまったく異なる本質をもつものとして論じることなのである。

さて、このようにして、「神」についてのわれわれ、少なくともキリスト教文化圏の人びとがもつ先入見をかっこに入れたうえで、ハイデガーはその「神」をあらためて「存在」との関係から捉え直そうとする。彼は両者の関係を、とりあえず、「神々は存在を必要とする」と表現した。彼によると、この関係は神々が存在を引き起こすとか、制約するというように捉えられるようなものではない（GA65, 438）。だとすれば、その両者の関係はどのように理解すべきなのだろうか。

「神々が存在する」という言い方であれば、われわれも普通に耳にするだろう。しかしハイデガーはそのような言い方はあえて避け、「神」と「存在」との関係を「神々は存在を必要とする」と述べる。「神々が存在する」と言ってしまうと、神々が何か対象的なものと捉えられてしまうというのが、おそらくはその理由なのだろう。形而上学（神学）においては、「神」は最高存在者、第一原因、絶対者などさまざまな特徴づけがなされてきた。しかしそうした規定において、「神」は暗黙のうちに対象と捉えられている。

しかしハイデガーの中期までの「神」論を見てもわかるように、神々は直接的に人間に現れてくるような何かではない。あくまでも「存在」の圧倒性が「神々」として経験されているのである。つまり「存在」がそのつどもたらす恵みや災厄、こういったものをわれわれは「神々」の仕業と捉え、それに感謝したり、加護を求めたりするのである。

このように、そもそも「存在」の生起なくしては、「神々」の経験もありえないということ、この点が「神々は存在を必要とする」と言い表されるのである。このことは、われわれが神の本質を知ろうと欲するときは、まずは「存在」の本質を把握しなければならないことを意味している。ハイデガーの「存在への問い」が同時に「神性への問い」となり、また逆に、「神性への問い」が「存在への問い」にならざるを得ないゆえんである。

「人間」と「存在」の関係

以上、ハイデガーが「存在が神と人間にとってのあいだとして生起する」と言うときの、「存在」と「神」の関係がどのようなものであるかを検討した。今度はここで、「人間」と「存在」との関係についてのハイデガーの説明を見ていきたい。

ハイデガーは「人間は存在に属している」と述べる（GA69, 105）。これはまさに「人間」が「存在」によって襲いかかられ、あるいはそれに委ねられており、そのことによって人間ははじめて「人間」となることを指している。この点はすでに中期においても、「人間」を「存在者全体」の生起の場と規定するという仕方で示されていた。

これもまた中期において述べられていたことだが、「人間」は単に「存在」に晒されているだけではなく、同時に「存在」をそれとして開示する存在者でもあった。こうしたことは後期においても、たとえば「ヒューマニズムについての書簡」では「人間は存在の牧人《ぼくじん》である」という形で表現されている（GA9, 330）。「人間」は「存在の真理」を「見守る」ことを本質とする存在者と捉えられているのである。

このことは、別の角度から見れば、「存在」が「存在」として生起するためには「人間」が必要とされるということだ。この点が『哲学の寄与論稿』のある覚書では次のように表現されている。「存在は神の必要とするものとして、現存在の見守りのうちで生起する」（GA65, 484）。つまり「存在」は「存在」として生起するためには現存在の「見守り」を必要としているのである。

以上で確認したように、「人間が存在に属している」という規定は、「人間」が「存在」の生起によってはじめてそれ自身でありうることを意味している。しかし他方、「存在」には、「人間の見守り」によってそれとして生起しうるという側面もある。「存在」と「人間」とのこのような相互関係が、「存在」への「人間」の帰属ということでおさえられているのである。

「神々と人間の応酬」

以上、「神」と「人間」とが「存在」に対してそれぞれどのような関係をもっているのかについてのハイデガーの説明を見てきた。そこでは「神」と「人間」のどちらもが、「存在」の生起によってはじめてそれ自身の固有性を獲得することが強調されていた。「存在」の生起によって、また「存在」の生起において、神は「神」となり、人間は「人間」となるのである。

たとえば河川の「存在」を考えてみよう。河川は天から与えられた水を集め、流れている。河川はときには大雨で氾濫《はんらん》を起こし、またときには旱魃《かんばつ》で細々とした流れになる。河川は人びとがそこで作物を育てる田畑を潤《うるお》している。河川はそこで泳ぐ魚を養い、その魚を人びとや鳥獣が捕獲する。その流れる河川を人びとは船を使って往来する。このように河川が示すさまざまな「存在」の様態、さらにはそれと密接に結びついた風土、そのうちで「人間」はある固有の生活様式を築いてきた。人間に恵みや災厄をもたらす河川の「存在」の威力が「神」として感謝され、また畏怖されてきたのである。

このように、「人間」と「神」は「存在」の生起において、それぞれの固有性を獲得する。ハイデガーはこのような、「存在」の生起を介した「神」と「人間」の関係性を、一九三〇年代後半以降の数々の覚書において、「神々と人間の応酬（Entgegnung）」と表現している（GA66, 15, 242）。このことは、「存在」という出来事を介して「神々」と「人間」の区別と対話とが成立し、そのことによって「神」と「人間」が、はじめてそれ自身となることを表している。

こうした「存在」、すなわち「性起」を媒介とした「神々」と「人間」との関係について、ハイデガーは『哲学への寄与論稿』では次のように総括する。「性起は神を人間へと譲渡するが、それは「人間」を神に捧げることによってである」（GA65, 280）。「性起」は「神」を「人間」に与える。というのも、「性起」の威力こそ、「神」の本質をなすものだからだ。この出来事は別の角度から捉えれば、「神」に対して、それを崇敬する「人間」が与えられるということでもある。

以上のような「神」と「人間」の関係において、「人間」はおのれの存続を確保するために、「性起」の圧倒する力としての「神」に逆らうことはできない。しかしこれは「人間」が「神」に唯々諾々《いいだくだく》と従うことを意味するのではなく、むしろ「神」から自分の望むものを獲得しようとする「駆け引き」という様相をもっている。このような「性起」を介した「神」と「人間」の関係性を、ハイデガーは「応酬」と表現するのである。

「宗教」に対する批判

現代のわれわれには、ハイデガーが「神々」と呼んでいるもののリアリティを感じ取ることはむずかしい。と言うよりも、「神々」などは過去の人びとの空想の産物としか思えない人のほうが今では大多数だろう。

右で見たように、「神々」とは元来、「存在」に根ざした現象である。すなわち「神々」についての「知」は、ある意味で「存在」そのものについての「知」であった。人びとが「神々」をリアルなものとして経験できなくなったこと、このこともじつは「存在」の根源的な経験が消失したこと、すなわち「存在の立ち去り」の帰結なのだ。

したがってハイデガーの「存在の思索」においては、「存在の立ち去り」とは「神性の不在」そのものを意味することになる。それゆえ彼は一九四二／四三年冬学期講義『パルメニデス』では、ギリシアの没落以来、西洋の歴史を圧倒してきた「存在忘却」はそれ自身、「神々の不在」をもたらしたと指摘するのである（GA54, 166f.）。形而上学がいかに神について語ろうと、それが「存在忘却」をその本質としている以上、真の神性にはいっさい触れられていないと言うのである。

以上で見てきたようなハイデガーの「神」論は、既存の宗教に対して、別の新たな宗教性を対置するもののように見えるかもしれない。しかしハイデガーは「宗教（Religion）」という概念そのものを、形而上学と不可分なものと見なしている。つまり伝統的な宗教概念に依拠する限り「真の神性」を逸してしまう。それゆえに「真の神性」に接近するためには、われわれは「宗教」そのものを捨て去らねばならない、これがハイデガーの主張である。

ハイデガーによると、「宗教」、すなわちラテン語の"religio"は、語源的に「さかのぼって結びつけること」、すなわち「第一原因にさかのぼって結びつけること」を意味すると指摘する（この"religio"の語源学的な解釈は、アウグスティヌスによって展開されたものである）。つまりこの「宗教」概念は、存在者から出発して、その存在者をすべてのものの原因である「最高の存在者」に結びつけるという発想に基づいている。そうだとすると、この「宗教」はそれ自身が形而上学と同様の「存在‐神論的な」構造をもっていることになる。それゆえハイデガーは「宗教」を形而上学的な概念と見なすのである（GA67, 95）。

このハイデガーの議論に従えば、われわれが「神」への何らかの関係性を「宗教」として捉えた時点ですでに「神性」は形而上学に取り込まれてしまっているのであり、根源的な「神性」は決定的に覆い隠されているのである。われわれ現代人がたとえば古代ギリシア人の神々に対する関係性を「宗教」として捉えると、そのことによってすでに、彼らの神々の本質を取り逃がしてしまっているということだ。

また同じことは、日本人の古来の神仏への信仰についても言えるだろう。西洋人の宗教観に対する日本人の「宗教意識」の特異性——いくつもの信仰を併存させる節操のなさや明確な教義体系の欠如など——なるものが、しばしば否定的に語られる。しかしそもそも日本人の古来の信仰を「宗教的なもの」を基準として評価することの妥当性そのものがまず問題にされるべきなのだ。逆に言うと、われわれはそうした伝統的な信仰を理解するためには、まずは「宗教」という概念をかっこに入れる必要があるということだ。そして先ほども述べたように、「宗教」概念が西洋の形而上学的思惟に基づいているとすれば、「宗教」概念からの脱却は、まずもって「形而上学の克服」を要求することになるだろう。

ハイデガーの「神」論の眼目

ハイデガーが根源的な「神性」の範例としてイメージしているのは、やはり古代ギリシアの神々の神性である。彼は一九四二／四三年冬学期講義『パルメニデス』で、ギリシアの神々について、キリスト教の神と対比して次のように述べている。キリスト教の神は「創造者としてあらゆる存在者を被造物として支配し計算する」が、ギリシアの神々はそのように存在者を支配する「人格」ではない。ギリシアの神々は「存在者へと輝いてくる存在そのものである」。この「存在はあらゆる存在者を至るところでつねに無限に抜きん出て、存在者へと突出してくる」。それゆえ「存在の本質が始元的に非隠蔽的なものとなるに至った」ギリシアにおいては、神々は「より抜きん出ている」ものとなる（GA54, 164）。

ハイデガーはここで明確に、ギリシアの神々は「存在」そのものであると述べている。「存在」が存在者を抜きん出ているというのは、存在者が「存在」によって規定され、まさに「存在」によってそれ自身でありうることを指している。存在者の立ち現れにおいてはつねにこのように、「存在」が輝き現れているのである。ギリシア的な神々はこのような「存在」を捉えたものだとハイデガーは言うのである（ただし先ほども論じたように、ギリシア人は「存在」の真正な経験をもちつつも、それを根拠づけることはできなかった。このことがプラトンやアリストテレスにおける最高原因、起動者としての神という形而上学的な規定に道を開くことにもなった）。

今見たようなハイデガーの議論は、ギリシアの神々を一神教の神と対置しているので、彼が一神教に対する多神教の立場を取っていると解釈したくなるかもしれない。たしかにハイデガーの「神」論が、現代のわれわれが多神教の神々と捉えているものの本質を問題にしようとしていることは否定できない。しかしハイデガーにとっては、「神」が単数か複数かが重要だったわけではない。むしろ彼が問題にしていたのは、両者において「神」の捉え方が根本的に異なっているということであった。

「神」が単数か複数かを問うとき、「神」は数えうるものとして、存在者であることがすでにその前提とされている。つまりわれわれがユダヤ-キリスト一神教に対置して、そうした一神教によって偶像崇拝として否定された原初的な「神」信仰を多神教と呼んだ段階で、その「神」は存在者として定立されてしまう、つまりその「神」の本質は取り逃がされてしまうことになるのである。ハイデガーは「神」をそのように、存在者として対象的に捉えること自体を問題視したのである。彼にとっては、「存在」の生起そのものが「神」である以上、「神」とは原理的に対象化しえないものなのだ。

それゆえ「神」について真に思惟するためには、まずもって形而上学の対象化的な思惟から脱却し、「存在」の生起をそれとして思惟することが必要となる。ハイデガーは、後期の思索において「存在の真理」をより適切な仕方で捉え、「存在」の所在を明確に示せるようになったことによって、「神性」の本質をより的確に規定できるようになったのである。第二章ではハイデガーの「存在への問い」が、「神性」の本質の正しい把握を可能とするような存在論的基盤を確立しようとする試みであったことを指摘した。この根源的な「神性」の追求の到達点が、以上で見てきたような後期の「神」の思索において示されているのである。

第六章　ナチズムとの対決

後期の思索の政治性

前章では、ハイデガーの後期の仕事において「存在の思索」がどのように展開されたかを概観した。この時期、彼が「性起《しょうき》」や「存在の真理」という表現で捉えようとしていた事象も、前期と中期に「存在」として問題にしていた事象と異なるものではなかった。ただ「存在」という事象を、伝統的な哲学において考察されてきた存在、すなわち「存在者性」と区別したうえで、その固有性をより明確に示そうとした結果、このような表現に至ったのだ。

ところで、すでに中期の思索を検討した際に指摘したように、ハイデガーの「存在への問い」はそれ自身が「フォルク」の根拠の探求としてなされたものだった。つまり「存在」とは、ハイデガーの思索においては、まさにある「フォルク」をその「フォルク」たらしめるものと理解されているのである。そして今も述べたように、後期の思索が基本的にはそれ以前と同じ事象を扱っているとすれば、「フォルク」の基礎づけという、中期に顕在化した「存在への問い」の政治的含意もそのまま引き継がれていると捉えるのが自然だろう。

ところが通常のハイデガー解釈は、これとは逆の捉え方をする。後期の「存在の思索」

をむしろ徹頭徹尾、非政治的なものと見なすのだ。

こうした一般的な捉え方に反して、本章では彼の後期の思索がもつ政治性を明らかにする。後期に論じられている「性起」としての「存在」が、「フォルク」を基礎づける「時-空間」、すなわち「風土」という性格をもつことは、それまでと基本的には変わりはない。だがそれに加えて「主体性の形而上学」の考察という形で近代国家の本質に対する徹底的な批判がなされている点が、後期の思索におけるそれ以前とは異なる新たな要素である。

前章ですでに、ハイデガーの西洋形而上学への批判には触れたが、彼は西洋形而上学の完成形態を、近代の「主体性の形而上学」のうちに見て取った。そしてこの「主体性の形而上学」を、近代国家の本質をなすものと見なす。すなわち「存在の歴史」の思索としてなされる西洋形而上学をめぐる考察は、当初から近代国家の暴力性、破壊性を視野に入れ、その本質と起源を問うものであったのだ。

本章では、こうした「主体性の形而上学」についての批判的考察がもつ政治的含意を明らかにしていきたい。「主体性の形而上学」批判は、今も述べたように、近代国家一般の本質を捉えようとするものだが、ハイデガーはナチス国家をこの「主体性」の暴力性をもっとも純粋に体現したものと位置づける。したがって、彼の西洋形而上学批判はそれ自身、ナチズムとの対決という性格をもっている。後期の思索の政治性を取り上げる本章では、彼が「存在の歴史」という観点から、ナチズム、ひいては今日われわれが全体主義と呼んでいる体制の本質をどのように捉えていたかも見ることにしたい。

なお本書の序論で、二〇一〇年代半ばに「黒いノート」が刊行された際、そのうちに反ユダヤ主義的と疑われる内容をもつ覚書が見出され、大きな問題となったことに触れた。しかしこれらの覚書は、詳しく検討してみると、すべて後期の思索における「主体性の形而上学」への批判、さらに言うとナチズムに対する批判という趣旨をもつことが明らかとなる。本章では最後に、この覚書の問題も取り上げ、ハイデガーの後期思想の政治性をより明確にすることを試みたい。

1　近代国家の本質としての「主体性」

「フォルク」論の陥穽

ハイデガーの学長時代の言説には、それ以前にはほとんど使われることのなかった「フォルク」、「共同体」、「国家」、「ドイツ」、「闘争」、「労働」、「変革」などの語が頻出する。ここから多くの論者は、ハイデガーがナチス加担期に政治的に急進化したという結論を導き出す。たしかにこれらの語はハイデガーが学長を辞任し、ナチスから距離を取るようになるとともに、徐々に表から退いていく。

さらに後期になると、ハイデガーは「存在」との関係における現存在の受動性をより強調するようになってゆく。人びとはこうした変化のうちに、かつての政治的アクティビズムからの撤退を見て取る。そして彼の後期の思索は、受動的かつ神秘主義的であり、そうしたものとして、また非政治的だと解釈する。

しかし学長時代のハイデガーがナチス的な用語を用いたのは、第四章で詳しく論じたとおり、ナチズムを自分の哲学的立場に引き寄せて、「作り替える」ためだった。ナチズムを内側から、自身の哲学に添う、哲学的に確固たるものへと「純化」できると信じ、ナチズム的なジャーゴンも、彼の意図としては、自身の哲学的な文脈に従わせているつもりで使っていたのである。したがって、その努力が失敗に終わったことが明らかになれば、もはやナチズムの言葉を使う必要はなくなる。ナチスのジャーゴンを用いなくなったからと言って、彼が自分の思想を変えたわけではないのである。

もっともナチス関与の挫折がハイデガーの思索に何の変化ももたらさなかったわけではない。彼はナチスからの離反後、自身のナチス加担がなぜ失敗に終わったかの考察を深めていく。彼はナチスが「フォルク」の結集を唱えて台頭したとき、みずからの「フォルク」概念によってそれを「正しい」方向に導くことを試みた。周知のように、ナチスは

「フォルク」を「人種」と解釈する人種主義の立場を取っていた。だがハイデガーはこの時点では、まだこの解釈は絶対的なものではなく、とりわけ大学内のナチスを支持する学生たちを自身の「フォルク」解釈へと教え導くことはいまだ可能と考えていた。

しかしこの試みはうまくいかなかった。彼はその失敗の理由を、のちになって、あらゆる「フォルク」の言説を飲み込んでいく「主体性の形而上学」の強固な支配のうちに見て取るようになってゆく。「フォルク」の再生に関する言説は、多くの場合、「フォルク」の「主体性」、「主権」を取り戻すというナショナリズムの主張として現れる。しかしハイデガーによれば、この「主体性」は西洋形而上学の近代的な形態、前章で「作為性」として捉えられた形而上学の本質を全面的に発揮した形態にすぎず、彼の考える真の「フォルク」ではない。みずからの意識においては西洋近代の啓蒙的合理主義に対する批判として唱えられたナチスの「フォルク」の言説だが、ハイデガーに言わせれば、皮肉なことにそれもまた近代の「主体性の形而上学」を促進し、自明化する役割を意図せずして担うことにしかならない。ハイデガーはこの点を問題視したのである。

ハイデガーは「フォルク」を真に基礎づけるには、形而上学的な存在理解から脱却し、「存在」の真の所在を見出さなければならないと考えていた。彼はこうした考えに基づいて学生たちを指導しようとしたのだが、そのときに痛感したのは、「フォルク」をめぐるあらゆる言説を自身のうちに取り込む、近代的ナショナリズム、すなわち「主体性の形而上学」の支配の根強さであった。彼は「フォルク」という語を「主体性の形而上学」と切り離すことがむずかしいと考えたのだろう、これ以後、基本的に「フォルク」を自身の哲学的立場と結びつけて語ることはしなくなる（もちろんこのことによって、彼がかつて「フォルク」と呼んでいた、「存在」に基づいた共同体という発想が否定されたわけではないことにも注意しなければならない）。

今述べたことから、前章で取り上げた「存在の歴史」をめぐる省察の政治性も明らかとなる。それは「フォルク」の言説一般、ひいてはナチズムを呪縛する「主体性の形而上学」がどのような本質をもち、またそれが何に由来するのかについての考察、つまりそれ自身が高度に政治的な思索なのである。

主体性の本質

今も述べたように、ハイデガーのナチス加担の失敗は、現代における「主体性の形而上学」の強固な支配を彼が意識するきっかけとなった。ここでは彼が西洋形而上学についての批判的考察の枠内において、「主体性」の本質をどのように捉えていたかをまず検討していきたい。

ハイデガーは「主体性」を「近代（Neuzeit）」の本質を規定するものと捉えている。すなわち近代を端的に、主体性が支配的になった時代であると規定するのである。彼は一九四〇年ごろに書かれた論文「同じものの永遠回帰と力への意志」（『ニーチェ第二巻』所収）において、近代の歴史の本質規定として以下の二点を挙げている。「人間が主体（subiectum）として、存在者全体の中心におのれを位置づけ確保すること」、ならびに「存在者全体の存在者性が、制作可能で説明可能なものが表象されている状態と捉えられること」である（GA6.2, 17）。

この二番めの点は、存在者が制作可能なもの、説明可能なものとして表象されていることを意味する。存在者をこのように、制作可能性、説明可能性において表象することにおいては、存在者の「存在」がもつ、人間にとって意のままにならないという性格、つまりその他者性は完全に抹消されてしまっている。そしてこのとき人間は、存在者に対する完全な主権を確立する。つまり一番めの論点で述べられている、人間がおのれを「主体」として確保することとは、この二番めの点に基づいているのである。

ハイデガーは一九四〇年第二学期講義『ニーチェ：ヨーロッパのニヒリズム』において、「主体」が「主体的」であるのは「まさに存在者の規定、ならびに人間自身がいかなる限界にももはや狭められず、あらゆる観点において制約を取り払われることによって」であると述べている。そしてこのことは「人間が存在者に尺度を与えること」、すなわち「人間が自分のほうから自分に向かって、何が存在するものと見なされるべきかを規定すること」によってなされると言う（GA48, 232)。

わかりやすい例を挙げよう。われわれは今日、あらゆる物事を「役に立つか」、「役に立たないか」の観点から捉えることが習い性になっている。そこではすべての物事に関して、それが今日の経済社会における需給の連関に位置づけられうるかどうかだけが問題とされ、その連関の中に位置づけられるものは「役に立つもの」として存在を認められ、位置づけられないものは「役に立たないもの」として存在を否認される。このような仕方で物事を捉えているとき、われわれは自分たちにとっての有用性という尺度を存在者に押し付けている。そしてそのことによって、われわれは存在者の支配を確立する、つまりは「主体」となるのである。

ハイデガーは先ほど引用したテクストで、こうした尺度の付与を「尺度の僭称《せんしょう》」と呼んでいる。このことは、「主体」としての人間によって付与された尺度は真の尺度ではないこと、それとは別に、真の「尺度」が存在することを暗に示している。ではその真の「尺度」とは何か。それはそれぞれの存在者に固有の「存在」である。この観点から「主体」は、真の「尺度」たる「存在」を隠蔽し、破壊するものと位置づけられる。このような

「主体」が、にもかかわらず「尺度」を与える唯一の存在として支配権を確立すること、これをハイデガーは近代という時代の本質だと見なすのである。

集団としての「主体」

ここで注意しなければならないのは、ハイデガーが「主体」と呼んだものが必ずしも個人や「私」だけを指すのではないということである。「主体」の確立とは、我意や個人主義の支配を意味するわけではないのである。この点についてハイデガーは、覚書「形而上学への反‐駁」（ハイデガー全集第九〇巻『エルンスト・ユンガーに寄せて』所収）で、主体性の本質は「私性」にあるわけではないと明確に述べている。つまり人間は「私」であるから、また「私」である限りで「主体」であるわけではないのである（GA90, 38）。

そのうえでハイデガーは次のように指摘する。「人間はおのれを国民（Nation）として、フォルクとして、人種（Rasse）として、何らかの仕方で自立した人間集団として捉えるときにも劣らず主体であり、それどころかより本質的に主体である」（GA90, 38）。つまり「主体」という呼称は、むしろ「国民」、「フォルク」、「人種」などとして捉えられる「自立した人間集団」にこそ、より当てはまるというのである。

この点は先ほども引いた『ニーチェ：ヨーロッパのニヒリズム』では、さらに明確に次のように述べられている。「人間がますます、そしてより全面的に歴史的な人間集団（「フォルク」、「国家」）として、おのれをおのれ自身の上に立てれば立てるほど、人間は形而上学的意味において『より主体的に』なっている」（GA48, 212）。これら引用テクストにおいて興味深いのは、「主体」としての人間集団の例としてつねに「フォルク」が挙げられている点である。すなわちハイデガーはこの時期には、「フォルク」という語が「主体」という観念と切り離せないと考えるようになっていたのである。

以上で見たように、人間は個人としてよりもむしろ集団としてこそ、より本来的な意味での「主体」であるというのがハイデガーの考え方である。というのも、そのとき人間は「あるものすべて、作られ、生み出され、耐え抜かれ、勝ち取られるものすべてを自分自身に立脚させ、自分の支配のうちに取り込む」という軌道に乗るからである（GA48, 212）。

ハイデガーによると、「主体性の歴史」の内部においてそのつど具体的に何が目標とされるかは多様である。しかし総じて言えば、「主体性の歴史」においては「人間のおのれ自身への解放」がつねに新たになされてきた。そしてこの解放は「世界の支配と利用に対する人間のあらゆる能力を覚醒させ促進すること」としてなされる（GA48, 212f.）。つまり「主体性の歴史」とは、人間解放の歴史であり、人間が集団として世界を支配し利用する能力をどこまでも発揮していく歴史なのである。

2　ハイデガーの「コミュニズム」批判

国家と力

以上で確認したように、ハイデガーは個人ではなく、共同体、すなわち基本的には国家のうちに「主体性」の本来的な形態を見て取っていた。つまり彼の「主体性」に対する批判的考察は、実質的には近代国家を俎上《そじょう》に載せているのである。

実際、ハイデガーは論考「存在の歴史」（一九三八―一九四〇年）（『存在の歴史　ハイデガー全集第六九巻』所収）において、次のように述べている。「主体性の本質的帰結は、諸々のフォルクのナショナリズムとフォルクの社会主義である。権力要求はそのつど力そのもののために主張され、したがって権力要求は本質的にますます亢進する力によって、つねに高められ強化される」（GA69, 44）。ここでは「主体性」は際限のない膨張を求める「力」として特徴づけられている。これは「主体性」が「世界の支配と利用」をどこまでも追求する存在であることを言い換えたものにほかならない。ハイデガーはナショナリズムという現象を、こうした「主体性」の帰結と捉える。そして「主体性」の自己主張のための国民の動員が「社会主義」として遂行されると言うのである。

ハイデガーは今の引用で、ナショナリズムと社会主義が「主体性」の本質的帰結だと述べているが、これは「国民‐社会主義（National-sozialismus）」、すなわちナチズムの本質が「主体性」であることを暗に主張しているのである。しかしこのことは逆に、現代国家が「主体性」をその本質とする限り、根本において国民‐社会主義的であること、すなわちナチズムとその本質において何ら異なるものではないことを意味している。

今引用したテクストに示されているように、ハイデガーは「主体性」を「力（Macht）」という本質をもつものと特徴づける。彼は「エルンスト・ユンガーに寄せて　一九三九／四〇年」（『ユンガーについて　ハイデガー全集第九〇巻』所収）という短い論考で、「力」のもっとも基本的な性格として、それがつねにおのれの強大化を目指し、それ以外にはいかなる目的ももたない点を挙げている（GA90, 230）。つまり「力」はただひたすらこれまでよりも強くなることを目指すのであり、ある目標に到達したからといって、それが停止することは原理上あり得ないのである。また、自分以外の「主体」も自身と同じ性格をもつ「力」である以上、すでに到達した状態を維持するためにも、つねに自身の強大化を計らなければならない。つまり「力」はつねに「力」であり続けなければならないのだ。

なおハイデガーは中期には、現存在を圧倒するという「存在」の性格を「力」と表現していた。しかし後期になるとそうした用法は影を潜め、「力」という語はもっぱら「主体性」の本質を示すためだけに使用されることに注意されたい。

ハイデガーによると、「力」がこのように「無条件で完全な支配」へ突き進むという本質をもつ以上、そうした「力」の本質の肯定は、「総」動員とならざるを得ない（GA90, 230）。つまりあらゆるものを例外なく、おのれの力の伸長のために取り込む体制が「力」の支配の是認によってもたらされるのである。

「総動員」、さらには「総力戦」は第一次世界大戦以降、現代の戦争に特徴的な現象として人びとに意識されるようになったものだ。それは一般的には、戦争が単なる軍事力だけではなく、経済、文化、思想など国家に属するあらゆる部門をひとつの力へと結集するという仕方で戦われるようになった事態を指している。ハイデガーは、戦争遂行のためにあらゆるものを例外なく動員するこの「総動員」こそは、「力」の増進のためにあらゆる存在者を取り込んで利用する「主体性」の本質の帰結であると捉えるのだ。

戦争の恒常化

以上で見てきたように、ハイデガーは「主体性」の本質を、つねにおのれ自身の強大化を目指してやまない「力」のうちに見て取っていた。彼によると「主体性」のこの本質が解き放たれたとき、「主体性」相互の争いとしての「戦争」が常態化する。この点については、論考「存在の歴史」で次のように述べられている。「主体性のこうした歴史の本質的帰結は、力の確保のための無制約的な闘いであり、それゆえ力への全権委任を引き受ける際限のない戦争である。この戦争は形而上学的に、かつてのすべてのそれ〔戦争〕とは本質的に別の何ものかである」(GA69, 44)。

ある主体がどこまでもおのれの「力」の拡張を目指すとき、同じ性格をもつ他の主体はおのれの「力」の拡張を妨げるものとして障害とならざるを得ない。こうして「主体性」の支配する世界では、「力」の拡張を目指す主体同士が恒常的に争いあうという状況が生じることになるのである。

ハイデガーは「主体性」をその本質とする国家同士による戦争が、それ以前の戦争とはまったく異なる性質をもっている点を強調する。「力」を確保するための主体の戦いはどこかで停止したり、収束したりするものではない。そのため「主体性」によって規定された世界においては戦争と平和の区別がなくなり、つねに戦争状態が続くことになる。つまり通常、平和と見なされている状態においても、「力」の拡張のための戦いはつねに継続されているのである。こうした事情をハイデガーは第二次世界大戦の勃発直後に執筆した論文「コイノン　存在の歴史から」(『存在の歴史　ハイデガー全集第六九巻』所収)において、次のように表現している。「『総力』戦は平和を含み込み、このような『平和』は『戦争』を締め出す。戦争と平和の区別が無効になる。というのも、両者はますます押しつけがましい仕方で、ある『全体性』の等‐価値的な現象であることを露呈させるからである」（GA69, 181）。

一九三九年九月、ナチス・ドイツがポーランドに侵攻した際、イギリスとフランスはドイツに宣戦を布告した。第二次世界大戦のはじまりである。ところがその後、しばらく戦闘が起こらない状態が続いたため、その戦争は当時「奇妙な戦争」と呼ばれた。ハイデガーは前出の「コノイン」でこの点に触れ、戦争がそのようなあり方を取るのは、現代の戦争の形而上学的本質に即した出来事であるとする。つまりこうした戦争の常態化、ないしは平和の戦争化は、近代国家の「力」という本質の帰結にすぎないと見なすのだ。自己の勢力の伸長を無条件に目指す「力」が国家の本質となったことにより、戦時と平時の区別は失われた。列強の覇権競争が明確に示しているように、「力は（中略）単にいかなる目標ももたないというだけではなく、あらゆる目標設定に抗して、自身への純粋な全権委任を貫くものとしてあらわになる」（GA69, 182）。

この引用にも見られるように、この論文では「力に全権委任する」という表現がしばしば用いられている。これは、「力」に対してあらゆる制約を排してただひたすらに自己の「力」の拡張を目指すというその本質を貫徹する権限を認める、という意味で用いられている。ちなみにここで「全権委任」と訳した語は、ドイツ語では“Ermächtigung”である。ナチスの独裁に道を開いたことで悪名高い「全権委任法」(一九三三年三月制定)もまた、この語を含む“Ermächtigungsgesetz”である。すなわちハイデガーが「全権委任」という語を右のような仕方で用いるときには、ナチスへの全権委任がその本質においては「力」への全権委任であったことが示唆されているのである。

ハイデガーは、この「力」がおのれの勢力の拡大という以外の目標を一切認めないことを強調する。彼によると、列強同士の覇権獲得競争において、「自由」、「道徳性」、「フォルク性の擁護」、「永遠的な人種的存続の確保」などが目標として掲げられたりはしていても、それらは「力」の伸長に役立つかどうかという観点から選ばれたものでしかない。その意味において、それらの目標は単に事後的なものにすぎない。したがって、権力闘争の状況次第で目標は一夜で変化することもあるし、まったくの正反対にさえなりもする。目標の実現が問題なのではなく、効果的な目標設定によって「力」を増進させること、またそうした目標設定によって、有能な人材や暴力を喚起することだけが問題なのである(GA69, 183f.)。

そしてこの「力」は、おのれ自身の容赦ない拡張のために、いかなる措置をもためらうことなく遂行できる献身的な人材を必要とする。そうした人材にとって、まっとうな道徳心や批判精神などは単に邪魔なものでしかない。それらを無効とするために「力」が利用するのが、もっともらしい大義や理念などである。「力」はそのような大義や理念に基づいて、現在の秩序を本来あるべき状態が剝奪された不当な状態と位置づけ、それの破壊を正当化する。こうして、そのような大義や理念に殉じる人びとは、いかなる暴力行使も辞さない存在となる。彼らは自分の「正しさ」を確信しているが、実際に起こっていることは、「力」の勢力拡大を無条件に肯定し、促進することでしかないのである。

以上で見たように「力」には、何らかの目標設定が不可欠である。しかしすでに述べたように、そうした目標設定に当たっては、実現が目指されているわけではなく、むしろそれによって人びとを「力」の増進のために動員し、ハイデガーが言うところの「力への全権委任」を貫徹することのみが問題となっているのである。

「力のコミュニズム」

これまで見てきたように、ハイデガーは近代国家の本質を「力」と捉え、近代国家の示すさまざまな動向を、この「力」という本質の帰結と解釈する。「力」はただひたすらおのれの持続と拡大だけを目指し、そのためにあらゆる存在者を操作可能なものとして自己の支配下に置くことを試みる。ハイデガーによると、「力はあらかじめ存在者を、それがただ操作可能である限りにおいてのみ存在者として認める。操作可能性は存在者が計画‐計算可能であり、またそのように表象されたものとしてつねに制作可能であるということに存する」(GA69, 184)。

ここにあっては一切のものが「力」への無条件的な全権委任という「共通なもの(commune)」へと同化されていく。ハイデガーはこのように「力」への全権委任を共通利害とし、あらゆるものの同化を強いる体制を「コミュニズム(Kommunismus)」と呼ぶ(GA69, 191)。もちろんハイデガーは、第一義的には一般に言われているところの「コミュニズム」、共産主義をここでも念頭に置いているのだが、自身の「存在の歴史」の立場から、それを解釈し直していることに注意が必要だ。ごく簡単に言うと、「力」の増進のみを目標にし、そのためには手段を選ばない体制は、すべて「コミュニズム」と見なされるのである。

「コミュニズム」は通常、「万国のプロレタリア」を結集するものと捉えられている。ハイデガーはこのような見方に反対し、むしろ「コミュニズム」こそが人間に一様な行動や評価を強いて、人間を「プロレタリアート」という身分へと画一化すると主張する(GA69, 192)。

またハイデガーは、人びとが「フォルク」による権力掌握として理解しているものが、その実態においては今見たような「コミュニズム」による人びとの一様化でしかない点にも注意を促す。プロレタリアートが「解放」されたと言っても、それはプロレタリアートが単に「力」に奉仕するものというおのれの本質を成就させたにすぎない、そうハイデガーは考えるのである（GA69, 192）。

ハイデガーによると、プロレタリアートはブルジョワジーから権力を奪取して、今や「階級意識」、「一党支配」、「生活水準の統制」、「進歩の促進」、「文化の創造」等々、すべてを掌握していると考えている。しかしそれは実は錯覚で、プロレタリアートは権力を掌握しているどころか、むしろ「力」によって支配され使用される存在でしかないのである。「コミュニズム」の魔力とは、それによって使いつぶされるものでしかないプロレタリアートに、自分たちこそが権力を握っていると信じ込ませる点にある。この点についてハイデガーは次のように述べている。「コミュニズム」において作用している「力」とは、「あらゆるものをあらゆるものの一様性と均質性という魔法にかけてしまうもの」である（GA69, 193）。プロレタリアートは自分自身を生み出したこうした「力」に対しては、徹底的に無力である。つまり彼らは国家の際限のない「力」の追求、すなわちその権力意志に対する批判精神は基本的にもつことはない。そして「力」はこのプロレタリアートの無力を利用して、おのれの本質への全権委任を確保し、自己の無条件的な拡大を追求していくのである

(GA69, 193)。

ニヒリズム批判の陥穽

ハイデガーはエルンスト・ユンガー（一八九五―一九九八）の著作『労働者　支配と形態』に関するメモ（『エルンスト・ユンガーに寄せて　ハイデガー全集第九〇巻』所収）においてより露骨に、労働者を「絶対的な主人だと思い上がった絶対的な奴隷」と呼んでいる。またさらに、労働者は「計画し－飼い慣らし－計算しながら、存在者全体（人間も含めて）をその作成可能性において確保するという意味をもつ技術の、近代的な意味での自由な執行者」でしかないとも述べている（GA90, 6)。労働者は自分が存在者の主人であり、自由な主体だと思い上がっている。しかしその実、労働者は「存在者全体」を作成可能性において確保すべしという「コミュニズム」の命令に従属した奴隷にすぎないのだ（ここでは「存在者全体をその作成可能性において確保すること」が「技術」の意味だとされている。こうした「技術」の解釈が、本書第七章でも詳しく取り上げるハイデガーの戦後の技術論へと引き継がれることになる）。

労働者をめぐるこれらの議論がユンガーの『労働者　支配と形態』への論評としてなされていることからもわかるように、ハイデガーは「コミュニズム」や労働者の上記のようなイメージを形作るにあたってユンガーの仕事から大きな影響を受けている。

ユンガーは『鋼鉄の嵐の中で』など、第一次世界大戦における自身の従事経験を基にした数々の作品で名を馳《は》せたのち、一九二〇年代半ば以降は政治評論でも活躍し、革命的ナショナリズムの旗手と目されるようになった人物である。彼は前線兵士のあり方のうちに現代における人間の本質的な存在様式を見て取った。そしてこの新たな人間の存在様式を、一九三二年に刊行された『労働者』において、「労働者の形態」として詳細に記述した。彼は「労働者」によって構成される総動員の体制を市民社会的な価値観に囚われることなく徹底的に推進することを説き、それを真のナショナリズムと見なしたのだ。

ハイデガーは学長在任中には、このユンガーの「労働者」についての議論を彼自身が当時、展開していた労働論の先蹤《せんしょう》であるように語ることもあった（GA16, 205）。しかしその後、彼はユンガーの立場もまた「主体性の形而上学」に属するものであることを明瞭に意識するようになった。ユンガーの労働者論を「主体性の形而上学」の表現と捉えることは、それが「存在の思索」の観点からは克服されるべきものであることを意味する。しかし他方、ハイデガーはユンガーの業績を時代状況の透徹した認識を示すものとして、後期の思索における「コミュニズム」や「労働者」の記述も彼の分析を踏襲している部分が大きい（ハイデガーのユンガーに対する批判については、「存在への問い」『杣道《そまみち》　ハイデガー全集第九巻』所収を参照）。

本書の序論でも触れたことだが、ハイデガーは西洋近代のニヒリズムの超克を説く「革命」の言説が、ニヒリズムの本質についての誤った認識に基づいた対抗運動を推進することにより、かえってニヒリズムを強化してしまうという事態をつねに問題視していた。そうした言説は既存の秩序の破壊を肯定することにより「力」の本質の全面的な発揮の障害となっていたものを取り払い、むしろ結果として「力」の無条件の拡張に道を開いてしまう。つまりニヒリズムへの批判が、皮肉なことに、「力」のニヒリズムを全面的に発現させてしまうのだ。

一九三〇年代後半以降の講義で反復されるハイデガーのニーチェとの対決も、今述べたような「主体性（力）の形而上学」に対する批判の一環としてなされたのである。そしてハイデガーは、ニヒリズム批判がこのような「力への全権委任」をもたらし、おのれの意に反して近代性を強化するというメカニズムをユンガーの革命的ナショナリズムの言説のうちにも見て取った。その意味において、ハイデガーはユンガーの思想をニーチェの「力への意志」の形而上学の直接的な継承と見なし、その近代批判としての不徹底性を批判するのである。

近代国家の形而上学的同一性

今述べたようなハイデガーのコミュニズム論の思想史的背景に注意しつつ、ここでふたたび近代国家の形而上学的本質をめぐる議論に立ち返ることにしよう。

ハイデガーの「コミュニズム」と「労働者」に関する議論は、共産主義を標榜した国家だけを念頭に置いて展開されたのではなかった。むしろそれは近代国家すべてに当てはまる「形而上学的構造」を問題にしていたのである（GA69, 206）。

ハイデガーは「エルンスト・ユンガーに寄せて　一九三九／四〇年」（『エルンスト・ユンガーに寄せて　ハイデガー全集第九〇巻』所収）において、こうした近代国家の形而上学的同一性が、とりわけ戦争において顕著な仕方で示されることを指摘する。その議論によると、いったん世界大戦が勃発すれば、交戦するどちらの側においても「総動員」は不可避となる。そして「総動員が無条件的に発動すればするほど、形而上学的意味でのコミュニズムは不可避となる」。「その時々の政体、民主主義的、ファシスト的、ボルシェヴィズム的政体とそれらの混合形態は見かけでしかない」（GA90, 231）。

つまり戦争において敵が総動員を始めたとき、自分も総動員を行わないわけにはいかない。そうしなければ、敵によってただちに圧倒されてしまうだろう。実際、第二次世界大戦中の総動員体制の導入において、いわゆる民主主義陣営がファシズム陣営よりも徹底性を欠いていたわけではなかった。むしろ前者のほうが国民の自発的な賛同のもとで、より徹底した総動員体制を実現できていたとも言いうるのだ。

それゆえハイデガーによると、「力」の支配を単に「権威主義的国家」の特徴と捉え、それに対して「議会制国家」は「分権的」であって暴力使用とは無縁であるから「道徳的」だと見なすのは皮相な捉え方でしかない。政治体制のこうした評価の仕方そのものが勢力拡張のためのプロパガンダなのであり、「政治的な勢力拡張のこうした近代的形態の形而上学的（中略）同一性への洞察を妨げる」ものでしかないのである（GA69, 189）。権威主義的体制に対して、民主主義的体制の道徳的優位性を説くことは今日でも当たり前に見られる光景である。しかしハイデガーは、こうした評価自体が「力」の拡張において有利な位置を占めるためのプロパガンダにすぎないのだと指摘する。つまり両者は形而上学的に見れば、同一の本質をもつものでしかないのである。

今日、いかなる政治体制を取る国々においても、もっとも中心的な政治目標が経済成長に置かれ、その実現が体制の正当性を保証するものと受け止められている。国家の経済規模が「国力」の指標である以上、経済成長を目標とするとは結局のところ、おのれの「力」の増進を目指すことでしかないだろう。したがって、すべての国家が経済成長を至上の目標にすることのうちには、おのれの「力」の拡張をどこまでも追求する現代国家の

「形而上学的同一性」がまぎれもなく示されているのである。しかもそこにおいて、単なる経済の絶対的な規模の大きさだけでなく、何よりも経済成長が重視されていることのうちに、ただおのれの伸長のみを目指すという「力」の本質が如実に反映されているのである。

全体主義への批判

本章ではこれまで、ハイデガーの後期の思索における「主体性の形而上学」についての考察を、とくにその政治的含意に注目して概観してきた。彼にとって「主体性」とは、あらゆる存在者を操作可能なものと捉える「作為性」を意味していた。そしてそれは存在者の支配をどこまでも拡張しようとする「力」という性格をもつものだった。

ハイデガーはこのような「主体性」の本質が、近代国家においてもっとも純粋な形で示されていると捉えていた。そして「主体性」の「力」という本質を肯定し、それをどこまでも貫徹する体制を「コミュニズム」と名づけたのだった。第四章で見たように、ハイデガーはナチスが政権を奪取した当初、自身がナチスを支持する理由として、コミュニズム、すなわち共産主義の脅威に対抗する必要性を挙げていた。しかしそのときには、共産主義は彼の思想のうちでまだ明確に位置づけられていなかった。その数年後になってはじめて、「コミュニズム」を「存在の歴史」において「主体性の形而上学」の本質的な帰結と捉える視点に到達したのだった。

本章でも見たように、ハイデガーは「国民‐社会主義」を「主体性」の本質帰結と捉え、また「コミュニズム」の本質を「全権委任法」を想起させる「力への全権委任」という表現を用いて規定していた。このことは「コミュニズム」についての批判的考察が、何よりもナチズムを俎上に載せるものであったことを示している。ナチスの体制をナチスが不倶戴天《ふぐたいてん》の敵と見なしていた「コミュニズム」と名づけているところに、ハイデガー一流の皮肉が見られる。

もちろんこの意味での「コミュニズム」は、ソ連の共産主義、すなわち「ボルシェヴィズム」にも当てはまることは言うまでもない。この観点からすれば、ハイデガーの「コミュニズム」論は、第二次世界大戦後に「全体主義（Totalitarismus）」として批判的に考察されるようになった政治的現象を問題にしていると言うことも可能である。

ただしハイデガーの「コミュニズム」論をこのように、ある特定の全体主義国家への批判と同一視してしまうことは、彼の問題意識の射程を捉え損ねてしまうことになりかねない。なぜなら、彼がこの「コミュニズム」という概念によって捉えようとしていたのは、近代国家全般の本質であったからである。あらゆる存在者をおのれの拡大のために取り込み一様化する「力」への全権委任に基づいているという点においては、前節で指摘したように、全体主義的だとされる国家もそうでない国家も何ら変わるところはない、そうハイデガーは主張するのである。

しかしもちろん、ハイデガーの「コミュニズム」論が、全体主義体制――典型的にはナチスの第三帝国――において先鋭化した形で示されているような暴力性、破壊性をとりわけ意識して考察を展開していることも事実である。その意味では、その「コミュニズム」論を全体主義についての哲学的考察の先駆的な業績と見なすことも許されるだろう。全体主義、ナチズムとの哲学的な対決は、これまでフランクフルト学派やハイデガーの弟子であったハンナ・アーレントの専売特許のように見なされてきた。しかしわれわれは、ハイデガーが早くも一九三〇年代後半には、全体主義を西洋形而上学の帰結と捉える視点を確立し、ナチズムに対するもっとも根本的な批判を展開していたことにもっと注意を払うべきだろう。

そしてこの立場から、しばしばハイデガーの「先を行っていた」と評価されるアーレントの政治哲学もあらためて吟味し直す必要がある。「労働」という「私的領域」による「活動」の「公的領域」の浸食に全体主義の起源を見て取る彼女の議論においては、「労働」の本質の時代的な変化がまったく視野に入れられていない。そのために、近代的労働を規定している「主体性の形而上学」も十分に相対化できていない。とすれば「労働」に対置される、人間の本来的なあり方としての「活動」の本質を十全に規定することも無理だろう。彼女がいかに「革命」を称揚しようと、そこでは「主体性の形而上学」は無自覚に温存されたままである。したがって彼女の政治哲学もまた、近代のニヒリズム批判の典型的な失敗パターンをなぞっていると言わざるを得ないのだ。

一般にハイデガーは学長辞任後も、ナチスへの共感は残していたかのように語られることが多い。しかし実際はそれとはまったく逆で、彼は学長を辞任してからは（ある意味では学長在任中から）、ナチズムとの哲学的な対決を展開し、その考察を「存在の歴史」の思索へと昇華させていったのだ。反ユダヤ主義的だと非難されている一九三〇年代終わり以降の「黒いノート」の覚書も、そのすべてがじつはこれまで見てきたような同時期のナチズム批判という文脈に位置している。つまりあの物議を醸した覚書には、彼の西洋形而上学批判がもつ政治性が端的に示されているのである。以下では、「黒いノート」の問題視された覚書を検討して、今述べた点を具体的に明らかにしたい。

3 「黒いノート」の「反ユダヤ主義的」覚書の真意

覚書の政治的コンテクスト

「はじめに」で言及したマルクス・ガブリエルもそうだが、「黒いノート」の刊行後、多くの人びとはハイデガーが反ユダヤ主義者だったことは否定しがたい事実だと考えるようになった。もちろんそれまでも、彼がナチスに加担した事実から、反ユダヤ主義者ではないかということはつねに取りざたされていた。しかし直接的な証拠は乏しく、またユダヤ人の弟子や友人もいたことからも、それは嫌疑にとどまり続けていた。しかし「黒いノート」のうちに、多くの人にとっては反ユダヤ主義的としか見えない覚書が見出されたことにより、そうした状況は一変し、彼は筋金入りの反ユダヤ主義者と見なされるようになった。

問題となった反ユダヤ主義的だとされる覚書は、一九三〇年代終わりから一九四〇年代初頭にかけて書かれたものである。しかし本章でも見てきたように、一九三〇年代後半は「主体性の形而上学」に対する批判という形を取った、ナチズムとの対決が先鋭化していった時代でもあった。じつは「黒いノート」の問題視された覚書も、以下で詳しく見るように、このナチズム批判の文脈に属したものなのである。

第四章ですでに論じたように、ハイデガーはユダヤ‐キリスト教を「主体性の形而上学」のひとつの起源と捉えていた。この観点からすると、ナチズムも「主体性の形而上学」をその本質とする限りにおいて、「ユダヤ的なもの」だということになる。したがって、ナチズムがニヒリズムの克服を唱えるのであれば、本来はこうした自身の「ユダヤ性」を相対化しなければならないはずである。しかしナチズムはニヒリズムの真の根拠から目をそらし、ユダヤ人の物理的な排除に血道を上げている。ハイデガーから見れば、これは「主体性の形而上学」という意味での「ユダヤ的なもの」を助長する行為でしかないのである。

こうした点を「ユダヤ的なもの」であるナチズムが、自身のユダヤ性に気づかずに、ユダヤ人を攻撃しているというアイロニーとして語るというのが、「黒いノート」における反ユダヤ主義的とされる覚書の基本的な趣旨なのである。つまり問題の覚書は反ユダヤ主義的であるどころか、むしろナチズムの反ユダヤ主義的政策に対する批判なのだ。以下では今述べた点を個々の覚書に即して、具体的に見ていくことにしたい。

「ユダヤ的なもの」としてのナチズム

ハイデガーは一九三九年の第二次世界大戦の勃発に際して、「黒いノート」のある覚書で「端的に無目的性をめぐって戦われ、したがってせいぜい『戦い』の戯画でしかありえないこの『戦い』において『勝利する』のは、何ものにも拘束されず、すべてを利用可能なものにする『地盤喪失性（ユダヤ性）』である」と述べている（GA95, 96f.）。ここでハイデガーはあたかも、ユダヤ人の国際ネットワークが戦争の背後で糸を引いて列強を争わせ、自分たちの手を汚すことなく世界支配を実現しようとしているという、典型的なユダヤ陰謀論を唱えているように見えるかもしれない。そして実際に、多くの論者がこの箇所をそのように解釈している。

しかし本章ですでに紹介した第二次世界大戦期のハイデガーの「戦争」についての捉え方を踏まえれば、この覚書は次のように解釈されるべきだろう。今次の戦争は「主体性」による、おのれの「力」の増進のみを目指した争いである。「力」は本性上、どれだけ大きくなっても拡張する努力を止めることはない。したがって、この戦いにおいてどの勢力が勝利を収めようと、そこではただ「主体性」の支配だけが貫徹されるにすぎない。「主体性」は「力」の伸張のために、あらゆる存在者をおのれの支配のもとに置き、それらを利用可能なものにしようとする。このことによって「主体性」は存在者を、それらが本来帰属している「地盤」としての「存在」から根こそぎ切り離してしまう。つまり右の覚書で述べられている「地盤喪失性」は、「主体性」の支配がもたらした「存在の見捨て」という事態を指しているのである。

さて、問題はこうしたハイデガー的な意味での「地盤喪失性」が、ここでなぜ「ユダヤ性」と結び付けられているのかという点である。

ハイデガーが「存在の歴史」の思索において、ユダヤ－キリスト教がその創造説によって形而上学の「作為性」を強化する役割を果たし、「主体性の形而上学」の登場を準備したと捉えていることは、第五章で指摘したとおりである。この立場からすると、「主体性の形而上学」はユダヤ－キリスト教に由来するという限りにおいて、ある意味において、たしかに「ユダヤ的なもの」と見なすことは可能だろう。

したがって、右の覚書の真意は次のようになるだろう。ナチスは今回の戦争をユダヤ人との戦いと位置づけている。しかしそのナチス自身がそもそも「主体性の形而上学」の臆面もない担い手である以上、自らが「ユダヤ的なもの」を推進してしまっている。その意味において、彼らの「ユダヤ人との戦い」なるスローガンは自己反省の欠如を示す無意味なたわごとでしかない。

この解釈が正しいとしても、ここでは「地盤喪失性」が「ユダヤ的なもの」であることは認められており、これはやはりユダヤ人に対する偏見、差別ではないかと疑問をもたれる方もいるかもしれない。しかしこうした見方は誤解である。そのことを以下で説明したい。

先ほども指摘したように、ハイデガーにおいて「ユダヤ的なもの」とは、同時に「ユダヤ‐キリスト教的なもの」でもある。したがって「主体性の形而上学」の「地盤喪失性」も、「ユダヤ的」であると同時に「キリスト教的なもの」でもある。さらにはこの、「主体性の形而上学」は古代ギリシア哲学にも由来するのであるから、それはまた「ギリシア的なもの」でもある。つまり「地盤喪失性」は、たしかにその一面において「ユダヤ的なもの」と呼べるとしても、同時にそれは「キリスト教的なもの」、「ギリシア的なもの」とも言いうるのである。

こう述べられたからといってわれわれは、この議論をキリスト教徒やギリシア人への偏見や差別の表れと捉えはしないだろう。それはあくまでも、キリスト教やギリシア哲学の思想的限界の「批判」なのである。「ユダヤ的なもの」についても同じことが言える。そして「ユダヤ的なもの」をこの水準で捉える場合には、今日に生きるわれわれも「主体性の形而上学」によって規定されているという意味においてはやはり「ユダヤ的」なのである。その場合にはもちろん、ナチス体制下で生きるドイツ人、あるいはナチス自身も「ユダヤ的」だということになる。

ハイデガーはこのように、自己自身を内奥から規定するものとして「ユダヤ的なもの」を捉えることを提唱しているのである。この観点からすれば、ナチスのユダヤ人に対する迫害は、「ユダヤ的なもの」の真の問題次元を捉え損ねたまったく無意味な措置でしかない。ハイデガーは問題の覚書において、こうしたナチスの反ユダヤ主義の思想的な混乱を、「ユダヤ的なもの」との対決を唱えるナチスがそれ自身「ユダヤ的なもの」によって規定され、それを助長していると言って皮肉っているのである。

「ユダヤ的なもの」の自己破壊

今も見たように、ハイデガーの「ユダヤ的なもの」についての覚書は、ナチスの反ユダヤ主義やユダヤ人迫害を肯定するどころか、「存在の思索」の観点から、それがいかに無意味であるかを強調する意図で書かれたものであった。こうした点を「黒いノート」の別の覚書で、さらに確認してみよう。

一九四二年頃に書かれた「黒いノート」の覚書でも、先ほど引用した覚書と同様の、「ユダヤ的なもの」が「ユダヤ的なもの」と戦うというモチーフが現れている。「形而上学的意味において本質的に『ユダヤ的なもの』が、はじめてユダヤ的なものと戦うとき、歴史における自己破壊の究極点に到達している。『ユダヤ的なもの』が至るところで支配を完全に我がものにして、その結果、『ユダヤ的なもの』との戦いさえも、またとりわけその戦いが、ユダヤ的なものへと従属するに至っているとすればの話だが」（GA97, 20）。

ここで「形而上学的意味において本質的にユダヤ的なもの」と言われているのは、「形而上学的意味において」という限定が付されていることにも示されているように、「主体性の形而上学」――ここではナチズム――を指しているのは明らかだ。それが「ユダヤ的なもの」と戦うというのは、ナチスがアメリカやイギリス、ソ連との戦いにおいて、ユダヤ人に支配された国際金融資本、ならびにボルシェヴィズムとの戦いを標榜していたことを指している。

ここでは「ユダヤ的なもの」の「ユダヤ的なもの」に対する戦いが、「自己破壊」と呼ばれている。この「自己破壊」は当時のハイデガーの思索においては、「主体性」の動向を示す語として用いられている。たとえば一九三九／四〇年頃に書かれた論考『コイノン　存在の歴史から』の草稿」（『存在の歴史　ハイデガー全集第六九巻』所収）では、「コミュニズム」がつねにおのれの拡大を目指してやまない「力」をその本質とするため、不可避的に他の主体との抗争に陥る事態が「自己破壊」と呼ばれている（GA69, 209）。

以上の点を考慮に入れると、右の覚書は次のように解釈されるべきだろう。ナチスは

「ユダヤ的なもの」との戦いを標榜しているが、ナチスが「主体性の形而上学」という意味での「ユダヤ的なもの」に従属している限り、それは「ユダヤ的なもの」と「ユダヤ的なもの」との戦いでしかない。そしてそれは結局のところ、「主体性」と「主体性」の争いであり、どちらが勝利しようと、「主体性の形而上学」という「ユダヤ的なもの」の支配が貫徹されるにすぎない。

論者の中には、ここでハイデガーが「ユダヤ的なもの」との戦いを「自己破壊」と表現していることを捕らえて、彼がユダヤ人迫害の責任をユダヤ人自身に押しつけていると非難する者がある。しかしこれがまったくの見当外れであることは、右の議論から明らかだろう。この覚書はユダヤ人迫害をユダヤ人の身から出た錆だと責任転嫁するものではない。それどころか、ナチスが「ユダヤ的なもの」の真の所在を見て取れないため、そのユダヤ人迫害にもかかわらず、かえって「ユダヤ的なもの」を助長していることを皮肉っているのだ。その際、「ユダヤ的なもの」とは決して「人種」的な意味における「ユダヤ人」のことではなく、「主体性の形而上学」に支配された人間性一般を指す、あくまでも純粋な哲学上の概念であることを忘れてはならない。したがって、この「ユダヤ的なもの」の克服のためには、他者の迫害ではなく、まずもって徹底した自己省察から始めなければならない、これがハイデガーの真意である。

「世界ユダヤ人組織」の役割

「黒いノート」の一九四一年頃に執筆された覚書で、ハイデガーは「世界ユダヤ人組織」に言及している。「世界ユダヤ人組織」とは、ナチスの反ユダヤ主義にも大きな影響を与えた偽書『シオンの賢者の議定書』に典型的に示されているような、ユダヤ人がその国際的なネットワークを利用して世界支配を企んでいるという陰謀理論を背景にした表現である。こうしたジャーゴンをハイデガーが使用していたことが、彼が反ユダヤ主義者であったことの明白な証拠としてクローズアップされたのだ。

その覚書では次のように述べられている。「世界ユダヤ人組織の役割に対する問いは、人種主義の問いではなく、人間性の様式に対する形而上学的な問いである。この様式はまったく拘束されることなく、すべての存在者を存在から根こぎにすることを世界史的な『課題』として引き受けうるものである」(GA96, 243)。

この一節では、「世界ユダヤ人組織の役割に対する問い」は、「人種主義の問い」ではないとはっきりと言われている。つまりハイデガーは、「ユダヤ人種」なるものがその世界的なネットワークを駆使して、「アーリア人種」なるものを滅ぼそうとしているといった類いのナチスの陰謀論をまずは否定しているのである。そしてそのうえで、「世界ユダヤ人組織」の役割は、「人間性の様式」という形而上学的な観点から問題にしなければならないと言っている。ここで言われている「人間性の様式」は、その直後では、「すべての存在者を存在から根こぎにすることを世界史的な『課題』として引き受けうるもの」と規定されている。これは結局、「主体性の形而上学」によって規定された人間のあり方を意味するだろう。

つまりここでも、これまでに見てきた「黒いノート」の他の覚書と同様に、「ユダヤ的なもの」の問題性は「人種的なもの」のうちにはなく、形而上学の次元において見て取られるべきことが強調されているのである。しかしそうだとしても、右の覚書は「世界ユダヤ人組織」が「存在者を存在から根こぎにする」「人間性の様式」を拡散することにおいて一定の役割を果たしていると言っているように読める。これはナチス的な反ユダヤ主義ではないにせよ、それはそれでユダヤ人に否定的な役割を押しつけているのではないかという疑念はぬぐえない。

しかしそのように捉えるのも早計である。この一節が含まれている覚書の全体を見ると、そこでは「世界ユダヤ人組織」がニヒリズムの拡散を主導しているというよりも、むしろその逆のことが主張されていることが明らかとなるからである。

この覚書の中心的主題は、じつは「存在の歴史」におけるイギリスの役割である。そこではまず、イギリスが近代的世界を創始したこと、その近代の本質は全世界への「作為性」の拡散であることが指摘されている。この箇所から、ハイデガーがイギリスを「主体性」に基づいた近代国家として、もっとも早く成立したものと見なしていることがわかる。

以上のことから、ハイデガーは次のような結論を導く。「帝国主義勢力の『正当な権利』の分配という意味でイギリスと折り合うという考え方は、イギリスが現在、アメリカニズムやボルシェヴィズムの内部で、すなわち同時にまた世界ユダヤ人組織の内部で最後まで上演している歴史的過程の本質を射当てるものではない」(GA96, 243)。この引用の最後で言われている「歴史的過程の本質」とは、「作為性」の拡散を指している。この「作為性」がおのれの無条件の貫徹を要求するものである以上、こうした「作為性」の拡散を推進するイギリスとどこかで折り合いをつけられると考えるのは幻想でしかない、というのがここでのハイデガーの主張である。

この引用では、イギリスがこうした歴史的過程を「アメリカニズムやボルシェヴィズムの内部で」上演していると述べられている。これはイギリスがアメリカの国際金融資本とボルシェヴィズムによって操られているという陰謀論を前提とした議論だろう。この陰謀論においては、国際金融資本とボルシェヴィズムはユダヤ人によって支配されていると考えられていたので、引用ではこれらが一括されて「世界ユダヤ人組織」と言い換えられるのである。

そして引用のこの箇所に、先ほど取り上げた「世界ユダヤ人組織の役割」に関するコメントが続く。ということは、今見た覚書前半の議論を踏まえると、そのコメントは次のように解釈できる。近代のイギリスのふるまいが全地球における「作為性」の拡散——つまり「力」による世界支配——をその本質とするものである以上、仮に「世界ユダヤ人組織」なるものがあったとしても、またそのような組織がどのような役割を果たそうとしても、「作為性」という「人間性の様式」の支配を促進するという以上の意味はもちえない。したがって陰謀論のように、「世界ユダヤ人組織」に歴史を裏から操る特別な役割を認めることはまったくの無意味であり、かつ問題の真の所在を覆い隠すものでしかない——。

そもそも「作為性」を拡散するということで言えば、すでに述べたように、ナチス自身がイギリスと同等の役割を果たしているのである。それゆえハイデガーから見れば、「世界ユダヤ人組織」を諸悪の根源と見なすような反ユダヤ主義的な陰謀理論は、「主体性の形而上学」の克服のために必要な自己省察を単に阻むものでしかないのである。ここで取り上げた覚書も含めて、彼の「ユダヤ的なもの」をめぐる覚書は、すべて今述べたような仕方で、ナチスによる反ユダヤ主義の反動性、無意味さを批判する趣旨で書かれているのである。

「ユダヤ的なもの」をめぐる覚書の真意

以上、「黒いノート」の反ユダヤ主義的だと問題視されている覚書をいくつか取り上げ、それらの思想的かつ政治的な意味を明らかにした。注意すべきは、「黒いノート」における、これら「ユダヤ的なもの」への言及が、基本的には一九三八年終わり以降、数年間の覚書に限定されていることである。つまりそれらの覚書は、ナチスが一九三八年一一月の反ユダヤ主義暴動（「一一月のポグローム」）を契機として、ユダヤ人迫害を目立ってエスカレートさせた時期以降に書かれているのである。

ハイデガーは一九三〇年代後半には、ナチズムを「主体性の形而上学」の完成形態と捉える視点をすでに確立していた。何度も述べたように、彼は「主体性の形而上学」の根底にある「作為性」という存在解釈の起源のひとつをユダヤ‐キリスト教のうちに見て取っていた。したがって、その意味においてはたしかに「主体性の形而上学」を「ユダヤ的なもの」とも見なしていた。それゆえ彼はナチスによるユダヤ人迫害が激化したとき、ナチスはユダヤ人を攻撃しているが、そうしたふるまい自身が「主体性の形而上学」によって規定されたものである以上、それはおのれの意に反して「ユダヤ的なもの」を助長するものでしかないと主張して、ナチスの反ユダヤ主義を批判したのである。

ごくわかりやすく言うと、「ユダヤ的なもの」を問題にするのであれば、まずおのれ自身を根本から規定している自らの「ユダヤ性」、すなわち「主体性の形而上学」を問題にしなければならない、そうハイデガーは言っているのである。もちろん現代に生きるわれわれ自身も、「主体性の形而上学」によって規定されているという意味においては完全に、ここで言う意味において「ユダヤ的」だということになる。すなわちここでハイデガーの覚書が求めているのは、決して現代社会のニヒリズムの責任をユダヤ人に押しつけることではないのである。むしろ彼がここで言わんとしているのは、われわれ自身の徹底した自己省察の必要性なのである。

もっとも、ハイデガーが「ユダヤ的なもの」という概念をいくら形而上学的な意味で使っていると言っても、「ユダヤ性」を否定的に捉えていることには変わりはないのだから、それはそれでユダヤ人に対する差別や偏見を助長するのではないかと懸念される方もいるだろう。しかしハイデガーが批判している西洋形而上学は、先にも述べたことだが、「ユダヤ的なもの」であるとともに「キリスト教的なもの」でもあり、さらにはまた「ギリシア的なもの」、また究極的には「ヨーロッパ的なもの」と見なされているのである。したがって、これもまた先ほど述べたように、ある哲学者が西洋のニヒリズムの起源をギリシア哲学やキリスト教に見て取ったとしても、われわれはそうした議論をギリシア人やキリスト教徒に対する差別的言説とは考えないだろう。ハイデガーは「ユダヤ的なもの」への批判も同様に、そのような水準で受け止められることを求めているのである。

しかしそれならば、なぜハイデガーはそれらの覚書で、「主体性の形而上学」を「キリスト教的」あるいは「ギリシア的」と言い換えるのではなく、ただもっぱら「ユダヤ的なもの」としてのみ語っているのだろうか。実際のところ、ハイデガー自身、形而上学をこのように一面的に「ユダヤ的なもの」と特徴づけることが世間の誤解を招きうることは重々承知していたのである。それゆえ彼は「黒いノート」以外のテクストでは「主体性の形而上学」の「ユダヤ‐キリスト教的な」起源についてはしばしば語るものの、それを端的に「ユダヤ的なもの」と言うことは決してない。逆に「黒いノート」という、より秘匿性が高く、率直な意見表明をおのれに許した場においてのみ、ナチスによるユダヤ人迫害のエスカレートへの感情的な反撥として、それがニヒリズムの克服という観点からはいかに無意味な措置であるかを際立たせるために、ナチスこそじつは「ユダヤ的なもの」だという先鋭化されたレトリックを用いたのだ。

ハイデガーは一九三八年一一月一〇日に焼き討ちに遭ったフライブルクのシナゴーグ（ユダヤ教の会堂）の余塵《よじん》がくすぶるのを窓外に見ながら講義を行ったという。論者はハイデガーがこのようにユダヤ人迫害を目の当たりにしながら、そうした迫害の責任をユダヤ人自身に帰するような覚書を書く無神経さを声高に非難する。しかしむしろ、彼がユダヤ人迫害のエスカレートに大きな衝撃を受けたことが、今述べたような、「黒いノート」における表現の先鋭化には示されているのである。

この「ユダヤ的なもの」をめぐる覚書、さらには第四章ですでに見たドイツ学生団に対する批判に典型的に示されているように、ハイデガーは「黒いノート」に普通は表に出せない議論を、世間的な常識を顧慮して抑制することなく率直に書き記している。この「言ってはいけない」議論は、基本的にはすべて「存在への問い」の政治性のストレートな表出に関わるものである。もちろん公刊著作や講義でも、「存在への問い」の政治的含意はまったく語られていないわけではない。しかし「黒いノート」では、そのときどきの政治的出来事への直接的なリアクションとして、彼の思索の政治性がきわめて明瞭な形で示されている。

要するに、「黒いノート」の覚書における、ナチスを「ユダヤ的なもの」だと揶揄《やゆ》する独特の屈折した表現は、ハイデガーがみずからの思索の伝達に使用するさまざまな媒体における「黒いノート」の独特の位置づけと、ナチスによるユダヤ人迫害の激化という当時の時代状況とがあいまって生み出されたものであったのだ。

ハイデガーは「黒いノート」を、全集の最後に刊行することを生前に指示していた。このことは、彼自身がこのテクストの「危険性」を充分に認識していたことを示唆している。つまりそこに示されたレトリックが誤解を招きかねないことは彼も承知していたのだ。しかし他方、このノートを決して破棄しなかったのは、その内容については哲学的にやましいところがないと考えていたからだろう。ただそれをいきなり発表しても、真意は理解されないと踏んで刊行を後回しにしたのである。その際、彼は本書でも取り上げたような、一九三〇年代後半の覚書や講義など、彼の当時の政治的スタンスを明瞭に示すテクストの刊行が「黒いノート」を理解するための手がかりを与えることを期待していたに違いない。

しかしハイデガーの期待もむなしく、大半の論者は「黒いノート」に露骨に示された「存在の思索」の政治性を的確に捉えることができなかった。そしてそのことによって、彼らは「存在の思索」それ自身の意義もまったく理解できていなかったことを図らずも自ら露呈しているのである。

第七章　戦後の思索

「戦後」への懐疑

前章では、「存在の歴史」をめぐる思索における「主体性の形而上学」についての考察を、とりわけその政治的含意に注目して検討した。ハイデガーは「主体性」の分析によって、おのれの「力」の増進を際限なく追求する近代国家の本質そのものを捉えようとした。それはまた、一九三〇年代半ば以降、着々と戦争の準備を進め、やがて実行に移したナチスの本性を解明しようとする努力でもあった。ハイデガーはナチスのそうした動向を、「主体性」の「力」という本質への「全権委任」と解釈したのである。

したがってハイデガーは、ナチスが開始した戦争にもいささかの幻想も抱かなかった。ナチスが戦争を始めた時点でその戦争を「主体性の自己破壊」と捉え、どちらの陣営が勝利を収めたとしても「主体性」の支配が貫徹されることには変わりがないと冷めた目で見ていたのだった(これは「近代の超克」の立場から「大東亜戦争」を肯定した京都学派の哲学者とはまったく対照的である)。

今述べたような仕方で戦争を捉えていたため、ドイツの敗北による戦争の終結に際しても、ハイデガーはそれによって本質的な変化が起こったとは見なさなかった。つまり彼は戦争という惨事をもたらした「主体性の形而上学」はナチス・ドイツの崩壊とともに消失したわけではなく、むしろ戦後の世界にもそのまま存続していると捉えていたのである。

戦後の体制に対するハイデガーのこうしたシニカルな姿勢は、彼が過去の「罪」について真摯《しんし》に反省していないのではないかという疑念を生むことになった。そしてこのことが、戦後の彼の処遇を悪化させる一因ともなった。以下ではまず、戦後のドイツ社会の「非ナチ化」のプロセスにおいて、ハイデガーがナチス体制下において学長を務めたことの責任をどのように問われ、またいかなる処分を受けたのかを見ていくことにしたい。

先ほども述べたように、ハイデガーはナチス崩壊とともに「悪」が消滅し、健全な秩序が取り戻されたとする戦後社会の公式的な歴史観に与しなかった。彼は戦争が終結する直前から、「悪」の本質についての考察を開始し、「主体性」に内在する破壊性のうちに現代における「悪」の本質を見て取っていた。この観点からすると、戦後においてもそれ以前と同様、「悪」の支配は依然として続いている。この認識に基づいて、彼はかつての過ちを悔い改めるという仕方で戦後社会に恭順の意を示すことを拒否したのだった。本章では、「悪」についてのハイデガーの考察と、それに基づいた戦後社会に対する彼の評価を検討したい。

以上で触れたようなハイデガーの戦後社会との対決は、一九五〇年前後から「技術への問い」という形でなされるようになってゆく。戦後社会は、技術による人びとの生活水準のつねなる向上によって自身の支配を正当化しようとする。ハイデガーは「技術への問い」において、こうした戦後の体制の大前提に疑問を投げかけた。ハイデガーの技術の考察は、一九六〇年代には現代のわれわれを広範に規定しているサイバー技術をも視野に収めるようになる。彼はサイバー技術のうちに、あらゆる存在者を計算可能なものにしようとする西洋形而上学の完成形態を見るに至ったのだ。本章では、こうしたハイデガーの戦後の技術論を概観する。

ハイデガーの技術論にあっては、「技術」の本質は、存在者の真の「存在」を度外視するある独特の存在者の開示様式とされる。だがこのように「技術」固有の開示様式を特徴づけるときにも、たしかに隠蔽されたものではあるとしても、存在者の真の「存在」は視野に収められている。すなわち「技術」の以上のような本質規定のうちには、単なる技術的な開示とは異なった、存在者の真正な開示の可能性がすでに見て取られているのであり、このときわれわれは、技術的開示のみを唯一可能な存在者への関わり方であるとして絶対化する態度からも同時に解放されているのである。ハイデガーはこのような姿勢を「ものへの放下《ほうげ》」と呼び、「技術的世界」において、われわれが取るべき態度として推奨した。

ハイデガーは一九五〇年代になると、それ固有の「存在」においてあらしめられた存在者を「もの」として主題化するようになる。「ものへの放下」における「もの」も、こうした意味での「もの」を指している。彼によると、「もの」は「世界」――すなわち「大地」と「天空」、「神的なもの」と「死すべき者」の四者からなる「四方界《しほうかい》」――のうちにおいてこそ「もの」である。したがって「もの」の考察は、おのずと「四方界」としての「世界」を主題化することに帰着する。本章では、一九五〇年代のハイデガーの「もの」と「世界」をめぐる議論を概観し、彼が存在者の技術的開示の対極にある、存在者の真正な開示をどのように捉えていたかを明らかにしたい。

このようなハイデガーの「放下」の思索のうちには、彼の「存在への問い」が最終的にどのような境地に到達したのかが示されている。じつはこの時期になると、彼は「存在」という言葉をまったく使わなくなる。その思索の最終段階において、自身が「存在」として主題化しようとしていた事象を「存在」と語ることでさえ不適切だと認識するようになったのである。本章における「放下」の思索の概観においては、ハイデガーが自身の根本問題を「存在」という語に依拠することなく、どのように定式化するようになったかを示すとともに、「存在」という語を用いなくなった理由も明らかにしておきたい。

1　ハイデガーの「非ナチ化」

終戦前後の状況

　ドイツが戦争に敗れる直前、一九四五年三月にフライブルク大学哲学部はハイデガーの故郷メスキルヒに近い、ドナウ川を見下ろす断崖の上にあるヴィルデンシュタイン城に疎開した。フライブルクは一九四四年一一月二七日に連合軍の爆撃によって破壊され、その際、大学も大きな被害を受けたため、教育活動は事実上、停止していた。

　ハイデガーは一九四四年一一月に「国民突撃隊（Volkssturm）」に徴用された。これは同年一〇月にヒトラーが出した総統令に基づいて、一六歳から六〇歳までの戦闘可能な男子を動員して編成された部隊で、ハイデガーはそのとき五五歳だったため動員の対象となったのである。この世界的に著名な哲学者の動員を知った大学はさすがに動員を解除するよう嘆願を行ったが、その結果を待つことなく、ハイデガーは医師の診断書により除隊が認められた（フーゴ・オット『マルティン・ハイデガー　伝記への途上で』北川東子、藤澤賢一郎、忽那敬三訳、未來社、一九九五年、四三四頁以下）。

　その後、ハイデガーは自身の原稿を故郷メスキルヒの近郊に移すことに尽力しつつ、大学に休暇届を出し、自身は自転車でメスキルヒに避難したという（Heinrich Wiegand Petzet, *Auf einen Stern zugehen*, Frankfurt am Main, 1983, S. 52)。そして冒頭でも述べたように、同地で哲学部の疎開を迎え入れた。このようにして彼が故郷の地に滞在しているあいだにドイツは無条件降伏し、フライブルクもフランス軍に占領された。

ハイデガーは六月末にフライブルクに戻り、自身に対する風当たりの厳しさに直面させられることになった。まず彼の自宅がその蔵書とともども接収の危機に晒された。フライブルクを含むバーデン州を管轄していたフランス軍政府は自分たちの宿泊需要を満たすために、市当局に対して住居を用意するように命じたが、その際、ナチ党員だったものの住居が優先的にリストアップされたためである（オット、前掲書、四五二頁以下）。最終的に完全な接収は免れたが、その後、フランス人下士官の家族に対して住居スペースの提供を強いられ、ハイデガー夫妻は書斎部屋しか使用できない状況が一九四七年終わりまで続いた(GA16, 426f.)。

ハイデガーの苦境はそれだけにとどまらなかった。彼の二人の息子、イェルクとヘルマンがどちらも一九四五年に東部戦線で行方不明になり、消息がない状態が続いていた。二人はソ連軍の捕虜になっていたのだ。弟のヘルマンは一九四七年秋に、兄のイェルクは一九四九年一二月に復員した。

政治浄化委員会の審査

ドイツを占領した連合軍は、ナチズムのイデオロギーに賛同した者の責任を審査し、公職追放や犯罪処罰などを行う「非ナチ化（Entnazifizierung）」の手続きを開始した。ハイデガーが在籍していたフライブルク大学でも、フランス軍政府の指示により政治浄化委員会が設置され、一九四五年七月に彼の審査が始まった。

政治浄化委員会の委員長は、フライブルクの反ナチスのグループ「フライブルク・クライス」の中心人物であり、一九四四年七月のヒトラー暗殺未遂事件後、強制収容所に収監され、戦後釈放された農学者コンスタンティン・フォン・ディーツェ（一八九一―一九七三）が務めていた。また同じくフライブルク・クライスの一員でヒトラー暗殺未遂事件のあとに逮捕された歴史学者のゲアハルト・リッター（一八八八―一九六七）も委員会のメンバーだった。

その委員たちのハイデガーに対する態度は、当初は比較的、穏健なものだった。同年九月に大学の評議会に提出された政治浄化委員会の所見は、ハイデガーが一九三三年に自身の学問的名声を用いてナチ革命に奉仕した罪を認定していた。しかし他方で、所見はハイデガーが一九三四年以降はもはやナチと呼びうる存在ではなかったこと、また以後ナチズムの理念に手を貸すこともありえなかったことを認めている。こうして所見はハイデガーの処分として、条件付きの定年退官、すなわち「限定付きでの教授活動のチャンスを彼に残しておきつつも、大学自治、試験、教授資格審査への積極的な関与からは遠ざける」形での退官を提案していた（オット、前掲書、四七四頁以下）。

しかし大学の中にはこうした穏便な処分に反対するグループも存在した（GA16, 405）。ハイデガーは一〇月にフランス軍政府の浄化審査で「復職可能」と宣告されていた。さらにフランスにおける彼の哲学の高い評価を背景として、フランス軍将校やその他のグループの前で講演を行うために軍政府が置かれていたバーデン・バーデンに招待されたり、フランスの著名な雑誌への寄稿を求められたりしていた。こうした状況に、大学内の反ハイデガー派の教授たちは彼のナチス加担が不問に付されるのではないかという強い危機感を抱き、猛烈な巻き返し運動を行った（オット、前掲書、四七九頁以下）。このような情勢を察知したハイデガーは機先を制する形で、一九四五年一〇月にみずから定年退官願を提出した（GA16, 405）。

その間、この案件はふたたび政治浄化委員会に差し戻された。ハイデガーのナチス加担に関して、以前には知られていなかった数々の新たな事実が発見されたというのがその理由だった。九月に政治浄化委員会が提案した処分に不満な教授たちが、ハイデガーに不利な材料をいろいろ収集し、再審査を求めたのが功を奏したのである。

一二月初旬に政治浄化委員会でハイデガーへの厳しい査問が行われた。そこで問題にされたのは、ハイデガーの師であり、哲学講座の前任者でもあったフッサールに対する態度と、ドイツ国首相アドルフ・ヒトラー宛ての一九三三年五月二〇日付の電報であった（オット、前掲書、四八三頁）。前者については、ハイデガーがユダヤ人であるフッサールの葬儀に参加しなかったこと、また師の逝去《せいきょ》後の沈黙などが非難の的となった。後者については、彼がヒトラーに対して、ドイツ大学連盟の理事との予定された会見を「当地でとりわけ必要とされる強制的同質化という意味での大学連盟に対する指導が成し遂げられる時点まで」延期するよう求める電報を送ったことが問題視されたのだった（GA16, 105）。

ヒトラー宛ての電報の件を持ち出されたことに、ハイデガーは意表を突かれたようだった。彼はこの件を忘れており、即座に申し開きができなかった。

この電報が打たれた背景には以下のような事情があった。ドイツのすべての大学の利害を代弁する団体として「ドイツ大学連盟（Verband der Deutschen Hochschulen）」が設立されたのは一九二〇年であった。このドイツ大学連盟はワイマール共和国における「新教育」的な教育改革、とりわけ小学校教師の大学での育成、大学進学ルートの多様化、学生や私講師などの大学運営への参加などの大学の民主化に関わる措置に対して、「大学の自治」や

「学問の自由」を盾にとって頑強に反対していた団体であった（フリッツ・K・リンガー『読書人の没落——世紀末から第三帝国までのドイツ知識人』西村稔訳、名古屋大学出版会、一九九一年、四一—五〇頁）。

こうした背景から、ドイツ学生団はドイツ大学連盟を守旧派として敵視していた。またハイデガーも自身が構想する大学改革の妨げになる存在と見なしており、他のいく人かの学長とともに大学連盟の再編を画策していた。ハイデガーは問題となった電報では、この大学連盟の再編が完了するまで謁見《えっけん》を差し控えるようヒトラーに求めていたのである（ヴィクトル・ファリアス『ハイデガーとナチズム』山本尤訳、名古屋大学出版会、一九九〇年、一八三頁以下）。

ハイデガーのナチス加担を取り上げた第四章で、ハイデガーがナチスの政権奪取を、ワイマール時代以来、自身が目指していた大学改革を実現する絶好のチャンスと捉えていたことを指摘した。ヒトラー宛ての電報は、このような情勢認識に基づいたハイデガーの行動をその背景としていたのである。

バウムガルテン所見の問題

以上で見てきたように、ハイデガーは政治浄化委員会で突然、予期していなかった問いを突き付けられ、満足に釈明することができなかった。これにより窮地に陥ったハイデガーは政治浄化委員会に対して、自分に関する鑑定書をかつての盟友ヤスパースに依頼してほしいと願い出た。ヤスパースならば、自分が反ユダヤ主義者ではなかったことを証明してくれるだろうと期待したのだった（オット、前掲書、四八七頁）。

ところがハイデガーの期待に反して、ヤスパースの鑑定書はむしろ、彼が一九三三年にはある一定の連関において反ユダヤ主義者であったと非難するものであった。ヤスパースはハイデガーが学長時代にかつての弟子エドゥアルト・バウムガルテン（一八九八―一九八二）について書いた所見で反ユダヤ主義的な言辞を用いていることを咎《とが》めたのだ。

バウムガルテンは一時、ハイデガーのもとで教授資格の取得を目指していた。しかし両者は哲学的方向性の違いから決裂し、バウムガルテンはゲッティンゲン大学に移り、そこでアメリカ学の講師を務めていた。一九三三年にバウムガルテンは突撃隊とナチス大学教官同盟への加入を申請した。その際、ゲッティンゲン大学のナチス大学教官同盟の指導者から、バウムガルテンの学問的能力、ならびに国民社会主義者としての「信頼性」について照会を受けてハイデガーが執筆したのが問題の所見なのである（バウムガルテン所見の件については、拙著『ハイデガーの超‐政治』第一章第四節で論じたので、詳しくはそちらをご参照いただきたい）。

ハイデガーはその所見でまず、バウムガルテンが「マックス・ヴェーバーを中心とする自由民主主義的なハイデルベルク・知識人サークル」に属していたことを指摘した。バウムガルテンはマックス・ヴェーバーの遠い親戚にあたり、またマックス・ヴェーバーの授業を聴講したり、その弟のアルフレート・ヴェーバーのもとで博士号を取得したりしていた。ハイデガーは彼のそうした思想的背景に注意を促し、彼が国民社会主義（ナチズム）とは相いれない存在であることを強調したのである（GA16, 774）。

　さらにハイデガーは、バウムガルテンが「かつてゲッティンゲンで勤務しており、今はもうここ〔フライブルク大学〕を解雇されてしまったユダヤ人フレンケル〔傍点筆者〕と、つねに活発に交流して」おり、そのつてでゲッティンゲン大学に職を得たのだろうとの推測を披瀝している。このように所見でハイデガーは、バウムガルテンとユダヤ人との親密な関係性を強調し、この観点からも、彼がナチス大学教官同盟や突撃隊に加入するにはふさわしくない人物だと結論づけたのであった（GA16, 774）。

　エドゥアルト・フレンケル（一八八八―一九七〇）はフライブルク大学の古典学の教授だったが、職業官吏再建法により免職されていた。ハイデガーは学長として、解雇を差し止めるようバーデン州文部・教育省に嘆願を出したりもしていた（GA16, 144f.）。しかしここでは逆にユダヤ人と関係をもっていることの指摘がバウムガルテンの経歴に傷を与えることを前提として、「ユダヤ人フレンケル」という露骨に反ユダヤ主義的な表現によって、彼の名前に言及しているのである。

ヤスパースはバウムガルテンと同様、ハイデルベルクのヴェーバーのサークルに属しており、バウムガルテンとも直接の交友関係を結んでいた。ヤスパースはバウムガルテンがいち早く入手したこの所見を一九三五年に読み、大きなショックを受けたとのちに述懐している。かくしてヤスパースはハイデガーに関する戦後に書かれた鑑定書で、ハイデガーが一九三三年にはある一定の連関において反ユダヤ主義者であったことを示す証拠として、この所見に言及したのである。その鑑定書において、ヤスパースはハイデガーが新たな時代の教育者にはふさわしくないことを強調しつつ、彼に対する処置として個人的な年金の支給と数年間の教職停止――その間の公刊物に基づいて教育活動の再開を認めるかどうかを判断する――を提案した（オット、前掲書、四八九頁以下）。

ヤスパースの鑑定書はハイデガーにとって痛打となった。この批判により窮地に追い込まれたハイデガーは、フライブルク大学の政治浄化委員会の委員長に宛てた釈明の手紙で、「ユダヤ人フレンケル」という反ユダヤ主義的な言い回しは「党のジャーゴン」であり、したがって自分の所見の写しとして出回っているものは、自分の所見をもとに党の職員が執筆した所見の写しにすぎず、自身が書いた文章そのものではないと弁明した（GA16, 417f.）。

旧来の「自由主義的学問」を体現するバウムガルテンのような人物がナチスの「新体制」に巧妙に取り入り、そのせいで、当時、彼が目指していた学問の根本的な刷新が妨げられることへの強い危機感、また、もともとナチスに対しては批判的であった人物による時流迎合的なふるまいへの強烈な嫌悪感が、このときのハイデガーにはあったのだろう。とは言え、この所見にまったく後ろ暗い点がなかったとは、やはり言い切れない。そもそも彼自身、のちにはナチスを「悪」と見なすようになったのだから、その権力に依拠してバウムガルテンの排除を行おうとしたことには、やはり問題があったと言わざるをえない。

しかし実際のところ、ナチスの権力をハイデガーよりよほどうまく利用したのは、むしろバウムガルテンだったのだ。彼はハイデガーの所見によって当初はゲッティンゲン大学での教授資格の取得を妨げられた。しかしその後、ナチスの御用機関、ローゼンベルク機関で学術局長を務めていたニーチェ学者のアルフレート・ボイムラー（一八八七―一九六八）に取り入ることに成功した。ボイムラーはハイデガーを敵視していたから、バウムガルテンはそのような人間関係を知ったうえで行動していた可能性が大きい。ボイムラーの庇護《ひご》のもと、バウムガルテンはとんとん拍子に出世し、一九四〇年にケーニヒスベルク大学の正教授になっている。

ちなみにヤスパースは、ナチ党員であったバウムガルテンのこうした体制順応はまったく不問に付している。したがってハイデガーに対する評価が一点の曇りもない公平なものであったのかには大いに疑問が残る。バウムガルテンはハイデガーとは対照的に、戦後も非ナチ化の影響をほとんど受けなかった。彼は終戦後にフライブルク大学の社会学客員教授を務めたあと、一九五七年にはマンハイム商科大学の正教授に就任し、そこで一九六三年に定年を迎えている（以上のバウムガルテンの経歴の典拠については、拙著『ハイデガーの超政治』の当該箇所を参照していただきたい）。

さて、ハイデガーの審査の帰趨《きすう》に立ち返ろう。大学評議会と政治浄化委員会にはハイデガーの免職を求める声も強かったが、彼に同情的な教授たちの尽力によってかろうじて定年退官が認められた。こうして一九四六年一月の大学評議会で彼の定年退官届けが承認されたが、それは「教職の放棄」という条件付きのものだった。つまり政治浄化委員会の最初の提言では認められていた、一定期間後の再審査による教職復帰という可能性は完全に閉ざされてしまったのだ。また大学の公的行事への参加の自粛も勧告されていた（オット、前掲書、五〇二頁）。通常、ドイツの教授は定年退官後も大学の教員団に属している、すなわち講義を行う権利をもつ。その権利がハイデガーからは剝奪されたのである。

ハイデガーの「解職」

もっともハイデガーの処分はこの決定で確定したわけではなかった。一九四六年初頭にフランス軍政府が「地方浄化委員会」の設置を指示し、管轄区域のすべての政治浄化の案件はそこに委ねられることになった。そのため彼の件もふたたび審議に付されることになった。

ハイデガーの案件については地方浄化委員会の答申に従って、先の大学評議会の決定からほぼ一年後の一九四六年一二月、「教育活動を行うことと大学のすべての催しに参加することが禁止される」という決定がフランス軍政府によって下された。これに従い、バーデン州文部・教育省は一九四七年三月、ハイデガーに対して「教育活動の禁止と大学でのすべての職務の打ち切り」を通告した。つまり彼はこのとき公務員を解職されたのである。その際、年金も一九四七年末に打ち切ることが通告されていたが、その後、この措置は緩和され、年金の支出は続けられることになった（オット、前掲書、五〇六頁）。

ハイデガーの処分がなぜ急に厳しくなったのか、その理由は定かではないが、軍政府がハイデガーの哲学がフランス語圏に浸透しつつあったことに警戒心を抱いたことがその背景にはあったらしい（オット、前掲書、五〇七頁）。

ところがハイデガーは、この教職停止を一時的なものと理解していた。自分が解雇された公務員として扱われていることを彼自身知ったのは、一九四九年四月、年金が突然、削減され、財務省の年金局から手紙が届いたときのことだった。自分が解職扱いになっていることに驚いたハイデガーは学長事務局に介入を要請した。彼の言い分は、自分は学部長から軍政府の決定を知らされたとき、講義禁止は一時的なもので、大学での地位も変わらず、俸給の支払いも続くと伝えられたというものであった（GA16, 484）。

大学はこのハイデガーの要請を受け、彼の定年退官申請の認可をフランス軍政府に願い出た。そして一九四九年九月、フランス軍政府により、教職禁止処分の停止と退官が認められた。ところがこれを受けて出された退官申請はバーデン州政府によって、現行の公務員法の規定による定年退官の年齢に達していないという理由で拒否された。それゆえハイデガーは学長と哲学部長との協議の末、まず一九五〇年四月に「講義委嘱を伴う年金付きの退職」を行い、規定の年齢に達した段階であらためて定年退官へ移行するという取り決めを結んだ。ハイデガーの年金付き退職願は一九五〇年七月に州政府によって認められた（退職の発効日はさかのぼって同年四月からとされた）。そして一九五一年九月になって、ようやく定年退官が認められたのだった（GA16, 485f.）。

不可解な決着

一九四五年一〇月に自主的に退官願いを出してから、すでに六年が過ぎていた。しかしこの「退官」についても最後の最後まで不透明な要素がつきまとっていた。というのも、大学や州当局は、一九四七年に発令された教職禁止は解雇であるとの認識を撤回しなかったからである。しかしすでに解雇されている教授が定年退官するとは、いったいどういうことを意味するのだろうか。

ハイデガーは哲学部長宛ての書簡（一九五〇年八月二日付）で、自分は解雇だという説明を一度も受けなかったと述べている。しかし大学と州政府が自分を解雇された公務員と見なしているのなら、自分は教員団には属しておらず、つまりもはや教授資格を保持していないことになる、したがって今日、退官とともに委嘱された講義は大学所属の教員として行うことはできないし、もちろん退官した正教授の資格では行うことができないはずだ、こう主張したのだった（GA16, 462）。

先ほども指摘したように、ドイツでは退官教授は教員団の一員として、講義を行う権利をもっている。したがって大学から免職されたということは、教授資格を失ったことを意味する。それゆえハイデガーは自分に退官教授として講義をさせるのであれば、その前に解雇を取り消すこと、すなわち復職を認めるのが筋だと主張したのである（GA16, 445）。

ハイデガーは学長宛の書簡（一九五〇年八月一三日付）では、「学部長殿が『学部は貴殿を退官教授と見なす』と私に確約してくださるなら、かつまた学長閣下も大学の名において同じことを私にお伝えくださるなら、私はこの確約に感謝申し上げます」と述べる一方、「このような『見なすこと』によっては、大学との法的に有効ないかなる関係も生み出されません」と不満を表明している（GA16, 464）。つまり彼はこの時点でも、自身が法的には解雇されたままだと認識していたのである。

ハイデガーの戦後の経歴について、これまではフランス軍政府から教職停止処分を受けた後、それが解除されると同時に退官したというのが定説となっていた。しかし今見たように事情はもっと複雑で、免職されたという事実は覆されないまま退官教授の称号は与えられるという、ハイデガーは法的にきわめて不透明な状態に置かれていた。表面の体裁だけを取り繕うような形で、玉虫色の決着が図られたのだろうと思われる。

ハイデガーが所属していた哲学部は、ハイデガーの復職を模索していた。それゆえ一九四七年にハイデガーが教職停止の処分を受けてからも、ハイデガーの講座に後任を招聘《しょうへい》しようとせず、代行だけを置いていた（オット、前掲書、五一七頁以下）。学部がハイデガーの解職を知りつつ、いずれ復職は可能だと見て、ハイデガーにはあえて事実を伝えなかったのか、学部自身が解職と認識していなかったのか、どちらなのかは明らかではない。しかしいずれにしても、州政府レベルではハイデガーは解職として扱われており、また大学も最後までそれに異議を唱えようとはしなかった。こうしたことから、ハイデガーも自身の法的な地位は解雇された公務員であると認識しており、定年退官教授という扱いは表面上のものでしかないと見なしていたのである。

ハイデガーは当然、こうした処遇に不満を抱いていた。しかしすでに数年のあいだ不安定な境遇に置かれていた彼には争う気力は残っていなかった。また彼は自分の扱いが大学内に収拾のつかない党派抗争を生み出すことも認識していた。こうしてハイデガーは不承不承ではあるが、自身の地位をめぐる議論に終止符を打ち、「自分の仕事」に専念する決断を下したのである（GA16, 465）。

2 「悪」についての省察

戦争の終わりは「悪」の終わりだったのか？

以上で見てきたように、戦後社会におけるハイデガーへの風当たりはきわめて厳しいものだった。彼は自分がそのような扱いを受けるのは、過去のナチズムとの関係によるというより、戦後社会に対する自分の思想的スタンスが疎《うと》まれてのことだと解釈していた。一九四六年に書かれた宛先不明の手紙の下書き（『演説と生涯のその他の証　ハイデガー全集第一六巻』所収）で、ハイデガーは自分の「非ナチ化」がいまだに解決していないことを君は不思議に思うだろうと述べたうえで、「私の排除はナチズムとはまったく関係がない」と断言している。自分の排除は「人びとが私の思索のうちに何か不穏なもの、おそらくは不気味なものさえも感じ取り、それを追い払いたいと思っている」ことに起因する、そうハイデガーは分析している（GA16, 421）。

ハイデガーはナチス崩壊後の戦後社会においても、彼がナチスの本質と見なしていた「主体性の形而上学」はそのまま存続していると考えていた。そうである以上、西洋形而上学に対する批判という自身の哲学の根本的スタンスを変える必要を、まったく感じていなかった。このような姿勢は、戦後社会がなお「主体性の形而上学」によって規定されながら、そのことに無自覚であることにより、主体性の「悪」をそのまま温存していることへの鋭い批判を含んでいた。

こうしたハイデガーの戦後の体制に対する批判的態度を人びとは見逃さなかった。彼に対する非ナチ化の処分が、先ほど見たように、きわめて不透明なものとなったのも、彼が戦後社会に対してわかりやすい形での恭順《きょうじゅん》の意を示さず、むしろそれに対して批判的な態度を取ったことへの一種の「懲罰」だったと捉えることもできるだろう。

ナチスによる戦争遂行やユダヤ人迫害が、言語道断の「悪」であることは疑いえない。しかしナチスの崩壊と戦争の終結は、そのような「悪」が起こりうる可能性がこの世界から完全に除去されたことをはたして意味するのだろうか。そもそも「悪」の本質とは何なのか。ハイデガーは戦争が終わる直前から「悪」についての考察に着手していた。以下では「悪」についての彼の議論を概観し、彼が戦後という時代をどのように評価していたかを明らかにしたい。

「悪」の本質としての「荒廃化」

ハイデガーの「悪」についての考察は、一九四五年の終戦前後の時期に執筆された対話篇「ロシアの捕虜収容所での年少者と年長者のあいだの夜の対話」(『野の道の対話 ハイデガー全集第七七巻』所収、以下「夜の対話」と略)で展開されている。この対話篇の題名にある「年少者」と「年長者」は東部戦線で捕虜になり、当時は消息不明だった彼の二人の息子をおそらく念頭に置いていたのだろう。

ハイデガーはその対話篇で、年長者に次のように語らせている。「われわれがますます明らかに認識しつつあると言えることは、大地の『荒廃化』とそれに伴う人間本質の破壊は何らかの意味で悪そのものだということです」(GA77, 207)。ここで年長者は、「荒廃化」とは戦争による目に見える破壊を指すのではなく、むしろそうした状況そのものをもたらす「より深遠な、遠くから到来する本質」をもつと指摘する(GA77, 207)。つまり「荒廃化は、ようやく世界戦争の帰結であるというのでは決してなく、世界戦争のほうがすでに、また単にこの数世紀来、大地をむしばんでいる荒廃化の帰結でしかないのです」(GA77, 211)。

そうだとすると、この「荒廃化」は何を意味しているのだろうか。ハイデガーは第二次世界大戦の開戦前後に書かれた覚書「存在の歴史」において、「荒廃化」を「作為性から噴出するもの」(GA69, 47)、「存在の立ち去りの作為的な設置」と規定していた(GA69, 61)。つまり「荒廃化」は、「作為性」によってもたらされた「存在の立ち去り」そのものを意味するのだ。「作為性」が支配するところでは、存在者がおのれ固有の「存在」に即して存在することが徹底的に阻害され、何ものも自然に生い育つことがない。「荒廃」とは、このような事態を指しているのだろう(ちなみに荒廃化＝"Verwüstung"を構成する"Wüste"は、「砂漠」、「不毛の地」を意味する語である)。

第五章で論じたように、「作為性」、「存在の立ち去り」は「主体性」の本質をなすものである。したがって「夜の対話」で言及されている、「数世紀来、大地をむしばんでいる」「荒廃化」とは、「主体性」が大地を支配している状況を指している。「主体性」はあらゆる存在者をおのれの「力」を増進するために利用しようとする。このように存在者をもっぱら利用の対象とすることによる「存在」の隠蔽、破壊こそが、ハイデガーによれば「悪」の本質なのである。

また前章で見たように、「主体性」の支配する世界においては、「主体性」が「主体性」と争い合うことが不可避となる。この事態をハイデガーは「主体性」の「自己破壊」と表現した。そして彼は第二次世界大戦も、こうした「主体性」の「自己破壊」の表れと捉えていた。しかしすでに戦時中の覚書において、ハイデガーは「主体性」のあいだの相克が、普通は「平和」と呼ばれるような、武力紛争の起こっていない状態でも生起していることも強調していた。この観点からすると、戦争の終わりは「主体性」の支配の終わりを意味するのではなく、「主体性」は戦後においてもむしろそのまま存続しているのである。まさにこうした捉え方に基づいて、ハイデガーは「夜の対話」の付論で、「戦争は終わっても何も変わらないし、何も新しいものもなく、その逆である」と断言したのである（GA77, 241)。

戦後における「悪」の存続

この立場からすれば、戦争の終結を新たな出発として祝福するという態度自体が、以前と変わることなくこの世界を規定している「荒廃化」という本質的事態を隠蔽し、そのことによってむしろ「荒廃化」を助長すると見なされることになる。この見解を「夜の対話」の年少者は次のように表現している。「荒廃化が、安全な世界の状態という無邪気な見かけにおいて体制化し、その結果、満足できる生活水準を現存在の最高の目標として人間に対して掲げ、その現実化を保証することになったときこそ、荒廃化の悪質性はその究極的状態にまで達している」(GA77, 214)。

ナチスが「悪」であったことは間違いない。しかし「荒廃化」という意味での「悪」はナチスとともに消え去ったのではなく、むしろ現在の平和な状態においても人びとに生活水準の向上を約束するという無害な装いの下で存続している。この目標はだれにとっても善いものとみなされるがゆえに、「荒廃化」の破壊的本性はますます目立たないものとなり、その悪質性を増しているとさえいいうる、そうハイデガーは主張するのである。

「夜の対話」の末尾には「一九四五年五月八日」という日付が付されている。これはドイツが連合国に無条件降伏した日だが、この日付の下にハイデガーは以下の注記を付している。「世界がおのれの勝利を祝福し、世界が数世紀来すでにおのれ自身の反乱により打ち負かされたものであることをいまだに認識していない、その当の日に」(GA77, 240)。ここで言う「数世紀来の反乱」とは、「主体性の形而上学」による「存在の真理」の破壊を指している。すなわちナチスに勝利したからといって、「主体性の形而上学」の支配が終わったわけではなく、むしろわれわれはそれに屈服したままだと言っているのである。

ハイデガーは一九四六年に書かれた「黒いノート」の覚書でも、ナチスの終焉が「悪」

の終焉ではないことを、「黒いノート」特有の率直な表現で次のように述べている。「ヒトラーとその共犯者がのし上がり、権力を奪取し、権力によって身を滅ぼす、といったことがなかったと仮定したとき（中略）、そのことによってアメリカとロシアが今日そうであるような現実は（本質的に考えたとき）わずかばかりでも変わっていただろうか」（GA97, 150）。

「アメリカとロシアが今日そうであるような現実」とは、歴史的には「冷戦」と呼ばれている状況を指すのだろうが、これは「本質的に考えたとき」、「主体性」そのものの角逐《かくちく》に他ならない。「主体性の形而上学」の支配する世界においては、そうした大国同士の衝突は不可避である。そしてそうである限り、「荒廃化」という「主体性」固有の「悪」もつねに存続しているのである。

個人の罪責と組織の悪

もっともこうしたハイデガーの議論に対しては、当然のことながら批判も多い。たとえばナチスの崩壊によって強制収容所から解放された人びとに、「悪」は平和的秩序という装いのもとでなお存続しているなどと言うのは純然たるシニシズムではないだろうか。またナチスが崩壊してもなお「悪」が存続していると述べることによって、ナチスが犯した巨大な犯罪を相対化してしまっているのではないか。そしてそのことによって、ハイデガーは自身のナチス加担の罪を矮小化しようとしているのではないのか、と。

戦後、ハイデガーに対して、ナチス加担の罪について沈黙している、ないしは謝罪をしていないという非難が繰り返し向けられた。しかしそれは根拠のない非難である。ハイデガー自身はたとえばヤスパース宛ての書簡(一九五〇年四月八日)で、ナチス加担に対する罪をはっきりと認めている。その書簡で彼は、自分が学長職を早々に退いたことに触れたあと、次のように述べている。「私が今このようにお伝えしたからといって、それで何かが弁明されるということは全くありません。ただこのようにお伝えすれば、いかに年々歳々、悪質なものがいよいよ多く出現してくればくるほど、かつてこの地で直接間接にそれに参画したという恥の思い(Scham)もまたつのってきたかを、御説明することができるのではないかと思っただけです」(ヴァルター・ビーメル/ハンス・ザーナー編『ハイデッガー=ヤスパース往復書簡 1920 - 1963』渡邊二郎訳、名古屋大学出版会、一九九四年、三二九頁。訳は一部、変更した)。

第四章でも見たように、ハイデガーは自身のナチス加担の「誤り」を認めていた。彼はその「誤り」を、哲学的思索と権力政治の性急な混同のうちに見て取っていた。つまりハイデガーは近代のリベラリズム、共産主義、キリスト教といったものに批判的であり、それらの形而上学的基盤との哲学的対決が必要だと考えていた。しかしこのことは本来、社会民主党や共産党、カトリックの中央党を選挙で打ち負かしたり、解散に追い込んだりするようなこととは次元の違う話なのである。

もちろんハイデガーも両者の次元の違いをある意味では認めていた。否それゆえにこそ、単に国政における成功だけで満足してはならず、それを哲学的省察へと深化させていかなければならないという論陣を張ったのだった。しかしこれは他方では、政治的変革と哲学的思索とのあいだに何らかの連関を認めていることも意味している。すなわち二つの異なった次元の混同がここには見て取れるのである。

ハイデガーはナチス加担の失敗後、自分が不注意に関わりをもった「政治的なもの」の本性についての省察を深めていき、それを「主体性の形而上学」として主題化するに至った。第六章ではハイデガーの「主体性の形而上学」への批判が、ナチズムに対する批判そのものであったことを指摘した。このことのうちには、こうしたナチズムという「悪質なもの」の本質を捉えることができず、それを助長してしまった自身の過去の「誤り」に対する痛切な反省もつねに伴わざるを得なかっただろう。

しかし、もしそうした「主体性の形而上学」が戦後もそのまま存続し続けているとすれば、自分の過去の過ちを深く反省すればするほど、そうした状況を見過ごすわけにはいかない。これがハイデガーの基本的立場だった。

先ほど引いたヤスパース宛ての書簡におけるハイデガーの次のような言明も、この観点から理解することができるだろう。「個々人の責罪は、消えることなく残りますし、また本人がいっそう個別性に徹していればいるほど、その責罪はいっそう消し難く残り続ける傾向を強めるものです。けれども、悪の問題は、終わってはいません。その問題は今や初めて世界的規模の段階に入り始めたのです」（前掲書、三二一頁）。

ハイデガーはここで「個々人の責罪」について語っているが、そこには自身のナチス加担の責罪も含まれているだろう。「本人がいっそう個別性に徹していればいるほど、その責罪はいっそう消し難く残り続ける」というのは、自分が罪を犯したことを時代や社会状況のせいにせず、あくまでも、自分の責任として引き受ける態度を指しているのだろう。このことからもわかるように、彼はナチス加担について個人の責任を問いうることを認めているのである。

しかしハイデガーはここで、個々人に罪を帰することとは区別される「悪の問題」にも言及している。この「悪」とは先ほどすでに述べたように、おのれの「力」の増大のために人びとや事物を根こそぎ動員し、あらゆる可能な術策を弄する「主体性」のことである。この意味での「悪」は、戦争が終結し、個々人の戦争責任の問題を処理したとしても消え去ったわけではない。否、むしろそれは、そのまま存続し続けている。そしてその限りにおいて、個々人が国家の勢力拡大のために動員され、知らず知らずのうちに「悪」に加担することは今でも現実に起こっている。このようなことをハイデガーはヤスパース宛ての手紙で述べ、また戦後、一貫して主張しているのである。

この国家という形を取る「悪」は、個々人の倫理性や道徳性の強化によって解消されるような問題ではない。それどころか、われわれは今日、組織の約束事、決まりを守ることを「倫理」と呼び、組織に対する献身的な貢献を「道徳的善」と称えている。組織が円滑に機能することが「善」であると見なされ、組織それ自体の本質的な「悪」はまったく問題にされてはいないのだ。こうして今日われわれが「倫理」や「道徳」と呼んでいるものは、われわれが何の疑問も抱くことなく、国家や組織の勢力拡張に参与することを促進するイデオロギーとして機能しているのである（たとえばナチス親衛隊員で多数のユダヤ人を強制収容所に送り込んだことで断罪されたアドルフ・アイヒマンが、賄賂《わいろ》と引き換えにユダヤ人の強制収容所への移送を見逃した同僚を道義的に許しがたいと憤っていたことなどを想起していただきたい）。

しかも、そうした国家や組織の暴走によってもたらされた破壊が個人の責任に帰され、その個人のみが非道徳的存在として断罪されるというのもまたおなじみの光景である。そのことによって組織そのものは延命し、これまでどおり勢力拡大に努めることができる。そ個人をいけにえとして差し出すこと自体が、「主体性」がおのれの「力」の維持、ないしはその伸長のために用いる典型的な手管《てくだ》なのである。

謝罪しない理由

もっとも以上の議論は、個人の責任を問うことがどうでもよいと主張しているわけではない。ただすべてを個人の責任に帰することで、おのれの「力」の増進のみを目指す「主体」であることに由来する国家や組織の本質的な「悪」が見過ごされてしまい、結果的にそうした「悪」を温存してしまうことを問題視しているのである。

もちろんハイデガーは、右でも指摘したように、ナチスを支持したことの個人的な責任をはっきり認めている。しかもそれは戦後になってはじめてというわけではなく、学長職を辞任したこと自体が、すでにそうした「誤り」の認識に基づいていた。彼にとっては自身の大学改革構想を実現することのみが問題であった以上、その観点からまったく見当違いのものを支持していたことを認識するや、ただちに学長を辞任したのである。

その後、ハイデガーは「主体性の形而上学」への批判的考察という形でナチズムとの思想的対決を展開することになったが、このこと自体がかつて自分がナチスに幻惑されたことへの自己批判をつねに内包するものだった。そしてこの一九三〇年代以降のナチズム批判に自らが忠実であろうとする限りにおいて、さらにはまた、戦後の国際秩序も根本においては依然、「主体性の形而上学」に規定されたものであることに何らの変化もない限りにおいて、彼にはその状況を決して黙視するわけにはいかなかったのである。

戦後、ハイデガーが自身のナチス加担について決して「謝罪」しようとしなかったことは、今日に至るまで咎められている。しかしこうしたハイデガーの態度は、戦後社会の本質についての以上のような認識に基づいていたのである。

ハイデガーはかつてのユダヤ人の教え子、ヘルベルト・マルクーゼ（一八九八―一九七九）から、いまだに一般の人びとはハイデガーをナチ政府の精神的支柱の一人と捉えているから、そうした誤解を解くために、ナチ政府の行為やイデオロギーに対する批判を公に告白すべきではないかと手紙で求められたことがあった。ハイデガーはマルクーゼ宛ての返信（一九四八年一月二〇日付）で、自分が一九三四年には自身の「政治的誤り」を認識し、ナチスに対する抗議として学長を辞任したこと、その後は一九四四年まで、講義や演習でナチズムへの明確に批判的な態度を示していたことを指摘したあとで、次のようにマルクーゼの要求を拒否している。「一九四五年以降に信条を告白することは私にはできませんでした。なぜならナチの信奉者たちは嫌悪を催させるような仕方で変節を表明しましたが、私には彼らと共通するところは何もなかったからです」（GA16, 431）。

先ほども述べたように、学長辞任後のナチズムとの対決そのものがすでに、自身のナチス加担に対する反省という意味をもっていた。彼はこの批判的考察によって、ナチズムの「悪」を「主体性の形而上学」のうちに見定めたのだ。ハイデガーの見るところ、この「主体性の形而上学」は戦後もなお温存されたままである。そうである以上、ナチスにさんざん迎合したあげく、ナチス崩壊後、にわかに懺悔《ざんげ》しはじめたような人びとのように戦後社会への帰依を表明するわけにはいかない。それは「主体性の形而上学」への無自覚な追随という意味においては、ナチスへの迎合と変わらない行為だからである。それゆえ、現状においてはむしろ安易な転向宣言を差し控えることこそが、ナチスに対する真摯な反省にふさわしい態度である。ハイデガーの考えは以上のようにまとめることができるだろう。

ハイデガーは戦後、自身のナチス加担について「沈黙」していたと非難されることが多い。しかし以上で見たように、彼はその問題について沈黙していたのではなく、むしろ饒舌《じょう》《ぜつ》すぎるほど語っている。ただ世間一般が望むような仕方で語らなかったというだけである。彼からすれば、ナチスの本質が「主体性の形而上学」のうちに見て取られる以上、自身のナチス加担を真摯に反省すればするほど、戦後社会においても「主体性の形而上学」がそのまま支配し続けているという事態を見過ごすわけにはいかなかったのである。

しかしハイデガーのこうした姿勢は、ナチス崩壊とともに道徳的に健全な秩序が取り戻されたとする戦後社会の根本前提とはまったく相いれないものだった。そのためハイデガーの反省は反省としては受け止められず、むしろ傲慢な開き直りとして人びとを苛立たせた。彼に対する非ナチ化の処分が紆余曲折《うよきょくせつ》をたどり、奇妙に曖昧、かつある種の陰険さを伴うものになったのも、戦後社会への恭順の意を示さない彼の姿勢に対する人びとの困惑と不信感の表れと見ることができるだろう。

パウル・ツェラーンとの出会いとすれ違い

以上で見てきたような、ナチス加担をめぐって人びとがハイデガーに求める反省と彼自身の反省のすれ違いは、ユダヤ人の詩人パウル・ツェラーン（一九二〇―一九七〇）とハイデガーの出会いと交流において先鋭化された形で示されることになった。

両者の関係は、通常はおおよそ次のように紹介される。ツェラーンは一九六七年七月、ハイデガーのトートナウベルクの山荘を訪れた。その際、両親を強制収容所で殺されたツェラーンはハイデガーにナチス加担についての明確な謝罪を要求したが、期待した言葉が得られなかった。この「沈黙」に大きな失望を抱いてツェラーンは山荘を立ち去った――。人びとはこの逸話から、ナチスによる被害者の心からの求めに対してさえ謝罪を拒むハイデガーの頑なさ、劣悪な人間性をあらためて確認するのだった。

私自身、ハイデガーの人格についての評価はともかく、両者の関係については右の通説以上の認識をもっていなかった。しかし実際にハイデガーとツェラーンの交流について調べてみると、事実はそうした通説とはまったく異なるものであった。

ツェラーンは一九六七年七月二四日に、フライブルク大学で自作の詩の朗読会を行った。例の山荘訪問はその翌日、七月二五日に行われた。朗読会はフライブルク大学のドイツ文学の教授、ゲアハルト・バウマン（一九二〇―二〇〇六）が企画したものである。バウマンはツェラーンの信頼を得た友人であり、『パウル・ツェラーンの思い出』という著作を残している。ツェラーンとハイデガーの交流についてわれわれが知ることの多くは、この著作を典拠としている。

一九六七年一月末の自殺未遂後、なお入院中ではあったものの、許可を受ければ外出ができたツェラーンは、以前から打診されていたフライブルクでの朗読会を行ってもよいとバウマンに伝えた。ツェラーンは一九五〇年代からハイデガーの哲学に本格的に取り組み、一般のハイデガー評価には逆行する形でハイデガーの後期の思索の「明晰さ」に賛意を示していた。またハイデガーもツェラーンの詩作品を高く評価しており、一九五七年にはツェラーンを南ドイツの都市ウルムの造形学校に招聘《しょうへい》することを試みたりもしていた（Otto Pöggeler, *Der Stein hinterm Aug: Studien zu Celans Gedichten*, München, 2000, S. 176）。

このように両者が互いに関心を抱いていたことを知っていたバウマンは朗読会を企画す

るにあたって、ハイデガーに参加可能な日程を尋ねた。ハイデガーはそれに対する返事で、自分は長らくツェラーンと知り合いになりたいと望んでいたこと、ツェラーンの深刻な危機についてもよく知っていること、朗読会の日程は七月二四日が望ましいことを告げている。そして同じ手紙でハイデガーは、ツェラーンにシュヴァルツヴァルトも見せれば「癒しになる（heilsam）」だろうと付け加えている（Gerhart Baumann, *Erinnerungen an Paul Celan*, Frankfurt am Main, 1986, 59f.）。

この手紙にも示されているように、ハイデガーはツェラーンとの関係において、つねにツェラーンの病状を気遣い、彼を精神的危機から救うために手助けができればと考えていた。ハイデガーのツェラーンに対する配慮は、たとえば次のような逸話からも読み取れる。ハイデガーは朗読会に先立って、自分と親しい書籍販売業者を介してフライブルクの重要な書店に、ツェラーンの詩集をショーウィンドウの目立つところに展示するよう依頼した。朗読会の当日、市内を散策したツェラーンは至るところで自分の詩集が飾られているのを見て、大いに喜んだという。もっともハイデガーがそのことに一役買ったことは、ツェラーンにはあえて知らされなかった（Gerhart Baumann, *Erinnerungen an Paul Celan*, S.66）。

当日、ハイデガーはツェラーンを朗読会の会場となるフライブルク大学に案内するために、バウマンとともに彼をホテルまで迎えに行った。そこでツェラーンとはじめて会い、言葉を交わした。ソファに隣り合って座り、話している両者を写真に撮ろうとしたとき、ツェラーンは慌ててその場を飛びのき、ハイデガーと一緒に写真に写りたくないと述べた。それに対して、ハイデガーはそれに気を悪くしたそぶりを見せることもなく、「彼がいやなら、やめておこう」と言った（Gerhart Baumann, *Erinnerungen an Paul Celan*, S.63）。

フライブルク大学の大教室（この教室は、学長就任演説が行われた場所でもあった）で行われた朗読会は一二〇〇人の聴衆を集め、大成功を収めた。その後、ツェラーン、ハイデガー、バウマンはホテルに戻り、懇談した。ハイデガーはこの懇談中に、翌朝みんなでシュヴァルツヴァルトに出かけることを提案した。ツェラーンは高層湿原を見たいと希望し、ホルバッハ湿原を訪ねることになった。またその際に、ツェラーンをハイデガーのトートナウベルクの山荘に案内することも決められた（Gerhart Baumann, *Erinnerungen an Paul Celan*, S.68）。

バウマンは当日の午前中、大学で試験があったため、助手のゲアハルト・ノイマン（一九三四―二〇一七）に二人を乗せる車の運転を任せて、彼自身はあとからシュヴァルツヴァルトのザンクト・ブラジエンという場所で彼らと落ち合うことにした。ハイデガー、ツェラーンはまず山荘に向かった。

この件についての証言を含むノイマンの当時の書簡（トプホーヴェン夫妻宛て、一九六七年八月二八日付）が比較的近年、彼の自伝に収録されて公開されたが、それによると、この山荘に向かうドライブ中に決定的な対話が行われた。ハイデガーは自分が用いた「フェルキッシュ（völkisch）」や「総統（Führer）」などといった言葉をめぐる議論（当時、フランスでも問題となっていた）をみずから話題にもちだした（Gerhard Neumann, *Selbstversuch*, Freiburg im Breisgau, 2018, S.319）。「フェルキッシュ」は「民族的な」を意味するが、戦後はナチズムのジャーゴンとして使われなくなった語である。ハイデガーのナチス加担に関係する多数の資料を収録したグイード・シュネーベルガー『ハイデガー拾遺　その生と思索のドキュメント』が一九六二年に刊行された。これを契機として、彼のナチス時代の言論が多くの人びとに知られるようになり、そこでのナチス的なジャーゴンの使用が当時、フランスでも問題視されていたのだろう。

この報告に従えば、ハイデガーは自分からナチス加担が話題になるようツェラーンに水を向けたことになる。彼はこの点について一度、ツェラーンと語り合う必要性を感じていたのだろう。そしてツェラーン自身も、もともとこの話をハイデガーにぶつける覚悟でフライブルクに乗り込んでいた。ハイデガーの誘いに乗る形で、ツェラーンは滔々《とうとう》としゃべりだした。両者の対話の立ち入った内容は残念ながら報告されていない。ただノイマンは先ほどの手紙において、ハイデガーは越えることのできない限界内においてツェラーンを納得させ、またツェラーンもハイデガーにその人柄と誠実さを納得させたと書いている

(Gerhard Neumann, *Selbstversuch*, S. 319)。この報告が正しいとすれば、ハイデガーがツェラーンの問いかけに対して「沈黙」によって応じ、ツェラーンはそのことに失望したという通説とは異なり、両者のあいだにはむしろそれなりに意味のある対話が成り立っていたことになる。

実際、ツェラーンは妻のジゼル宛ての書簡（八月二日付）で次のように述べている。シュヴァルツヴァルトのハイデガーの山荘を訪れたとき、「車中で真面目な対話がはじまった。そのとき、ぼくは明確な言葉を使った。そこに居合わせたノイマン氏は、この対話は画期的な意味をもつものだったとぼくにあとから言ってきた。ぼくが希望するのは、ハイデガーがペンを執って、この対話に関連しつつ、ふたたび台頭しているナチズムに対して警告にもなるような文章を書くことだ」(Paul Celan/Gisèle Celan-Lestrange, *Briefwechsel. Erster Band. Die Briefe*, Frankfurt am Main, 2001, S. 479)。また友人のフランツ・ヴルムに宛てた書簡（八月七日付）でも、「ぼくはハイデガーとかなり長い、そしてかなりはっきりとした対話をした」と述べている (Paul Celan/Franz Wurm, *Briefwechsel*, Frankfurt am Main, 2003, S.88)。

以上の文面からは、ハイデガーとの「対話」がツェラーンを失望させるものだったことは読み取れない。それどころかツェラーンは対話にかなり満足していた節もある。というのも、バウマンはその回想録で、彼がハイデガーとツェラーンとの待ち合わせ場所のカフエに到着したとき、二人は上機嫌で会話していたことを驚きとともに報告しているからだ（Gerhart Baumann, *Erinnerungen an Paul Celan*, S.70）。翌日、ツェラーンはフライブルクを去った。その後、ツェラーンはヴュルツブルクを経て、フランクフルトに滞在するが、そこでツェラーンに会った友人は、彼がまるで別人のようになっていることに驚愕した。そしてバウマンにフライブルクでいったい何が起こったのかと尋ねてきたと言う（Gerhart Baumann, *Erinnerungen an Paul Celan*, S.72）。こうした逸話は、両者の対話が一般に言われているような悲劇的なすれ違いに終わったものではないことを間接的に示すものだろう。

　ツェラーンは他の詩人の作品を剽窃《ひょうせつ》したという告発に長年、苦しめられており、これが彼の精神に大きなダメージを与えていた。彼はそうした自分に対する誹謗中傷《ひぼうちゅうしょう》が、ドイツ社会においてなお存続し、しかも当時ネオナチの活動とともにふたたび活発化しつつあった反ユダヤ主義と連動したものだと捉えていた。ツェラーンはこうした状況に対してハイデガーが「ペンを執ること」、すなわち批判的な態度表明をすることに期待を抱いたのだ。このような態度表明は同時に、ハイデガーが過去のナチス加担の誤りを公に認めることをそれ自身のうちに含むことになるだろう。ツェラーンとハイデガーの車中での対話がどのような内容だったのかは定かではないが、それは少なくともツェラーンに今述べたような希望を与えるものであったことは確かである。

ここで話を元に戻すと、車中で例の決定的な「対話」がなされたあと、彼らはトートナウベルクの山荘のふもとに着き、そこから徒歩で山荘に向かった。山荘は無人ではなく、ハイデガーの息子イェルクの妻の知人が滞在中だったと言う。ハイデガーたちは山荘にそれほど長居しなかった。というのも、バウマンとの待ち合わせ時間が迫っていたからである。山荘を立ち去る際に、ツェラーンは「山荘の訪問帳に、水汲み場の星を見つつ、到来する心の言葉への希望を抱いて」と記帳した（Hans-Peter Kunisch, *Todtnauberg*, München, 2020, S.149ff.）。その後、ハイデガーとツェラーンはノイマンの運転で、バウマンと落ち合うことになっていたザンクト・ブラジエンに向かった。ハイデガーとツェラーン一行はそこでバウマンと合流し、ふたたび車で高層湿原に向かい、そこで散策をはじめた。しかし天候が悪化し、雨が強くなってきたため、彼らは散策を中断し、昼食をとるために湿原をあとにした。

この山荘訪問から高層湿原の散策までの印象を記録しているのが、あの有名な詩「トートナウベルク」である。ツェラーンはこの詩を早くもフランクフルト滞在中に書き上げた。この詩の立ち入った分析はここでは差し控えるが、そこでは「ひとりの思索者の／到来する／心の言葉への／希望」が語られている。また「荒々しいもの（Krudes）、あとから、車中で／はっきりと」という表現で、ドライブ中に行われた決定的な対話にも言及されている。

（この詩では、対話は山荘訪問のあとに起こったかのように書かれている。そのため山荘訪問と対話の時系列的な順序をこのように捉えるのが、これまでは普通だった。しかし詩において、この「それ〔荒々しいもの〕を一緒に聞いていた人」として言及されている運転者のノイマンは、先ほども見たように、重大な対話は山荘訪問の前に起こったと証言している。私には、ツェラーンがハイデガーとの対話を経て、ハイデガーがナチズムに対して明確な警告となる言葉を発するだろうという希望を抱き、そのことを訪問帳に記載したと捉えるのが自然な流れであるように思われる。ただ事実がそうだとしても、ツェラーンが詩においてなぜそれとは異なるように表現したのかという問題はなお残るだろう。）

ツェラーンはこの「トートナウベルク」を愛蔵版として五〇部限定で印刷し、一九六八年一月にそのうちの第一番の番号が付されたものをハイデガーに恵贈した。これはまさにハイデガーに対する「促し」であった。しかしハイデガーの返事はなかなか届かず、ツェラーンは気をもんだ。そして最終的に届いた礼状（一月三〇日付）は非常に丁重なものであったが、その内容はツェラーンの期待を裏切るものであった。ハイデガーはその礼状で、「トートナウベルクを語る」「詩人の言葉」を「同時に励ましでもあり、警告でもあり、シュヴァルツヴァルトの多様な気分に彩られた一日の思い出を保存する」ものと特徴づけている。それに続いて次のように述べている。「それ〔ホテルでの最初のあいさつ〕以来、われわれは多くをお互いに黙し合いました。／いくつかのことがいつの日か、対話において語られざるものから取り出されることと思います」（"Wir haben Vieles einander zugeschwiegen". Ein unveröffentlichter Brief von Martin Heidegger an Paul Celan, in: *Neue Zürcher Zeitung*, 3. /4. Januar 1998, S.49）。

ハイデガーが今日のナチズムの再燃に対して明確な態度表明を行うことを期待したツェラーンにとって、この返事は木で鼻を括《くく》ったものにしか感じられなかったのだろう。ハイデガーの「沈黙」に対するツェラーンの失望について語りうるとすれば、それはこのとき以降のことである。もっともツェラーンは、これを契機としてハイデガーと決別したわけではない。ツェラーンはその後も、一九六八年夏と一九七〇年三月末の二度、フライブルクで朗読会を行っており、そのつどハイデガーと会っている。

一九七〇年三月二六日の最後の対面のときにはツェラーンの精神状態はかなり不安定になっており、バウマン宅で行われた朗読会でツェラーンがハイデガーの無理解を面罵《めんば》するということもあった。バウマンによると、ハイデガーは自宅の門前で「ツェラーンは病気だ、治りそうもない（heillos）」と漏らしたという（Gerhart Baumann, *Erinnerungen an Paul Celan*, S.80）。そして同年四月に、ツェラーンはセーヌ川に飛び込んで自殺した。

ハイデガーの立場から見ると、ツェラーンに対する関係はつねに彼の病状、またその

「癒し（Heil）」への気遣いによって規定されていた。すでに見たように、彼はシュヴァルツヴァルトへの訪問がツェラーンの「癒しになる」ことを期待していた。そして最後の「治りそうもない（癒しがたい）」という判断にも、彼の関心が一貫してツェラーンの「癒し」に向けられていたことが示されている。

他方、ツェラーンはハイデガーに対して、戦後ドイツ社会になおはびこるナチズムに明快な警告を与えることを期待していた。そしてこうした態度表明によってこそ、ハイデガーの過去の過ちに対する悔悟《かいご》も示されることになると考えていた。ないしは、ハイデガーの過去の過ちに対する自己批判が、現代におけるナチズムの再燃に対する警告になると考えていた。

すでに本章でも見たとおり、ハイデガーは「ナチズム的なもの」が戦後にもそのまま温存されていると捉えていた。彼のこのような認識は、戦後社会におけるナチズムの跋扈《ばっこ》に対するツェラーンの危機感と矛盾するものではなく、むしろそれを裏づけるものであった。ツェラーンは車中での対話をとおして、おそらく今述べたようなハイデガーのスタンスを認識し、ハイデガーの立場が自分の立場と異ならないという心証を得たのだろう。そこから「ひとりの思索者の、到来する心の言葉への希望」も生まれたのだ。

ただしハイデガーからすれば、戦後社会における「ナチズム的なもの」の支配は、あらためて「ペンを執って」論難せねばならないものではなかった。というのも、彼の「存在の思索」全般、とりわけ以下で取り上げる「技術への問い」それ自身が、ナチス体制と形而上学的本質においてはまったく異ならない戦後社会との思想的対決を意味していたからである。しかもそうした思索そのものが、ハイデガーにとっては過去のナチス加担に対する真摯な反省に由来するものだった。したがって、ハイデガーがツェラーンの要求を正しく理解していたとしても、その要求を満たすために何かこれまでと異なることを行う必要性はまったく感じなかっただろう。

こうしたハイデガーとツェラーンのすれ違いは、本章でこれまで見てきたハイデガーと戦後社会のすれ違いと異なるものではないだろう。ツェラーンもまた、右のようなハイデガーの姿勢を不作為、すなわち「沈黙」と受け止めた。しかしこの「沈黙」はけっして空虚なものではなく、むしろハイデガーの「存在の思索」、そしてそれに基づいた戦後社会に対する評価によって裏打ちされたものであった。

これから取り上げる戦後の「技術への問い」も、ハイデガーのこうした「沈黙」の語りそのものと捉えることができる。以下では、この「技術への問い」をハイデガーの戦後社会への「警告」として読み解くことにしたい。

3 「技術への問い」

「技術への問い」の淵源

すでに論じたようにハイデガーは、おのれの「力」の伸長のためにあらゆる存在者をその「存在」を無視して動員するという「主体性」の本質的動向そのものを「悪」と捉えていた。そしてそうした「主体性」が、戦後においてもそれ以前と変わることなく世界のあり方を規定し続けていることに注意を促した。ハイデガーはこのように唱えることによって、「絶対悪」としてのナチスをこの世界から取り除き、健全な秩序を取り戻したという戦後社会の根本前提を真っ向から否定したのである。

かくして、「主体性の形而上学」への批判という形でなされた一九三〇年代後半のナチズムとの対決は、そのまま戦後体制との対決へと引き継がれた。ただし戦後の体制は、技術進歩による生活水準の絶えざる向上を約束することにより、「主体性」の暴力性をより巧妙に覆い隠し、その支配を伸長させるという特性をもっていた。ハイデガーはこのような戦後社会との対決を、まさに「技術への問い」として遂行したのである。

一般にハイデガーの技術論と言えば、戦後に固有の業績と思われている。しかし「技術」という主題は一九三〇年代後半から、第六章で取り上げた「主体性の形而上学」についての批判的考察の枠内ですでに取り上げられていた。たとえば一九三八／三九年頃に記された覚書集『省察』では、「技術」の本質が「作為性」であると述べられている（GA66, 173f.）。つまり「技術」とは、存在者を「作成可能性」、「計算可能性」において捉えること、存在者をそのような仕方で「前に-立てること」そのものを意味するとされていた。

われわれは「技術」というと、自動車やスマートフォンのような機械や電子機器などをすぐに思い浮かべることだろう。しかしハイデガーはそうした「モノ」を「技術」と呼んだのではなかった。むしろ存在者を開示するある独特の様式、すなわち存在者を「作成可能性」、「計算可能性」において対象化することを「技術」の本質と捉えていた。そしてこのような仕方で存在者を「前に立てること」こそが、「主体」の本質だとされるのである。

このように「技術」は一九三〇年代後半から、「主体性の形而上学」をめぐる思索においてすでに取り上げられていた。そこでは「技術」は「主体性」、「作為性」、「力」との連関において扱われ、実質的にはそれらと同じ事象と捉えられていた。戦後の技術論も大枠として、この議論をそのまま踏襲している。ただし戦前・戦中とまったく同じというわけではなく、以下で詳しく見るように、戦後になると「技術」の構造についてより緻密な分析がなされ、「技術」の本質についての洞察が格段に深まっていることが確認できる。

「開示」の様式としての技術

ハイデガーは一九四九年のブレーメン講演以降、「技術」を主題とする講演を繰り返し行い、その基本的な内容が、一九五四年、論文「技術への問い」として公刊された（現在は『講演と論文　ハイデガー全集第七巻』所収）。以下ではこの論文に即して、ハイデガーの技術論の概要を見ていくことにしたい。

ハイデガーは同論文で、「技術」を「開示すること（Entbergen）の一つの様式」と規定する（GA7, 14）。ここで「開示すること」と訳した"Entbergen"はハイデガーの造語である。"bergen"という動詞が「匿《かくま》うこと、守ること」を意味し、"ent-"は除去や離脱を示す接頭辞なので、"entbergen"は「隠れなくする、あらわにする」という意味になる。なお"entbergen"は、ドイツ語として普通に用いられる「隠す」を意味する動詞"verbergen"に対置されていることにも注意されたい。ハイデガーが「真理」を「非‐隠蔽性」と捉えていることはすでに指摘したとおりである。こうした「非隠蔽性」のうちに立ち、その「非隠蔽性」を成り立たせることをハイデガーは「隠蔽を取り去ること」として"Entbergen"と呼ぶのである。

ハイデガーが「技術」を「開示すること」の「一つ」の様式とするのは、「技術」とは異なる存在者の開示の様式がありうるということだ。ではそうしたさまざまな存在者の開示のうちで、とりわけ「技術」という開示はどのように特徴づけられるのだろうか。以下ではこの点についてのハイデガーの分析を見ていこう。

ハイデガーは論文「技術への問い」において、「技術的開示」を以下の三つの観点から記述している。すなわち（a）物事を技術的に「開示」することがどのような性格をもつのか、（b）そこで「開示」されている存在者はどのようなものとして現れてくるのか、（c）人間はこうした技術的な「開示」とどのように関わっているのか、の三つである。以下では、この三点それぞれをめぐるハイデガーの説明を順に見ていくことにしたい。

「技術的開示」の基本構造

a 「無理強い」としての技術的開示

まずハイデガーが「技術的開示」のあり方について、どのように語っているのかを見ることにしよう。彼は論文「技術への問い」において、「技術」の本質を「存在者の開示の様式」と規定する。彼によれば、近代技術のうちでの支配的な「開示」は「自然に向かって、採掘して貯蔵できるようなエネルギーを提供せよと要求する無理強い（Herausfordern）」である（GA7, 15)。ここで「技術的開示」の特徴づけに用いられている“herausfordern”という語は「挑戦すること」、「挑発すること」、「そそのかすこと」などを意味する動詞である。ここではエネルギーを出せと自然に挑みかかり、無理強いするというイメージで用いられているので、訳は「無理強い」としておいた。

「技術的開示」をこのように「無理強い」と特徴づけたあと、ハイデガーは昔ながらの風車にも同じことが当てはまるのではないかと自問する。彼はこの問いを受けて、風車の羽根は風に吹かれて回りはするが、吹き付ける風に直接的に委ねられていて、気流のエネルギーを貯蔵するために取り出したりはしないと答えている。それに対して、ここでは触れられてはいないが、今日ドイツでも至るところで普通に見られる風力発電機は、まさしく風に対してエネルギーを提供せよと無理強いするものだと言えるだろう。

ハイデガーはこの論文で「技術的開示」の例として、鉱山開発などにも言及している。「技術的開示」が支配的となったとき、「土地は石炭や鉱石の採掘へと無理強いされ」、「土地は今や石炭の鉱区として開示され、地面は鉱床として開示される」(GA7, 15)。つまり「技術的開示」は土地に対してエネルギーを提供せよとの要求を突きつけ、土地をただエネルギーの供給源としてのみ捉えるのだ。

このような土地利用と対比する形で、ハイデガーはかつての農夫がこれとはまったく異なる仕方で土地に関わっていたことに注意を促す。すなわち「農夫の仕事は農地を無理強いしない。農夫の仕事は穀物の種をまいてからは、種を成長力に委ね、その成長を見守るのだ」(GA7, 16)。ハイデガーによると、このような農夫の「耕作すること(Bestellen)」は「育てること」とか「世話をすること」を意味していた。それが今日では、自然を無理強いするという意味での「注文すること(Bestellen)」へと変化した。それに応じて農業も、「動力化された食品産業」へと変質してしまった(GA7, 15f.)。

なお"Bestellen"という語は、今日では「注文する」、「発注する」という意味で用いられるのが普通である。しかしそれ以外にも、「世話をする」、「耕作する」という語義ももっている。ハイデガーはこうした"Bestellen"という語の多義性を生かし、かつて土地への関わりは「世話をする」という意味での"Bestellen"であったが、今日では土地に対してエネルギーを提供するよう注文し「無理強いする」という意味での"Bestellen"に変化してしまったと言うのである。

以上で見てきたように、近代技術の「開示」は「無理強いという意味で立てること」という性格をもっている。ハイデガーによると、この「無理強い」は、「自然のうちに隠されているエネルギーが開発され、開発されたものが変形され、変形されたものが蓄積され、蓄積されたものがふたたび分配され、分配されたものが新たに転換される」という仕方で起こる(GA7, 17)。つまり「技術的開示」は、こうした「開発すること、変形すること、蓄積すること、分配すること、転換すること」などが組み合わされた全体として生起するのである。

このような「開示」は放っておいても自然に経過するものではなく、つねに制御されていなければならない。そしてこの制御は、どこにおいても保全されていなければならない。ハイデガーによると、こうした「制御」と「保全」こそが「無理強いする開示」の根本的特徴であるとされる（GA7, 17）。

今見たような「技術的開示」の特徴は、同論文でハイデガーが挙げている水力発電所の例を見ればよりイメージしやすくなるだろう。「水力発電所がライン川の中に立てられる。水力発電所はライン川をその水圧を目当てに立て、この水圧はタービンを回転することに向けて立て、この回転は機械を駆り立てるが、その機械の駆動が電流を産出する。この電流のために中央配電所とその送電網が送電のために注文される。電気エネルギーの注文の互いにかみ合わさったこの継起の領域において、ライン川も何か注文されたものとして現象している」（GA7, 16）。

ここで語られている電力供給システムが、先ほど述べられていた「開発、変形、蓄積、分配、転換」という「技術的開示」の組み合わせとして成り立っていることがわかるだろう。電力供給システムはこの全体を俯瞰《ふかん》して制御することに基づいている。しかもこの制御はどこかで途切れることがないように、つねに至るところで保全されていなければならない。というのも、経路のどこかが制御できなくなれば、電力供給システム全体が停止し無意味になってしまうからだ。

b　技術的対象としての「資材」

以上、ハイデガーが「技術的開示」をどのように特徴づけているのかを概観した。次に、この「技術的開示」において、存在者がどのような仕方であらわになっているのかをハイデガーの議論に即して見ることにしよう。

ハイデガーによると、「無理強いして立てること」によって成り立っている事物は、「その場で持ち場に立つこと」を求められているという。そしてこのように「持ち場に立つ」ことは、何か注文があったときに、その注文に応じられるようにするためである（GA7, 17）。私なりに要約すると、存在者は「技術的開示」に対して、つねに何かの役に立つものとして現れているということだ。

先ほど引用した水力発電所に関するテクストの末尾で、電気エネルギーの経路においてはライン川でさえ「何か注文されたもの」として現象していると述べられていた。ライン川はここでは水力を提供しろとの注文を受け、つまり水力を提供できる限りにおいて意味あるものと認められている。逆にライン川は水力を供給できなければ、もはや何ものでもないのである。

「無理強いして開示すること」に対して、今述べたような仕方で現れている事物をハイデガーは「資材（Bestand）」と名づける。彼はこうした「資材」を「対象（Gegenstand）」というあり方とは区別する。たとえば空港に置かれた飛行機も単なる「対象」と見なすことは可能である。しかし飛行機はただ単にわれわれに向かい合って立っている「対象」であるわけではない。飛ぶことによって輸送を可能にするということがなければ、飛行機とは言えないからだ。「飛行機は、それが輸送可能性を担保するよう注文されている限り、滑走路ではただ資材として駐機している。この輸送可能性を担保するために、飛行機はその全体構造、その個々の部品に至るまで注文に応じられる状態、すなわちスタート可能な状態でなければならないのである」（GA7, 17）。

c　技術の本質としての「駆り立て‐組織（ゲ‐シュテル）」

以上で見てきたのは、「技術的開示」がエネルギーを提供するようにと自然に「無理強いする」という性格をもつこと、さらにこの「無理強いする」ことに対して、存在者はその注文につねに対応可能な「資材」という仕方で現れているということだった。ハイデガーが次に問題にするのは、こうした「開示」において「人間」はどのような位置を占めているかという点である。というのも「技術的開示」を遂行するのは「人間」であり、したがって「人間」が引き受けない限り、そうした技術的な「開示」は成り立たないからである。

このように述べると、まるで「人間」が「技術的開示」を意のままに遂行できるように聞こえるかもしれない。つまり「人間」は存在者を技術的に開示したいときにはそうするが、そうしたくないときにはそうしないというように、「技術的開示」は各人の意志に任されているというような捉え方である。

しかしハイデガーはこのような見方を退ける。彼によると、「その内部でそのつど現実的なものが現れたり、退いたりする非隠蔽性」、つまりそのときどきの存在者の現れ方は「人間」に左右できるようなものではない。「ただ人間自身がすでに自然エネルギーを採掘するように無理強いされている限りにおいてのみ、このような注文する開示が行われうる」のである（GA7, 18）。これはむずかしいことを言っているようだが、じつは単純な話である。われわれが何らかの事物を技術的に扱うときには、その事物がそういう関わりを要求するものとして現れてきているからそのように扱っているのであって、こちらが勝手にそうしているわけではない。この当たり前のことがここでは述べられているにすぎない。「人間」は事物の技術的な「開示」を担うように「無理強い」され、そうするように注文されているのである。

すでに一九三〇年代後半の「コミュニズム」論において、「主体性（力）」が「存在者全体」を「前に‐立てる」とき、「人間」はそうした「前に‐立てること」へと動員されていることが指摘されていた。ハイデガーは戦後も同じように、現代技術の「開示」は「人間」が意のままにできるようなものではなく、むしろ「開示」のほうが「人間」を「招集する」ことを強調する。「無理強い」としての「技術的開示」は「注文することへと人間を招集する」。そしてこの「無理強い」という「招集するものは人間を、現実的なものを資材として注文することへと没頭させる」（GA7, 20）。

ハイデガーはこの「招集するもの」、すなわち「顕現するものを資材として注文することへと人間を招集する、件《くだん》の無理強いする要請」を「駆り立て‐組織（Ge-stell）」と名づける（GA7, 20）。

電力供給システムの例に即して見たように、「技術的開示」はさまざまな種類の「開示」からなる複合的なものである。そしてそのそれぞれの「開示」が、そうした「開示」を担う「人間」を必要とする。そのような「人間」がいなければ、システム全体が成り立たない。つまりそのシステムは「人間」を取り集め、それぞれの持ち場に就かせることに基づいている。このように、「人間」を集め「開示」の体系を形作っている集合体をハイデガーは「駆り立て‐組織」と呼んでいる。

電力供給システムのどこかの部署に配置される「人間」は、そもそも「電気」なるものが存在すること、またそれがどのような性格をもつのかを知らなければならない。さまざまな教育機関が「電気」について熟知した人材を育成し、電力業界へと供給する。言うなれば、人びとはそこで「電気」の「開示」を学ぶのだ。これをわれわれは「能力開発」と呼ぶが、まさに自然がエネルギーを供給するために「開発」されるのと同様、「人間」もそうした「開示」を担えるよう「開発」されているのである。そしてこのような能力開発は、電力供給システムという「駆り立て‐組織」によって必要とされ、注文されているものなのである。

ここで「駆り立て‐組織」と訳した"Ge-stell"は、通常は「台架」、「骨組み」などを意味する語である。"Ge-"は名詞の前つづりとして何かの「集合」を指す。また"Stell"は元来、「場所」を意味する"Stall"をその語源とする。しかしここでは同じ"Stall"から派生した動詞"stellen"、すなわち「立てること」との連関が強調され、"Ge-stell"は「立てること」の集まりという意味を与えられている。ハイデガーが"Ge-stell"と呼んでいるものは事実上、「国家組織」や「企業組織」という場合の「組織」の本質構造を捉えていることを顧慮して、「駆り立て‐組織」と訳すことにした。

ちなみに“Ge-stell”には、「台架」という語義からの連想だろうが、「骨格」という語義、さらには「骨と皮だけ」という意味で「やせこけた人」という語義もある。このことからすると、“Ge-stell”という語には、自然の豊饒さから切り離された無機的な機構というニュアンスもこめられているのだろう。

すでに指摘したように、ハイデガーは「人間」が「駆り立て‐組織」という意味での「技術」の主人ではないことを強調する。この論点はすでに一九三〇年代の「主体性の形而上学」をめぐる議論においても見られていた。そこでは、「人間」はただひたすらおのれの強大化を目指す「力」の「奴隷」でしかないと述べられていた。

こうした点にも示されるように、戦後の技術論は一九三〇年代後半の「主体性」についての批判的考察を直接的に継承するものである。そこでは近代技術は「主体性」、「作為性」に基づくものとされていた。しかしこの時期には、戦後の技術論において「駆り立て‐組織」と表現されたような、さまざまな「立てること」からなる「技術」の本質構造は、いまだ明確に分節化されてはいなかった。

もっとも「主体性」についても、それが個人を超えた集団的なものであり、個人はむしろそれによって動員され、画一化されていくものでしかないことも指摘されていた。しかし「主体性」という語は、伝統的に「私」と結びつけられてきた。またハイデガーが「主体性」の規定に用いる「前に‐立てること」や「作為性」という表現も、個々の人間が任意に発動できる活動であるという印象を与えてしまいかねないものである。これに対して「駆り立て‐組織」という表現は、「技術」が多重的な開示からなる組織的構造であることを明確に示している。つまりこの表現は、「人間」を含むあらゆる存在者を取り集めながら、それ固有の論理によって作動する「技術」の非人称的な性格、すなわち「人間」個々人の意図を越えた「技術」の超越性をよりはっきりと表しているのである。

原子力技術に対する態度

以上で論じたように、ハイデガーの戦後の技術論は基本的に一九三〇年代後半の「主体性」に対する批判的考察を継承しながらも、「技術的開示」の本質構造について、より詳細な分節化を行っている。このことに加えて、戦後の技術論において特筆すべき点は、原子力技術や宇宙開発、遺伝子工学、情報技術などといった技術進歩につねに目配りがなされ、それをそのつど自分の議論に反映していることである。

そもそもハイデガーの一九三〇年代後半の技術論は、エルンスト・ユンガーなどに代表される、第一次世界大戦後に現れた「総力戦」についての言説の影響が大きく、その近代技術の捉え方は圧倒的に戦争やそれによる物資や人びとの動員といったイメージと結びついていた。戦後になると、技術は人類の輝かしい未来を保障するものというイメージが喧《けん》伝《でん》されるようになったが、ハイデガーはこうした技術観に対抗して、これまで見てきたような「技術への問い」を展開したのである。

一九五〇年代に入ると原子力の平和利用がしきりに唱えられるようになったが、ハイデガーはこうした言説に対して、一九五七年の講演「根拠律」（『根拠律　ハイデガー全集第一〇巻』所収）で次のように述べている。「原子力エネルギーが平和的に利用されるか、戦争に動員されるか、一方が他方を支えたり、要求したりするかどうかは二次的な問いである」(GA10, 179)。

ここでは同講演でのハイデガーの議論を紹介することは割愛する（この点についての詳しい議論は、拙著『ハイデガーの超‐政治』、二八七頁以下を参照）。しかし本章でこれまで見てきたことを踏まえると、彼のこの問題に対する基本的なスタンスは容易に想像がつくだろう。つまりハイデガーからすると、原子力エネルギーが戦争に利用されるか平和的に利用されるかは本質的な問いではない。なぜなら、どちらにおいても「対象を計算可能な仕方で確保する」という現代技術の本質が貫徹されている点に違いはないからである。

この立場からすると、原子力技術だけが特別に問題視されなければならない理由もないことになる。たとえば「クリーンな」再生可能エネルギーも「自然に向かって、採掘して貯蔵できるようなエネルギーを提供せよと要求する無理強い」のより包括的かつ徹底的な遂行としてそれがある限り、原子力技術と同様、「駆り立て - 組織」であることに変わりはない。しかも原子力技術より無害だという印象を与える分だけ、「駆り立て - 組織」の支配のいっそうの自明化と完全化をもたらしているとさえも言いうるのだ。

サイバネティックスの時代

一九六〇年前後になると、ハイデガーはさらに、今日のわれわれが「情報化」と呼んでいる技術の新たな展開に注目するようになった。その際、彼はアメリカの数学者ノーバート・ウィーナー（一八九四―一九六四）が一九四七年に提唱した「サイバネティックス」という学問構想のうちに、そうした新たな技術的展開の明瞭な表現を見出した。

ウィーナーの規定に従えば、サイバネティックスは動物と機械における制御とコミュニケーションを扱う学問である。それは数学、統計学、機械工学、生理学、心理学などといった従来の学問分野を横断的に統合する一種の学際的な科学として構想されていた。ごく簡単に要約してしまうと、サイバネティックスは情報を基盤として動物（人間）を機械と捉え、逆に機械を動物のコピーと捉える科学だと言えるだろう。

ここでハイデガーはウィーナーのサイバネティックス論を批判しようとしているわけで

はない。むしろ「技術的開示」の本質を明瞭に捉えたものとして高く評価しているのである。以下では、一九六七年の講演「芸術の起源と思索の使命」（『講演集　ハイデガー全集第八〇巻二』所収）において、ハイデガーがサイバネティックス論から刺激を受け、「技術の本質」をどのように捉えるようになったのかを見ていこう。

同講演において、ハイデガーはサイバネティックスを近代科学の「方法（Methode）」の究極的な帰結と位置づける。彼によると、近代科学の「方法」は、すべてのものをあらかじめ計算可能なものとする「世界企投」として特徴づけられる。つまり近代科学はそれが近代科学である限り、あらかじめ世界を計算可能なものと前提することに基づいているということだ。このことに従って、いかなる個別科学もすべてのものが計算可能であるという前提に服している。そしてこの「計算可能性によって、世界は人間にとって至るところで、またいつでも制御可能なものとなる」のである。

かくして近代科学の「方法」は、「世界に対して、人間にとっての全面的な利用可能性を勝ち誇りつつ無理強いすること」と規定される（GA80.2, 1334）。あるものが計算可能になるということとは、それが利用可能なものになることを意味する。つまりすべてを計算可能なものと捉えるという近代科学の方法とは、そのことによってすべてのものに利用可能なものという在り方を押し付け、またそれ以外のあり方を認めないということなのである。

ハイデガーによると、このような「方法の勝利」が今日、サイバネティックスという形で実現されている。この「サイバネティックス的な世界企投」においては「すべての算定可能な世界の諸過程の基本的特徴が制御であること」があらかじめ想定されている（GA80.2, 1334）。ある過程による他の過程の制御は「情報」によって媒介される。そしてこの制御された過程のほうが今度は制御する過程に「情報」を与え返す。このように制御は、「情報のフィードバック」という性格をもっている。こうした制御する側と制御される側の相互規定は円環運動として遂行される。このような「制御円還［制御系］（Regelkreis）」が、サイバネティックス的に捉えられた世界の基本的特徴なのである（GA80.2, 1334f.）。

先ほども述べたように、サイバネティックスはもともと生物の神経系機能と機械の自動制御を等しいものと捉える、つまり生物と機械を同じように制御系と見なしている（ちなみにウィーナーの一九四八年に刊行された著作『サイバネティックス』の副題がまさに「動物と機械における制御と通信」であった）。ハイデガーは同講演で、サイバネティックスのこうした特徴に次のように言及している。「サイバネティックス的に表象された世界において、自動的な機械と生物の差異が消えさる。その差異は情報の無差別的過程へと中和される。サイバネティックス的な世界企投は（中略）無生物的世界と生物的世界に関する、例外なく一様な、またこうした意味において普遍的な算定可能性、すなわち制御可能性をもたらす」（GA80.2, 1335）。

サイバネティックスにおいては、生物と機械は等しく「情報」のフィードバック過程として捉えられるため、両者の存在様式の違いは完全に消し去られる。ハイデガーはこのことのうちに、あらゆる存在者を等しく計算可能なものとして対象化する近代科学の「方法の勝利」を見て取った。ハイデガーがここで「近代科学の方法」として語っているものは、「技術的開示」の本質そのものである。つまり彼は、サイバネティックスを近代技術の究極的な帰結と見なしているのである。

人間科学の発展

生物と機械の差異を抹消するサイバネティックスは、当然の帰結として人間にも適用される。人間に対するサイバネティックスの適用の一例として、ハイデガーは講演「芸術の起源と思索の使命」において、今日われわれが遺伝子工学と呼んでいるものを挙げている。

一九五〇年代に入るとジェームズ・ワトソン（一九二八―）とフランシス・クリック（一九一六―二〇〇四）によってＤＮＡの二重らせん構造が解明され、遺伝情報がＤＮＡの塩基《えんき》配列として符号化されていることが発見された。このことに基づき、ＤＮＡを人為的に操作することで新たなタンパク質を産出したり、生物に任意の形質をもたせたりする遺伝子工学への道が開かれた。今日では、ヒトについても受精卵の段階で遺伝子操作を行うことにより、生まれる子どもに望ましい形質を与えることも原理的にはすでに可能となっている。ハイデガーはこうした遺伝子工学の発展に注目し、これを「人間」に対するサイバネティックスの適用の典型例と捉えている。遺伝子工学においては、遺伝子が人間の生命を計算可能にするものとして考察対象とされる。ハイデガーによると、「生命化学は胚《はい》細胞の遺伝子のうちに生命の設計図を発見した」が、この生命の設計図は「遺伝子に書き込まれ、そこに貯蔵されている指示であって、成長のプログラムである」(GA80.2, 1335)。

そして科学はこの遺伝子に書き込まれた「指示のアルファベット」についての知見に基づき、「いつの日か、人間の科学的 - 技術的な産出可能性と育種を手中に収めるという確かな見通しを抱いている」(GA80.2, 1335)。今日、このことがすでに実現されていることは、先ほども触れたとおりである。

もっとも「人間」に関するサイバネティックス的科学は、今見たような遺伝子工学だけにとどまらない。ハイデガーは同講演で、「未来学」という学問分野にも触れている。彼によると、自由に計画し行動する「人間」はサイバネティックスにとって、さしあたり「障害要因」となってきた。しかし今日では未来学が「行動する人間の可能的未来の探求と計画」にも取り組んでおり、「計画可能なものとして人間に到来する事柄についての情報」をあれやこれや計算している。ハイデガーはこうした未来学もまた、「人間」に対するサイバネティックスの適用と捉えるのである（GA80.2, 1335）。

ハイデガーは未来学の具体例は挙げていないが、未来学の典型的な成果として、一九七二年に国際シンクタンク、ローマクラブによって発表された『成長の限界』などを思い浮かべることができるだろう。これは当時の人口増加と経済成長がそのまま続く限り、一〇〇年以内に成長は限界に達すると警告するものだった。しかしとくにこれに限らずとも、未来予測はたとえば経済成長、人口動態、資源消費、気候変動の予測などに見られるように、今日ではあまりにもありふれたものとなっている。そもそも国家や企業なども、こうした未来予測なしに意思決定を行うことは、今日ではまったく不可能だろう。

サイバネティックスに基づいた「産業社会」

今日、人間の行動に関する未来予測は、未来学のような人間集団に関するものだけでなく、個人レベルでも可能になっている。インターネットやＳＮＳの使用履歴などをもとに、個人の行動や嗜好《しこう》が当たり前に予測されるようになったのだ。

これは実質的には、「人間」の認知過程、意思決定過程そのものをコンピュータの計算によってシミュレートすることにほかならない。今日このように人間の知的、創造的活動をコンピュータ上の情報処理として捉えることが、人工知能（ＡＩ）技術として展開されている。近年のＡＩ技術の発展は目覚ましく、今日では人間と自然な対話を行ったり、高度に知的なテクストを産出したり、イラストや絵画を生成したりするＡＩが登場し、生身の人間の仕事がそれらによって置き換えられるといった事態がいよいよ現実味を帯びている。人間らしさを形作ると考えられてきた、そうした能力も今や計算可能で、産出可能なものとなったのだ。

　このようにサイバネティックスが支配する世界においては、どれだけ多くの情報を集積し、それをどれだけ迅速《じんそく》に計算できるかが予測の精度を決定する。今日の巨大ＩＴ（情報技術）企業の覇権も、莫大な量の情報を収集し処理し、それらをわれわれの利用しやすい形で提示することにおいてそれらが群を抜いた能力をもつことに基づいている。そしてこのようなＩＴ産業の発展と隆盛が、サイバネティックスを完成形態とする「近代技術」の完全な支配を具現している。

　ハイデガーは講演「芸術の起源と思索の使命」において、サイバネティックスに基づきあらゆるものが制御される世界を「産業社会（Industriegesellschaft）」と呼んでいる（GA80.2, 1335）。この「産業社会」においては「人間はただひたすらおのれ自身に立脚し、おのれ自身によって諸機関として整備された、自分の経験世界の諸領域に立脚している」（GA80.2, 1335）。ここではあらゆる存在者がサイバネティックス的にコントロールされ、それ以外のあり方は認められない。つまり「産業社会」とは、情報として捉えられたものだけが存在するとされる世界なのである。今や「人間」はこのような情報世界に完全に閉じ込められ、その外部を見ることができなくなってしまっている。

ここで「産業社会」と呼ばれているものは、あらゆるものを「資材」として開示するよう「人間」を招集する「駆り立て‐組織」のことである。一九五〇年代の論文「技術への問い」においても、「技術的開示」の本質動向は「制御」とその「保全」のうちに見て取られていた。ハイデガーはこれが情報のフィードバック・プロセスと捉えられることをサイバネティックス論から学んだのだろう。こうして一九六〇年代になると、「駆り立て‐組織」はサイバネティックス的な制御に立脚した「産業社会」として捉え直されることになったのだ。

一九六〇年代の代表的な産業として通常、われわれがイメージするのは、圧倒的に鉄鋼や造船、電機、機械といった、いわゆる重厚長大産業だろう。しかしハイデガーは当時から、それらが情報を媒介とした存在者の制御に基づいていることに注目していた。すなわち彼はその思索の最終段階において、今日われわれがサイバー技術や情報技術の支配として目の当たりにしている事態までも、事物の「存在」を人間の表象へと還元する西洋形而上学の究極的帰結として、すでに視野に収めていたのである。

4 「放下」の思索

「ものへの放下」

ハイデガーは「技術」の本質を「駆り立て‐組織」と規定した。この「駆り立て‐組織」は「人間」を、挑発する「開示」へと向かわせる。しかしわれわれ「人間」は、「駆り立て‐組織」の要求になすすべもなく従うしかないのだろうか。そうではないとすれば、われわれにはどのような可能性があるのだろうか。

ハイデガーは一九五五年に故郷メスキルヒで行った講演「放下《ほうげ》」(『演説と生涯のその他の証ハイデガー全集第一六巻』所収)において、技術時代において単に「技術」に追随するのではない、「技術」に対するしかるべき態度を「放下(Gelassenheit)」として主題化している。以下ではこの講演に即して、「放下」がいかなる態度なのかを見ていきたい。

ハイデガーはこの講演で、技術的な装置や機械がわれわれにとって不可欠なものとなっている今日の状況において、「ただやみくもに技術的世界に逆らうのは愚かなことであり」、「技術的世界を悪魔の仕業と非難しようとするのも近視眼的である」と述べている(GA16, 526)。ここからもわかるように、彼は「技術」の全面的な拒否を推奨しているわけではないし、そうしたことが可能だとも考えていない。

しかしハイデガーは他方で、「技術的対象はわれわれにつねに改良することを求めてくる」ため、われわれは「技術的対象にあまりにがんじがらめになり、技術的対象の奴隷になってしまう」ことにも注意を促す（GA16, 526）。

ハイデガーはここで、「技術」の全面的な拒否でもなく、かといって「技術」に対する単なる追従《ついじゅう》でもないような第二の可能性を提示する。「われわれはたしかに技術的対象を使用しながら、しかし同時に、その適切な使用にもかかわらず、技術的対象をいつでも手放すという仕方で技術的対象から自由になることができます」（GA16, 526f.）。

この態度についてハイデガーは、さらに次のように説明する。「われわれは技術的対象をそれらがそう受け止められるべき仕方で、その使用においても受け止めることができます。しかしわれわれは同時にこうした対象を、われわれのもっとも内奥の本来的な部分には関わってこないものとしてそのままにしておくこともできます。われわれは技術的対象の不可避の使用に対しては『然り』と言うことができ、また同時にわれわれは技術的対象がわれわれを独占的に酷使し、そのようにしてわれわれの本質を歪めてかき乱し、ついには荒廃させることをそれら技術的対象に拒むという意味で『否』と言うことができます」（GA16, 527）。

ハイデガーはここで述べられているような、「技術的世界に対して同時に『然り』と『否』とを言う態度」を「ものへの放下（Gelassenheit zu den Dingen）」と名づけている。

この「ものへの放下」は、いかにも中途半端で煮え切らない態度に見えるかもしれない。しかしわれわれがこうした「ものへの放下」という態度を取るためには、少なくとも、ある事物について技術的な「開示」だけではなく、それとは異なるより根源的な「開示」の可能性があることを知る必要がある。このことを認識しているからこそ、われわれは事物に対する技術的な関わりを絶対視せず、そこから距離を取ることができるのだ。

しかしそのためには、われわれはいずれにせよ、「技術の本質」が事物のある特殊な開示のあり方に存することを認識する必要がある。つまり今日、われわれはつねに「駆り立て‐組織」によって「技術的開示」を引き受けるよう要請されており、この要請から逃れられないことを意識することが、そうした「技術的開示」をある局面において拒否することの前提となるということだ。

このことは、単にある特定の技術的対象（たとえば原子力技術）の使用を拒否することとはまったく次元の異なる話である。こうした場合、われわれは「技術の本質」としての「駆り立て‐組織」を相対化できていないにもかかわらず、技術の問題を克服したと思い込むことにより、かえって「駆り立て‐組織」を温存してしまうのである。

したがって、まずは「技術の本質」の所在を把握すること、すなわち「駆り立て‐組織」による「技術的開示」の無理強いの避けがたさを冷静に見極めること、そのことこそが、必要なときにはあえてそうした無理強いを拒むという、技術的対象に対する自由をわれわれに与えるのだ。このような姿勢こそが、「技術的世界に対して同時に『然り』と『否』とを言う態度」の意味するところなのである。

なおここで「放下」という訳語について説明しておくと、その原語“Gelassenheit”は形容詞“gelassen”から派生した名詞である。この“gelassen”は元来、中世の神秘主義の用語として「神に身を委ねた」という意味であったが、今日では一般化されて「平静である」とか「落ち着いた」という意味で用いられている。仏教の禅宗で一切の執着を捨て去ることを「放下」というので、そうした連関から神秘主義と深い関係をもつ“Gelassenheit”という語に「放下」という訳語が当てられるわけである。

「ものへの放下」の倫理的意味

本章で先に論じたように、ハイデガーはおのれの「力」を増進させるためにあらゆる存在者を動員する「主体性」、すなわち戦後には「駆り立て‐組織」と表現されることになったものこそは「悪」の本質と捉えていた。「ものへの放下」で問題になっているのは、こうした「駆り立て‐組織」に対してわれわれが、個人としてどのような態度を取りうるかということである。

「駆り立て‐組織」は「人間」に対して、事物を「資材」として開示することを無理強いする。そして現代社会においては、この「無理強いする」要求に積極的に応じることが社会や国家への貢献として道徳的に望ましいこととされている。

これに対して「放下」とは、この「駆り立て‐組織」の求める「技術的開示」が単に事物の「開示」の一つでしかないこと、しかもその「開示」は事物の真の「存在」を覆い隠すものであることを認識し、「技術的開示」の絶対視を避ける態度のことである。こうした認識をもつ人は、「駆り立て‐組織」の要求をすべて拒否することはないにせよ――そんなことは不可能だ――その要求を満たすことを絶対的な「善」と見なし、それにどこまでも追随することはないだろう。つまり場合によっては、そこから距離を取るという可能性を選択肢としてつねに保持しているのである。

先ほども述べたように、現代のわれわれは、たいていの場合、「駆り立て‐組織」の「無理強いする要求」をあたかも倫理的命令であるかのように捉えている。これに対して、ハイデガーの「ものへの放下」は、「倫理的なもの」の真の所在が、現代的な組織や集団に対する忠誠や貢献とはまったく別のところにあるという洞察を含んでいるのである。

そうだとすると、その「倫理的なもの」の真の所在とはどこに見出されるのだろうか。それはわれわれが「もの」にどのような仕方で関わっているか、「もの」をその本来のあり方においてあらしめていることができているのか、という場面に求められる。われわれは「放下」において、事物を「資材」として開示することの自明視から脱却するとき、「資材」とはまったく異なる「もの」の真の姿に開かれる。「放下」が「ものへの放下」とされているのも、今述べたように、それが「もの」に対して開かれる態度を意味しているからである。

「もの」と「四方界」

このとき問題となるのは、「資材」とは異なる「もの」のあり方とはいかなるものかということだ。そのあり方は「資材」というあり方とは異なる事物のあり方というにとどまらない、何らかの規範性を示すものなのだろうか。

ハイデガーは以上で見てきたような「技術への問い」を彫琢《ちょうたく》していくのと並行して、「もの」の真正な「開示」がどのようなものかという問題につねに取り組んでいた。この「もの」についての考察は、彼が戦後の長い沈黙期間を経てはじめて公的場面に復帰した一九四九年のブレーメンでの四回からなる連続講演「あると言えるものへの観入《かんにゅう》」のうちの最初の講演「もの」に示されている（ちなみにこれに続く三つの講演「駆り立て - 組織」、「危機」、「転回」の内容が、再構成された形で、本章で紹介した論文「技術への問い」に含まれている）。この講演「もの」は、「技術への問い」とともに『講演と論文』に収録されているので、以下ではその内容に即して、彼が「もの」をどのように規定しているのかを見ていこう。

ハイデガーは「もの」の本質を捉えるにあたって、この論文では「瓶」を例に取っている。彼の議論によると、瓶は容器として空洞をもっている。この空洞は液体を受け入れ、保存するものだが、このように液体を収容することは液体を注ぐためになされる。ハイデガーはこうした瓶の記述に基づいて、瓶の本質、すなわち瓶の「瓶性」を「液体を集め注ぐこと」と規定する（GA7, 173f.）。

瓶の本質はこのようにして「液体を集め注ぐこと」と捉えられるが、ハイデガーはこの瓶の本質規定に続いて、「液体を集め注ぐこと」のうちにいかなる契機が含まれているかを分析する。たとえばワインという飲み物を集め注ぐことについて言えば、ワインは「大地」の養分と「天空」の太陽によってもたらされたブドウからできているから、そこには「大地」と「天空」が宿っている（GA7, 174）。

また集め注がれるワインは「死すべき者のための飲み物」である。さらに瓶による集め注ぎは、神々に捧げるために行われることもありうる。この場合、液体のひと注ぎは「不死の神々に捧げられた飲み物」である。このように液体の集め注ぎのうちには、「死すべき者」と「神的なもの」とがそれぞれ異なった仕方で宿っている（GA7, 174f.）。

以上のことをまとめて、ハイデガーは「液体の集め注ぎのうちに、同時に大地と天空、神的なものと死すべき者が宿っている」と述べている（GA7, 175）。つまり瓶の「集め注ぐこと」は、こうした「大地」と「天空」、「神的なもの」と「死すべき者」の四者と本質的な連関をもっている。この四者との関係において、「集め注ぎ」は「集め注ぎ」としてはじめて成り立つのである。

ついでハイデガーは、これら四つが「おのずとひとつになり、ひとつの全体を形作っている」ことを指摘する。換言すると、「それらはあらゆる現前するもののうちに出来しつつ、単一の『四方界《しほうかい》』へと織り込まれている」（GA7, 175）。「大地」、「天空」、「神的なもの」、「死すべき者」のそれぞれが他の三者を前提としている、つまりその四者はおのずと連関してひとつの全体を形作っている。こうした四者が形作る全体をハイデガーは「四方界（Geviert）」と名づけるのだ。

ハイデガーはこの「四方界」を「世界」とも呼んでいる（GA7, 181）。「もの」はこれら四者との関係において、はじめて「もの」としての意味を獲得する。このことは、「もの」が「もの」としてあるときには、必ず四者によって形作られた世界が生起していることを意味する。つまり「もの」が「もの」となることと、「世界」が「世界」として生起することは表裏一体なのである(GA7, 182)。

「四方界」を構成するこれら四者、すなわち「大地」、「天空」、「神的なもの」、「死すべき者」は、恣意的に取り上げられたもののようにしか見えないかもしれない。しかし、この地上において出来する「もの」のなかで、「大地」と「天空」によって規定されていないものがあるだろうか。またそうした「もの」が「もの」としてあるのは、「人間」に対してではないだろうか。

中でもこの四者に「神的なもの」を含めることが、とくに恣意的に見えるかもしれない。しかし「人間」が「もの」を「もの」として受け止めることは、「大地」と「天空」の制約をおのれの運命として受け入れることを前提としている。そしてこのことは、おのれの意のままにならないもの、おのれに規範を与える他なる者の支配を承認することにほかならない。こうした契機を神聖不可侵なものとして「神的なもの」と呼ぶとすれば、「大地」、「天空」、「死すべきもの」は、同時に「神的なもの」とも不可分であることになるだろう。

「住むこと」の意味

以上で見たように、「もの」とは「世界」との関係において「もの」である。つまり「もの」は「もの」を超えた「世界」との関係において、はじめて真に「もの」でありうるということだ。では、「もの」が「もの」であることがこのように規定されたとき、こうした「もの」に対する「人間」のしかるべき関わり方はどのように特徴づけられるのだろうか。

この問いはハイデガーの「存在の思索」において、つねに問題とされてきた。というのも、「存在への問い」は結局のところ、「真の存在」とは何なのか、また「真の存在」を「開示すること」は「人間」のどのようなあり方を意味するのかという問いにほかならないからである。以下では、この問題についてのハイデガーのもっとも成熟した思索を一九五一年の講演「造る、住む、思索する」(『講演と論文　ハイデガー全集第七巻』所収)に即して見ていこう。

ハイデガーはこの講演で、「死すべき者」は「住む(Wohnen)」という仕方で「大地」の上に存在すると述べている。そのうえで彼は、この「住むこと」が「大地」とともに「天空」、「神的なもの」、「死すべき者」との関係を含むこと、すなわち「四方界」のうちにあることを指摘する。ここでハイデガーは、この「住むこと」の「四方界」に対する関係を「保護すること(Schonen)」と名づけている。この「四方界」が四者から構成されていることに応じて、「住むこと」としての「保護すること」は、「大地を救い出すこと、天空を受容すること、神的なものを待望すること、死すべき者に寄り添うことにおいて四方界を四重に保護することと」となる。こうした仕方で「四方界」を「保護すること」が、「四方界をその本質において守ること」だとされるのだ（GA7, 153）。

このようにハイデガーは、「死すべき者」がこの「大地」の上に「住むこと」の意義を、「四方界（世界）」を「保護すること」のうちに見て取っている。ここで注意しなければならないのは、「四方界」を「保護する」といってもそれは、「死すべき者」が「四方界」の他の三つの要素に直接的に関わるような仕方で行われるわけではないということだ。先ほども見たように、「四方界」は「もの」が「もの」となることにおいてこそ生起する。したがって「保護することとしての住むこと」は、「死すべき者がそのもとに滞在しているところ、すなわちもののうちに四方界を保存する」という形で遂行される（GA7, 153）。「死すべき者」の「四方界」への関わりは、「もの」を「四方界」との関係のうちに置くこととして、つまりそのように必ず「もの」を媒介とした形で実現されるということだ。

この議論を先ほど取り上げた瓶の例を使って説明してみよう。われわれが瓶と関わることと、すなわち瓶を瓶としてあらしめることは、そのこと自体が「大地」と「天空」、「死すべき者」と「神的なもの」の四者によって形作られる「四方界」をそれとして「保護すること」を意味している。逆に「四方界」を「四方界」として「保護すること」は、瓶を瓶としてあらしめることによってのみ遂行される。一般化して言うと、「もの」をその「もの」本来の姿であらしめることは、「四方界」の支配を承認することであり、逆に「四方界」は「もの」を「もの」としてあらしめることをとおして、真に保護されるのである。

「世界」を「保護すること」

講演「造る、住む、思索する」は、今述べたような「もの」と「四方界」の相互依存的な関係を主題化している。それは結局のところ、ハイデガーが以前から「存在者」と「存在」の関係として捉えようとしてきたものにほかならない。われわれは普通、存在者との関わりのうちに存在者との関わり以上のものを見ようとはしない。それに対して、ハイデガーは存在者との関わりにおいて、本来的には存在者を超えた次元、すなわち「存在（世界）」との関わりがつねに問題となっていることに注意を促す。つまりわれわれは存在者との関わりをとおして、その存在者の「存在」を可能にする「世界」を保護するのである。「人間」がこのように「世界」を保護する責任をもつ存在者であること、これがハイデガーの「存在への問い」の一貫した主張なのである。

ハイデガーのこうした立場を理解することは、まさに「環境保護」を現代における喫緊《きっきん》の課題と捉えているわれわれにも特別な重要性をもっている。彼は「存在の思索」において、「人間」が保護すべき「環境」とはいったいどのようなものなのか、そしてそれを保護することはいかにして可能かを示そうとした。また他方では、「環境」が破壊されるということが、根本において何を意味するのかを、その歴史的由来とともに明らかにする。

前者の問いへの答えは、これまで本章で見てきた「もの」と「四方界」をめぐる議論に示されている。この議論に従えば、「人間」の環境、すなわち「人間」が住まう場所とは、「もの」に宿る「四方界」である。そしてこの「四方界」を「保護すること」は、それを宿す「もの」をそのような「もの」たらしめることによって実現される。「もの」を「もの」としてあらしめることは、耕作したり、道具を制作したり、ないしは芸術作品を創造したりという形を取るだろう。哲学的思索もそこに含めてよいだろう。まさにこれらの「世界」を開示し、そのことによって「世界」を保護する営みを、ハイデガーは学長期には「労働」と呼んでいたのである。

以上で見てきた「四方界」の保護についての議論から、現代の環境保護をめぐる議論の問題点もおのずと浮かび上がってくるだろう。今日の環境保護運動の最大の誤謬は、「環境」を何か人間が直接、働きかけて改変することが可能なもののように捉えている点にある。ハイデガーの「もの」と「四方界」の関係をめぐる議論に沿って言えば、「環境」、すなわち「世界」は「もの」に宿るものであり、すなわち「もの」を介してのみ、おのれを示しうるのである。したがって「環境」を保護するということは、まずもってわれわれが出会う「もの」をその「もの」としてあらしめること、そのことによってその「もの」をあらしめている「環境」の支配を承認することによってしかなしえない（かつて日本でよく言われていた「ものを粗末にするな」ということも、「もの」と「四方界」の関係に思いを致すことを求めていたとすれば、なかなか意味深長な言い回しである）。

これに対して現代の環境保護運動は、あたかも「環境」を操作可能な対象であるかのように捉えている。「環境」を存在者と同一視している点で、存在者を超えつつ、存在者の「存在」を可能にしている「環境」——ハイデガー的に言うと、「世界」——がそこでは取り逃がされてしまっている。しかも一般に環境保護と称されている活動は、「環境」を今述べたように存在者と捉えるばかりでなく、それに対して操作や管理という、彼の言うところの技術的な態度によって関わろうとする。しかしこうした態度こそ、ハイデガーがつねに指摘していたように、「世界」、すなわち真の意味での「環境」を覆い隠してしまうものなのである。

つまり現代の環境保護運動は、ハイデガーに言わせると、「環境」を存在者として捉えるという過ちをまず犯し、そのうえで、その操作可能な存在者と見なされた「環境」に対して技術的操作によって関わるという二重の誤りを犯しているのである。真に「環境」を保護するためには、まず「主体」というあり方そのものを放棄しなければならない。ところが「人間」は、相変わらず「主体」であり続けようとしている。それこそが、ハイデガーの立場から見れば、今日の環境保護をめぐる言説の真の問題点なのである。

ハイデガーが『存在と時間』以来、一貫して取り組んできたのは、存在者を超えたものとしての「環境」、すなわち「世界」がいかなるものなのか、この点をまず哲学的に規定したうえで、そのように「正しく」捉えられた「世界」に対して人間はどのように関わるべきか、ということであった。彼が「存在者全体」、「ピュシス」、「フォルクの世界」などとして主題化しようとしていたものも、まさにこの、真正な意味での「環境」にほかならなかった。そのもっとも成熟した定式化が、戦後における「もの」と「四方界」をめぐるこの議論のうちには示されているのだ。

ハイデガーの思索において「人間」は、つねに「存在」を気遣う存在者、また「存在」を守護する存在者と位置づけられていた。これは結局のところ、「人間」とはおのれが住まう「環境」を保護することを委ねられた存在者であるということにほかならない。彼はその「存在の思索」において、一貫して人間と人間以外の存在者がそこにおいてこそ本来の姿において存在することのできる「世界」とはいかなるものであるかを示そうとし、と同時に、それを保護することこそが「人間」の責務であることを示そうとしてきた。したがってわれわれが、今日、環境保護を喫緊の課題と捉えるのなら、ハイデガーの「存在の思索」を避けて通ることは許されないだろう。

「ものへの放下」は何をもたらすのか

以上、ハイデガーが、「もの」が「もの」としてあることをどのような事態と捉えていたのかを一九五〇年代の思索に即して概観してきた。彼が「ものへの放下」を説くときには、つねにこのような「もの」のあり方が念頭に置かれていたのである。

ただしここで注意しなければならないのは、「ものへの放下」が「資材」とは異なった、「もの」の「もの」としての「開示」の可能性を展望するものではあるにせよ、このこと自体が「もの」、またそれと不可分の「四方界」の生起をただちにもたらすわけではないということである。ハイデガーが後期の思索において、真の「存在」の生起を「別の始元」として視野に入れていたことは、すでに第五章でも指摘した。「ものへの放下」はこの「別の始元」そのものではなく、むしろそれへの「移行」、「準備」と位置づけられているのである。

今も述べたように、ハイデガーは「存在の思索」、より具体的には「技術の本質」についての省察がただちに「別の始元」をもたらすとは考えていない。彼は一九六六年に行われた雑誌『シュピーゲル』によるインタビューで（『演説と生涯のその証　ハイデガー全集第一六巻』所収）、哲学は現代社会の状況を変化させることができないのかというインタビュアーの問いに対して、「哲学は現在の世界の状態にいかなる直接的な変化も引き起こすことはできない」点を強調している。そしてそのうえで、次のように述べている。「このことは単に哲学についてだけでなく、人間的な努力でしかないものすべてについても言えます。かろうじて神のみがわれわれを救うことができるのです。私は救いの唯一の可能性を、思索と詩作においての神の出現、もしくは没落期における神の不在に対する心構えを用意することのうちに見ています」（GA16, 671）。

ここで「神」と呼ばれているのは、当然、「存在の生起」に根ざしたハイデガー的な意味での「神」である。将来における「神」の出現をそれとして知るためには、今日における「神の不在」を「神の不在」としてまず認識している必要がある。そして「神」が不在であることを知ることは、そもそも「神」がどのようなものかを知ることをその前提としている。この「神」の本質がいかなるものかを問うことが、将来、「神」を迎え入れるための「心構え」を用意することにほかならないのである。

逆に「神」の真の本質についての認識をもたない場合、今日におけるそうした「神の不在」を「神の不在」として意識することは不可能だろう。そのときわれわれは既存の

「神」観念に基づいて、「真の神」ではない「神」を「神」として崇めたり、そうした偽りの「神」の到来を期待したりすることになる。それゆえ「真の神」がこれまでの「神」とはまったく異なる本質をもつことを認識し、そのうえでそうした「真の神」が不在であることを明瞭に捉えることこそが、将来における「真の神」との出会いには必須の条件となるのである。

そしてこの「真の神」が、先ほども述べたとおり、そして第三章や第五章で詳しく見てきたように、「存在の生起」に根ざすものであるとすれば、「神」の本質を問うことは、「存在」の本質を問うこととしてのみなされうることになる。すなわち結局のところ、「存在の思索」そのものが、「神の出現」──またはそれ以前に「神の不在」──に対する「心構え」を用意することを意味するのだ。

ところで先ほども見たように、「神的なもの」は「死すべき者」、「大地」、「天空」という契機とともに「四方界」を形作るものだった。そうだとすると、ここで問題にされている「神の出現」は、「四方界」の生起そのものを意味するだろう。つまり「神の出現」に対する「心構え」は、「四方界」の生起に対する「心構え」にほかならない。こうした「四方界」の生起に対する「心構え」が、「ものへの放下」として語られていたのである。

今も述べたように、「ものへの放下」という「心構え」は社会の変革をただちにもたらすものではない。しかしだからといって、それはわれわれの生き方に何の変化ももたらさないというわけでもない。われわれは「神」の到来に対する「心構え」をもつことにより、技術的世界を絶対視して、それにどこまでも追随する危険からは、少なくとも免れることができるのだ。

ハイデガーが技術的世界の究極的な「主体」を「国家」と捉えているとすれば、このことは「国家」による際限のない権力要求を無条件に肯定することから距離を取り、その「力」という本質への批判的態度をつねに保ち続けることを意味するだろう。このように「ものへの放下」には、「力への意志」に基づく現代政治への根本的な批判も含まれているのである。

この「ものへの放下」に含まれる「否」という契機こそが、たとえばハイデガーの学長辞任後には、ナチズムとの思想的対決という形を取って現れた。そして戦後になると、それは戦後社会の道徳的正統性への懐疑として示された。ハイデガーがこうした態度によって、どれだけの不利益を被ったかを見れば、「ものへの放下」が「神の出現」をただひたすら待望するだけの観想的で人畜無害な営みとはまったく異なることがわかるだろう。

「存在の消滅」

以上、ハイデガーの戦後の思索を概観した。この時期の彼の思索に特徴的なのは、「技術」や「もの」について論じるとき、「存在」や「存在者」という語をまったく使用しなくなっている点である。「現存在」という語ももはや見当たらない。本章で取り上げた「技術への問い」、「もの」、「造る、住まう、思索する」など、一九五〇年代の論文では、「存在」という語にまったく依拠することなく思索が表現されているのである（ただし本書では、この時代の彼の思索を説明するために、便宜的に「存在」という語を使用した場合もある）。

一九四六年末に書かれた「ヒューマニズムについての書簡」では、なお「存在」や「現存在」という話が当たり前に用いられている。したがってハイデガーが「存在」という語から距離を取るようになったのは、一九四〇年代終わりごろのことだと思われる。この時点で、「存在」という表現そのものが、人間の前に立てられた「対象」であるというニュアンスをどうしても切り離せないことを明瞭に意識するようになったのだろう。つまりその語を使用する限り、事物の対象化を本質とする形而上学的な思惟と差別化できないと考えるようになったのだ。

実際、ハイデガーは「ヒューマニズムについての書簡」の一九四九年版の注記では、「存在」はその言い方自体によって、絶対的なものを切り離して捉えることにつながると指摘している（GA9, 321, Anm. a)。そして同書簡には、「存在」を「形而上学の言葉」とする注記さえも見られる（GA9, 316, Anm. a）。

そもそも一九三〇年代後半に成立した『哲学への寄与論稿』において、「存在」を「性起」と言い換えた時点で、ハイデガーは「存在」という表現の限界に、すでにある程度は気づいていた。「性起」とは、第五章で論じたように、（一）「将来‐現在‐過去」という時間の拡がり、（二）またその時間の拡がりの生起によって現存在が捉えられ、そのことによって現存在が現存在となること、（三）「大地」、「世界」、「人間」、「神々」が相互に連関しあいながらひとつの全体を形作っていること、これらの三つの事態を包括して言い表そうとするものであった。このそれぞれが、「存在」の生起において成立している何らかの関係性を捉えたものである。これらの事態は、まず何か「事物的なもの」があり、それが事後的に関係に入るといった仕方では捉えることができない。関係性の成立と同時に、関係項も成立するような事態としてこれらは理解されるべきなのだ。

ところが「存在」という語は、どうしても何らかの実体的な対象を指し示しているかのように思わせてしまう。そのため、今述べたような「存在」の実質をなす関係性をまさに関係性そのものとして言い表すには適さないところがある。ハイデガーはこうしたことを認識して、「存在」という語の使用を差し控え、「もの」と「世界」の相互依存性を基軸とした語り口へと移行していくことになったのだ。

ハイデガーは「存在」が「人間」から切り離された対象ではないことを示すため、一九五五年にエルンスト・ユンガーの六〇歳記念論文集に寄稿された「存在の問いに向けて」(『道標　ハイデガー全集第九巻』所収)では、「存在」に抹消線を引いて、「~~存在~~」、"~~Sein~~"と表記しさえもしている。彼によると、この×印は「存在」が対象的なものではないことを示すとともに、「四方界」の四つの方域も指し示している(GA9, 410f.)。つまり「存在」が実体的なものではなく、関係性そのものであることをこの×印で表そうとしたのである。

このように、ハイデガーは「存在への問い」を突き詰めた結果、自分が語ろうとしていた事象は「存在」という語によっては示しえないことを明瞭に自覚することになった。「存在」はじつは「存在」ではなかったと言うのである(!)。ハイデガーはこの点について、一九六二年の講演「時間と存在」に付随して行われたゼミナールでは次のように述べている。「存在が性起として見て取られることによって、存在は存在としては消え去ってしまう」(GA14, 52)。

ハイデガーの「存在の思索」は、「性起」によって表現されるような関係性を、実体化することなくまさに関係性そのものとして捉えることをその当初から目指していた。こうした非実体化の思惟をどこまでも追求することが、そのときどきの表現の変更をもたらしていたのである。そしてその観点から、ハイデガーは最終的に「存在」という語さえも放棄したのであった。

ここで興味深いのは、ハイデガーの技術論や「もの」論では、この「存在」とともに、「現存在」という語も用いられなくなっていることだ。もともと現存在は「存在」の生起と異なる出来事を指すものではなかった。したがって「存在」とは別に「現存在」という用語を立てると、それはどうしても「存在」とは異なる存在者として捉えられてしまう。すでに見たように「性起」という語が、そもそも「存在」と現存在の生起を一括して表すものとして導入されたので、現存在も「性起」に包括され、「存在」と同様にそこへと解消されていくことになるのである。

現存在とは、人間の本質を「存在」が生起する場、すなわち「現」として捉えるものだった。つまり現存在は、もともとは人間の本質を規定するという人間学的な動機から生まれた概念なのであり、その意味で、人間中心主義の痕跡をまだ何ほどか残す概念であった。

それに対して、戦後の「もの」と「四方界」の関係性をめぐる思索においては、「人間」は「死すべき者」として、「大地」、「天空」、「神的なもの」とともに「四方界」を形作るものと位置づけられている。もちろんこの場合も、「死すべき者」なしには「四方界」もありえないのだが、同じことは「大地」、「天空」、「神的なもの」といった他の三つのものにも当てはまる。つまりここでは「人間」もまた「四方界」としての「世界」の一部であることが強調されて、かつてのような特権的な地位が相対化されているのである。

以上で見てきたように、「存在」の消滅は本質的に「現存在」の消滅をも伴うものだった。そしてこの「存在」と「現存在」の消滅は、ハイデガーがかつての自身の思索をなおも規定していた人間中心主義的な思考様式をここで完全に一掃したことを示している。

「諸々の道であって、諸々の作品ではない」

本書では、ハイデガーの思索を時代ごとの表現様式の違いに応じて、前期、中期、後期に区分して考察してきた。しかし詳しく見ると、彼の思索の言葉はそれぞれの時期区分のうちにおいても刻一刻と変化し続けている。そして今も述べたように、たとえば後期においても、一九四〇年代終わりに「存在」や「現存在」という語の使用を断念するという大きな変化が見られるのである。

ハイデガーの思索はこのように、そのつど適切な表現を求めて、つねにその語り口を変化させていった。そしてまさにこのことが、彼が自身の思索を「作品」という完結した形で提示することを阻んだ最大の要因であった。こうした事態は『存在と時間』の執筆中、何度も書き換えが行われ、最終的には同書が未完に終わったことのうちにすでに示されていた。彼の仕事は、「存在」という事象を適切に語ろうとしてついには「存在」の消滅にまで至る、試行錯誤の軌跡でしかない。こうした思惟の反復的な努力が、やがてそれに適した表現様式として、「黒いノート」や『哲学への寄与論稿』に典型的に見られる断片的な覚書という形式を取るようになったのだ。

「ハイデガー全集第一巻の冒頭に掲げられた「諸々の道であって、諸々の作品ではない」というモットーは、まさにこのような彼の思索の特質を端的に示しているのである。

エピローグ

ヘーベルとの対話

一九五〇年代に入ると、ハイデガーはアレマン地方出身の詩人ヨハン・ペーター・ヘーベル（一七六〇―一八二六）についての講演を繰り返し行うようになってゆく。アレマン地方はドイツ南西部からスイスのバーゼルあたりまでの地域を包括し、ハイデガーが自宅をもっていたフライブルク、彼の山荘があったシュヴァルツヴァルト、生地のメスキルヒも含んでいる。要するにアレマン地方とは彼の故郷であり、ヘーベルは彼にとって故郷の詩人である。

ヘーベルの代表作はアレマン地方の方言、すなわちアレマン語で書かれた『アレマン語詩集』である。ハイデガーはヘーベルを取り上げた講演で、この詩集に収録されたアレマン語の詩の数々を紹介し、その解釈を展開している。アレマン語はドイツ語の方言だが、ドイツ標準語とはかなり形が異なっている（たとえば"ich"が"i"となったり、"ist"が"isch"となったりする）。そのためアレマン語の辞書が存在し、またヘーベルの『アレマン語詩集』にもドイツ語の対訳版が出ている。私のようにドイツ語を母語としない者は、それらを参照してようやく理解できるといった感じである（私が南ドイツのバイエルン州ミュンヘンに滞在中、ドイツ語を教わっていた齢《よわい》七十代のご婦人は、アレマン方言はバイエルン方言に似たところもあるので、ヘーベルの詩もおおよそは理解できるとのことだった）。

ヘーベルの『アレマン語詩集』は日本語にも翻訳されているので、興味のある方はそちらを参照していただきたい（ヨーハン・ペーター・ヘーベル『アレマン方言詩集』余川文彦訳、朝日出版社、一九六二年）。彼の詩は、アレマン地方の自然やその中での農夫や庶民の生を愛情に満ちたまなざしで描き出す。そうした一見すると素朴で牧歌的な描写のうちに、人生についての深い知恵が示されているのがその詩の魅力である。

ハイデガーが第二次世界大戦後、ヘーベルという郷土の詩人に積極的に言及するようになったことは、ある意味、象徴的である。本書でも繰り返し指摘したとおり、彼の「存在への問い」は元来、「フォルク共同体」を基礎づけるという狙いをもっていた。こうした彼の思想の政治的含意は、一九三三年の学長就任とともに前面に押し出されることになった。その際、そこではドイツの「フォルク」が「存在」に基づく共同体と定義されていた。

もともとこのような「ドイツのフォルク」の規定も、「ドイツ」や「フォルク」という語を近代的ナショナリズムの「主体」とは異なるものとして再定義する試みであった。しかし彼の学長職が失敗に終わり、その後、ドイツ国家が際限ない自己膨張を目指す「主体」

として戦争へと突き進んでいく中で、ハイデガーは「ドイツ」や「フォルク」という語は現存在のローカルなあり方を示すにはあまりに括括的にすぎ、近代ナショナリズムの「主体」と混同されることは避けられないと考えるようになっていった。彼が戦後になって、アレマン地方やアレマン語というより地域的なものを強調するようになったのは、自身が目指しているものがナショナリズム的な「主体」とは異なることを明確に示そうとしてのことだろう。

「目立たぬもの」の語りかけ

ハイデガーのヘーベルについての講演のなかでも、一九五四年九月に自宅のあるフライブルクのツェーリンゲンで行われた講演は、ヘーベルの全体像を俯瞰《ふかん》する、とりわけ充実した内容をもっている。その長い講演の末尾で、ハイデガーはヘーベルの詩のうちに示された彼の「根本気分」に触れている。ハイデガーはその「根本気分」を次のように描写する。

「ヘーベルの本質には憂鬱と同じ重みをもって、茶目っ気のある明朗さが属しています。しかしこの両者は均衡を保っており、またそれらは目立たぬものからこの詩人に語りかけてくるものに対する喜びに満ちた信頼によって、くまなく照らし出されています」（GA16,

514f.)

「憂鬱と明朗さ」という一見すると矛盾するものが、ヘーベルの根本気分においては均衡を保ちつつ両立している。そしてその両者は「目立たぬもの」の語りかけに対する信頼に基づいていると言うのである。

この「目立たぬもの」は、ハイデガーがかつて「存在」として主題化していた事象を指している。つまり右の引用では、まさに「存在」を担う根本気分が問題にされているのである（前章の最後で指摘したように、一九五〇年代に入ると、彼は「存在」という語の使用を差し控えるので、ここではその代わりに「目立たぬもの」という表現を用いているのである）。

ハイデガーはここで、こうしたヘーベルの根本気分を示した詩として「なぐさめ」と題された未発表の数行の詩作品を引用する。

あるとき私は考える、なんともいやなご時世、と、
それどころか、世の終わりもそう遠くない、と。
またあるとき私はこうも考える、なるようになる、
行くところまで行けば、また事は変わるだろう、と。
だが、ぶらりと出歩いて

歌や鳥のさえずりが聞こえてくると、
こんな声を聞いているように思えてならぬ、
「満足なさい。実際、それほど悪いわけでもないのだから。」

「飄逸さ」

ここに示されているような「目立たぬもの」への信頼に基づいた「憂鬱と明朗さ」という根本気分については、この講演以外でも何度か言及されている。その際、ハイデガーはシュヴァーベン地方特有の方言 "kuinzig" を引き合いに出し、この根本気分は、まさにこの語によって意味されていると言う（シュヴァーベン語はアレマン語に属するとされる。ハイデガーの生地のメスキルヒは、シュヴァーベン語が話される地域に属している）。

このドイツ語辞典にも見当たらない "kuinzig" という語は一九四九年に公刊された小さなエッセイ「野の道」（『思索の経験から　ハイデガー全集第一三巻』所収）ではじめて言及されている。そしてそこでは「しばしば憂鬱そうな相貌をもった、知を備えた明朗さ」と規定されている（GA13, 90）。これが先ほど、「憂鬱と明朗さ」からなるヘーベルの根本気分として述べられていたものと同じものを指しているのは明らかだろう。

この見慣れない語に対するある読者からの質問に返答する手紙（一九五四年四月一五日付）で、ハイデガーは"kuinzig"について次のように説明している。この語の意味はおおよそ、ソクラテスのアイロニーに近いものを指している。つまり「つねにもったいぶったすべてのありきたりで普通のものに対する、明朗で－憂鬱な優越意識がこの語において意味されている」。しかし「この優越意識は何の傲慢《ごうまん》さも、また悪意のあるあざけりの類も含んではいない」（GA16, 487）。

ハイデガーはこの手紙で"kuinzig"の語源は不明だとも述べている。しかし『シュヴァーベン方言辞典』を参照すると、この語は「役に立たない」、「無能である」といったことを意味する"kein-nützig"の項に、その地域的な異形として示されている。この"kein-nützig"は、人間について語られるとき、道徳的な非難として「劣悪である」といった意味で用いられる。しかしそれとは別に、その語には道徳的に中立的な用法もあって、その場合は「おどけた」とか「からかい好きな」とか「悪ふざけの」といったことを意味するとされている（Hermann Fischer, *Schwäbisches Wörterbuch*, Bd. 4, Tübingen, 1914, S. 314ff.）。ハイデガーが"kuinzig"について語るときは、この後者の用法を念頭に置いている。日本語ではとりあえず「飄逸な」と訳しておくことにしよう。

「飄逸さ（das Kuinzige）」についてのハイデガーの説明に戻ると、先ほどの手紙で、彼はこの語についてさらに次のように説明している。その語には「人間や諸事物に対する郷土愛に満ちた好意や、これらに対する真の心遣いが含まれている」が、また「それはそうとは意識せず、見通しがたいもののうちにとどまり続けることを意図しており、またこれは容易に底意地の悪さと誤解されかねないものでもある」(GA16, 487)。

ここで言及されている「見通しがたいもの」は、ヘーベルの詩の解釈において「目立たぬもの」と呼ばれていたものを指すのだろう。同じ手紙の続きの部分を見ると、「飄逸さ」は「本質的なものに対する思慮深さ」と規定されている。そしてこの「思慮深さ」は、「目立たぬもののうちで現れ、あらゆるもののうちにある対立をより高次の統一へと止揚する」と説明され、ここでも「目立たぬもの」が言及されている。すなわち「飄逸さ」とは、「目立たぬもの」を担い、そのうちに含まれる「対立」を耐え抜くという根本気分を指しているのである。

「野の道」の語りかけ

小論「野の道」において、この「飄逸さ」が「知を備えた明朗さ」や「思慮深さ」と特徴づけられていることにも示されているように、ハイデガーはそれをある種の「知」と捉えている。彼によると、こうした「知」は「野の道」から得られるものである。

ここで言う「野の道」とは、ハイデガーの故郷メスキルヒの城館の庭園に発し、郊外の畑のあいだを通る道のことである。私も実際に歩いたことがあるが、夏には私の背丈を越えるトウモロコシが道の両側に生い茂るだけの、何の変哲もない道であった。小冊子版の「野の道」に収録されたかつての写真を見ると、その道は城館の庭園を出てからしばらくは放牧場のあいだを通っているが、今ではその地帯は開発が進み、沿道には住宅とハイデガーの名前を冠したギムナジウムが建っている。

ハイデガーはこの「野の道の語りかけてくること」に耳を傾けることを求めている。そうだとすると、この「野の道」はどのようなことを語りかけ、それを聞き届けることはどのような「知」をもたらすのだろうか。ハイデガーの語るところを見てみよう。「この小道において冬の嵐と実りの日が出会い、春のそわそわした活動と秋の落ち着いた死が遭遇し、子どもの遊びと老人の知恵がお互いに見つめ合う。しかしあるたった一つの調和において、すべては浄化されている。この調和の響きを、野の道は黙しつつあちこちで担っているのである」(GA13, 90)。

冬の嵐と夏の実り、春の息吹と秋の死、子どもの遊びと老人の知恵、これらが対立しながらも、お互いがお互いにとって欠くべからざるものとして、高次の調和を形作っている。冬の休息があるから、夏の実りがある。また春の誕生は秋の死を必然とする。両者は対立しているようで、じつはそのあいだには調和が存在する。こうした「調和」が「野の道」においては目立たぬ形で生起している、こうハイデガーは言うのである。

われわれはえてして、今、目の前に現れているものだけに目を奪われ、それを何とか避けようとしたり、逆にそれに固執したりする。しかし今、眼前にあるものは、じつはその反対のものと隠された調和を形作っている。われわれはこの「調和」を認識することで、目の前のものに心を奪われ、それを意のままにしようとする意志から解放される。そして物事はすべてなるようになるのだという達観の境地に至る。

「隠された調和」はわれわれの生を制約するものとして、ときにわれわれには重荷と感じられることもある。「目立たぬもの」としての「調和」を担う根本気分のうちに、「憂鬱」が含まれているのもこのことに起因する。しかしそこには同時に、おのれの運命を明《あき》らめることとしての落ち着いた「明朗さ」も含まれている。このようにして、「目立たぬもの」を担う根本気分は「憂鬱と明朗さ」の調和的統一と規定されるのである。

この「憂鬱でもある明朗さ」という根本気分は、「飄逸さ」を説明する手紙では、「つねにもったいぶったすべてのありきたりで普通のもの」に対する優越意識を含むと述べられていた。この「ありきたりで普通のもの」とは、「調和」を度外視して、目の前に現れたものをそれだけ切り離して捉える日常的な態度を指している。こうした「調和」に根を下ろした立場からすると、そのような態度は無意味で滑稽なものにしか見えないだろう。こうした日常の硬直性に対する批判的で、またアイロニカルな態度が、「飄逸さ」における「優越意識」が意味するところなのである。

「目立たぬもの」に立脚して、「ありきたりで普通のもの」を皮肉交じりの目で眺めるというこの態度は、そうした「ありきたりで普通のもの」を人生の重大事と見なす人びとからは、自分をあざけるもののように映るだろう。ハイデガーが指摘するように、「飄逸さ」がある種の「底意地の悪さ」と誤解されるのも、まさにこの点に由来する。

実際、ナチス加担の一件や、その後の明確な謝罪の拒否といったこともあり、ハイデガーほど人格的な欠陥を非難された哲学者はいないだろう。彼の哲学を研究する者でさえ、その人柄には感心できないという人が大半である。彼は自分に対するこうした評価を十分に承知したうえで、それを「飄逸さ」という根本姿勢に由来する宿命だと達観していたのである。

ハイデガーは、「飄逸さ」というシュヴァーベン地方の限られた地域でしか用いられない言葉に示された知的態度のうちに、「世界」に対する範例的な関わり方を見て取った。彼が終生追い求めていた「知」は、「野の道」が担う「調和」のような、このうえなくローカルなものを捉えようとするものであった。

ここでは「普遍的なもの」を捉える理性によって規定された「人間」に対して、徹頭徹尾、ローカルで「地域的なもの」によって規定された「人間」のあり方が対置されている。ハイデガーがかつて「フォルク」という言葉で捉えようとしたもの、またある時期、フライブルク大学の学長として追求していたものも、こうした「人間」のあり方だったのだ。

この「飄逸さ」において開示されている「調和」は、世の役に立つ華々しい学問的成果などとはまったく無縁の、地味で目立たないものにすぎない。ハイデガーが自身の思索において「存在」として問い求めていたのは、まさしくこの貧しくもあり、しかし豊かでもあるような「隠された調和」であったのだ。

読書案内――「存在への問い」を理解するために

ハイデガーの『存在と時間』については、**拙著『ハイデガー「存在と時間」入門』（講談社現代新書、二〇一七年）**を参照していただきたい。本書でも『存在と時間』の概要は示したが、前著は『存在と時間』のみを取り上げているので、当然、個々の点に関する記述はより立ち入ったものになっている。本書でまず『存在と時間』の議論の骨子と、ハイデガーの思索全体における同書の位置づけを把握したあとで、『ハイデガー「存在と時間」入門』をお読みいただければ、『存在と時間』について大体の見取り図を得ることができるはずである。ただし本書における『存在と時間』の概説は、単なる前著の簡略版というわけではない。前著とは切り口が異なる点がかなりあるし、また前著よりも私自身の理解が深まっている部分もあるので、両方を読みあわせることで、『存在と時間』をより多角的に、またより深く捉えることができるはずである。

本書では、ハイデガー－ナチズム問題について詳しく取り上げたが、この問題に関心をおもちの方は、**拙著『ハイデガーの超－政治　ナチズムとの対決／存在・技術・国家への問い』（明石書店、二〇二〇年）**を手に取っていただければと思う。じつはこの問題についても、前著よりも本書のほうがうまく論じられている点がいくつかある。ただし前著はハイデガー－ナチズム問題を専門的に扱った著作のため、本書よりも多くの資料を引証し、歴史的事実をより具体的、かつ包括的に取り上げているので、本書とは異なる独自の意味をもちうるだろう。

拙著『存在と共同 ハイデガー哲学の構造と展開』（法政大学出版局、二〇〇七年）は博士論文をもとにした研究書で、ハイデガーの「存在への問い」の理解という点では、まだ未熟な点も多い。しかし、ハイデガー哲学の主要な論点を網羅しつつ、可能な限り彼のテクストを直接引用するというスタイルで叙述しており、主要語についての索引も付している。したがって、本書で取り上げたハイデガー哲学の重要な主題について、彼がどこでどのようなことを述べているのかを調べる「インデックス」として役に立つだろう。

「インデックス」という意味では、日本のハイデガー研究者が総力を結集して刊行した、**ハイデガー・フォーラム編『ハイデガー事典』（昭和堂、二〇二一年）**も挙げておきたい。本事典はハイデガー哲学の主要概念のみならず、伝記的事実や彼と関係のあった人物などについて、とりあえずの情報を得るためにすこぶる便利である。

ハイデガーの伝記としては、**リュディガー・ザフランスキー『ハイデガー ドイツの生んだ巨匠とその時代』（山本尤訳、法政大学出版局、一九九六年）**、**フーゴ・オット『マルティン・ハイデガー 伝記への途上で』（北川東子、藤澤賢一郎、忽那敬三訳、未来社、一九九五年）**を挙げておく。ザフランスキーはショーペンハウアーやニーチェの伝記も著した伝記作家であり、ハイデガーの生涯も手慣れた筆致で描き出している。ハイデガーの思想が根本において理解できているわけではないが、ナチス加担問題については比較的バランスの取れた判断を示している。これに対して、歴史学者オットの著作はハイデガーをただひたすらナチだと断罪し、どこまでも悪意に満ちた矮小な人物として描き出している。伝記の対象となる人物の思想に対する無理解が、どれほどまで「歴史的事実」の解釈を歪めてしまうかの好例となっている。しかしオットは歴史学者として、公文書館に収蔵されている一次資料を幅広く渉猟しているため、その情報的価値という点で本書が独自の意義をもつことは否定できない。

以上では、事典と伝記を除いては拙著しか挙げなかったが、あくまでハイデガーの「存在への問い」という根本問題を理解するために役立つかどうかという観点に従った結果、そのようになったことをご了承願いたい。そもそもハイデガーを研究するという営みが、ハイデガーの哲学を既知のものに引き付けて理解するという姿勢で行われているため、既存の研究書や概説書においては、どうしてもハイデガー固有の問題が覆い隠されてしまっているのだ。

さて、本書や右に挙げた書物などを手引きとして、ハイデガーの「存在への問い」の輪郭がおおよそつかめたと思えば、あとは自分自身でハイデガーの著作に直接当たって、自分の解釈でハイデガーのテクストがうまく理解できるかどうか試していただきたい。最初は何を言っているかわからず、たわごとのようにしか見えないところでも、何度もチャレンジすれば、なるほどそういうことを言っていたのか、とやがて腑《ふ》に落ちることもあるだろう。

やはり最初は『存在と時間』から読もうと思う人が多いかもしれない。しかし本書でも強調したように、『存在と時間』にこだわりすぎると、かえってハイデガーの「存在への問い」の全体像が見えにくくなるという弊害のほうが大きい。したがって、本書を読まれた方はむしろ、中期以降の著作に直接、取り組んでいただいたほうがよいだろう。

書物の入手しやすさと読みやすさという双方の観点から薦められるのは、**『形而上学入門』（川原栄峰訳、平凡社ライブラリー、一九九四年）**、**『ニーチェⅠ 美と永遠回帰』（細谷貞雄、杉田泰一、輪田稔訳、平凡社ライブラリー、一九九七年）**、**『ニーチェⅡ ヨーロッパのニヒリズム』（細谷貞雄、加藤登之男、船橋弘訳、平凡社ライブラリー、一九九七年）**あたりだろうか。これらは一九三〇年代半ば以降の講義をもとにしたものなので、比較的読みやすいだろう。これらの講義では、ナチズムに対する批判がそこかしこに顔をのぞかせており、当時の彼の政治的スタンスを知るうえでも重要な著作である。なお『形而上学入門』には、戦後の「シュピーゲル対談」も収録されている。ここにはハイデガーのナチス加担に対する「弁明」とともに戦後社会に対する厳しい評価が示されているので、こちらもハイデガー哲学の政治的含意を捉えるためには欠かせない資料である。

『芸術作品の根源』（関口浩訳、平凡社ライブラリー、二〇〇八年）、**『技術への問い』（関口浩訳、**

平凡社ライブラリー、二〇一三年）、**『技術とは何だろうか　三つの講演』（森一郎編訳、講談社学術文庫、二〇一九年）**も、言わずと知れた重要な論文である（後二者はどちらも論文「技術への問い」を収録しているが、それ以外はそれぞれ別の論文を採録している。『技術とは何だろうか』には、本書でも取り上げた論文「もの」や「建てること、住まうこと、考えること」が収録されている）。これらの論文は主題が具体的なために取っつきやすそうな印象を与えるが、その議論はかなり屈折しており、厳密に理解しようとするとじつは結構、むずかしいところがある。しかしどのみち最初からすべてが理解できるものでもないし、興味のあるものに挑戦してみて、そのつど読み取れるものを読み取ればよい。大切なことは、適当なところでわかったことにしてしまわないことだ。わからないという状態にどれだけ耐えられるかが、ハイデガーの思想の理解にとってもっとも重要な点である。

これら以外には、ハイデガーの代表的な論文を収めた以下の論文集、**『杣径　ハイデッガー全集第五巻』（茅野良男、ハンス・ブロッカルト訳、東京大学出版会、二〇二一年）**、**『道標　ハイデッガー全集第九巻』（辻村公一、ハルトムート・ブフナー訳、東京大学出版会、二〇二一年）**などから、興味ある論文を適宜、読んでいけばよいだろう。前者の『杣径』には、右でも挙げた「芸術作品の根源」のほか、「世界像の時代」、「アナクシマンドロスの箴言」、「何のための詩人か」などといった中期以降の重要論文が収録されている。後者の『道標』には、初期から後期に至るまでの論文が収録されており、「根拠の本質について」、「形而上学とは何か」、「真理の本質について」、「ヒューマニズムについての書簡」、「存在の問いに向けて」などの主要論文もここに含まれている。

本書でも指摘したように、ハイデガーは自身の思索を「作品」として表現することとは相いれないものと捉えていた。そしてこのような彼の思索の性格が、後期になると、それに適した表現様式として断片的な覚書という形を見出した。そうした後期の覚書を収録した全集版のうち、現在、日本語に訳されているのは、**『哲学への寄与論稿　性起から（性起について）　ハイデッガー全集第六五巻』（大橋良介、秋富克哉、ハルトムート・ブフナー訳、東京大学出版会、二〇〇五年）**である。こうした覚書集となると、もはや最初からすべてを読みとおす必要はない。読者は自分が読みたいところをただ読めばよいだけだ。

以上の「読書案内」では、あたかも読書にしかるべき順序があるかのように語ってきた。しかし結論としては、右に挙げた著作に限らず、ハイデガーのどのテクストでも、読みたいと思ったものを読みたいところから読めばよいのである。ハイデガーはどこにおいても、ただひたすら「存在」のみをさまざまな観点から試行的に語っているにすぎない。こうした彼の思索にふさわしい態度とは、彼のテクストをどこからでもよいので、それを「存在」の語りとして、とにかく繰り返し粘り強く読むことでしかない。そのためには、先ほども述べたように、彼の思想を既知のものに還元して安易にわかったことにせず、むしろわからない状態にどこまでも耐え抜くという姿勢が必要となる。

まさにこうした姿勢こそ、「存在」という「秘密」につねに開かれたあり方として、ハイデガーが「ものへの放下」と呼んだ態度にほかならない。ハイデガーのテクストを読むことも、「ものへの放下」の実践そのものなのである。

あとがき

講談社現代新書編集部の山崎比呂志さんに、本書の構想について最初にお話ししたのは二〇一八年七月であった。当初は、前著『ハイデガー「存在と時間」入門』の続編として「ハイデガーの後期哲学」を取り上げた入門書を書きたいと考えていた。本書でも述べたように、『存在と時間』の入門書はやたらと多いが、それ以降の哲学を概観した入門書がほとんど存在しなかったからである。前著でも示したように、『存在と時間』では「存在の意味」は解明されず、その課題はあとにもちこされたため、『存在と時間』の意義を完全に理解するためには、ハイデガーのその後の思索をたどることが不可欠だということもあった。

さらにその書物で、世間一般の関心も高い（と当時は想定していた）「ハイデガー－ナチズム問題」についても取り上げれば、それまでハイデガー自身の証言に即して、偏りのない立場からこの問題を包括的に論じた書物はまったくなかったので、その点でも意義あるものになるのではないかと考えたのである。

とりあえず二ヵ月弱で原稿を書き上げ、山崎さんに見てもらったところ、後期の思索だけでなく、『存在と時間』の思想も含めて、『ハイデガーの哲学』という題名でハイデガーの哲学全体を扱った書物を執筆することを提案された。この作業には少し時間がかかりそうだったので、すでに仕上げた原稿を「ハイデガー‐ナチズム問題」、さらには彼の哲学の政治的含意を論じることに力点を置いた形で書き直して、そちらを先に刊行することにした。この仕事には、二〇一九年四月からドイツのミュンヘンに研究滞在しているあいだに集中的に取り組んで、二〇二〇年二月に『ハイデガーの超‐政治　ナチズムとの対決／存在・技術・国家への問い』を明石書店から刊行することができた。

その後、ドイツ滞在中に例のコロナ禍に見舞われたが、二〇二〇年五月に当初の予定どおりドイツから帰国した。帰国後の夏に『ハイデガーの哲学』の執筆に取りかかり、今にしてみると、なぜそれほど時間がかかったのか思い出せないが、二〇二一年六月末にようやく山崎さんに原稿を送ることができた。

その数ヵ月後に、前著『ハイデガー「存在と時間」入門』のときほどではないものの、例のごとく、たくさんのコメントが書き込まれた原稿が戻ってきた。それに従って改稿作業を行い、修正した原稿をふたたび送付したのが二〇二二年八月初頭のことである。一〇月終わりに、その原稿がふたたびコメントを付されて戻ってきた。その後、それに基づいて修正する作業を始め、冬休みを経て年明けになって、ようやく原稿が完成した。本書の企画から、すでに四年半が過ぎていた。

以上のような執筆の経緯から、ハイデガーの中期以降の思想を取り扱った本書の第三章以降の内容は、前著『ハイデガーの超 - 政治』と重なる部分が多い。ただ「ハイデガー - ナチズム問題」についてのモノグラフだった前著とは異なり、本書は入門書なので、その問題を取り上げた部分は前著より簡略化されている。しかし逆に、前著の刊行から三年近く経ち、とりわけハイデガーの思索と当時の教育改革論議との関連についての洞察がかなり深まったので、本書は「ハイデガー - ナチズム論」という観点からも前著とは異なる独自性をもつものとなった。

ハイデガーのナチス加担問題については、これまではまったく根拠のない批判や中傷が野放しになっていたが、本書の刊行をきっかけとして、資料的な根拠に基づいた実りある議論が行われるようになることを望みたい。

なお後期の「存在の思索」を論じた第五章は、完全な書下ろしで、難解と言われる後期思想を、その内容を歪めることなく、なるべくわかりやすく解説することを試みたものである。ハイデガーの「後期の思索」は、わけのわからない不明瞭な言説として、これまでまともに取り上げられることは少なかったが、本書によってそうした長年の誤解を払拭できれば幸いである。

ハイデガーの「存在への問い」の概要を示した第一章は、『ハイデガー「存在と時間」入門』や『ハイデガーの超-政治』で論じた内容と重なるところもあるが、真理論や「フォルク」との関係についての説明など、前著よりもより踏み込んで論じている部分もある。『存在と時間』を取り上げた第二章についても、ハイデガーの学生時代以来の神学的な問題関心との関係に触れた箇所は、本書独自のものである。また現存在分析の解説も主題によっては、前著よりもうまく説明できたと思う部分が多々ある。

『ハイデガー「存在と時間」入門』を執筆したときと同様、山崎さんの疑問や要望に何とか応えようとする努力の中で、議論を充実させたり、明確化したりすることができ、ときには新しいアイディアが思い浮かぶこともあった。毎回、丁寧に原稿を読んでいただき、詳細かつ的を射たコメントをしてくださった山崎さんには心より感謝したい。

なおアレマン語については、ミュンヘン滞在中、私がずっとドイツ語を習っていたエリーザベート・フロイトリンクさんにいろいろご教示いただいた。また彼女を介して、エアランゲン大学のセバスチャン・キュルスナー教授から、『シュヴァーベン語辞典』の"kuinzig"の語義が記された箇所を送っていただき、本書でも参照した。お二方に心からの感謝を申し上げたい。

本書では第七章で、ハイデガーとパウル・ツェラーンの関係について論じているが、最初の原稿ではその点に関してはまったく触れていなかった（というか、あまり触れたくなかったというのが事実だが）。最後の改稿の前に、山崎さんにその点についても触れるようリクエストを受けたので、当初は通り一遍のことを書いてお茶を濁していた。その後、二〇二三年三月に日本学術振興会（ＪＳＰＳ）科研費JP21k00023の助成を受けて、ドイツのミュンヘンに資料収集のための出張を行った。ちょうど出張の直前に初校ゲラが出てきたので、ミュンヘンではバイエルン州立図書館で毎日、校正作業を行った。校正がハイデガーとツェラーンについて論じた箇所まで進んだとき、もう一度、両者の関係について調べてみることにした。

芋づる式に資料をたどっているうちに、これまでのイメージを覆すような事実がいろいろ明らかになった。そのため、その箇所は大幅に書き加えることになった。この作業にだいたい一〇日ほどかかっただろうか。この件についてここまで素早く全体像を把握することとは、ドイツ語の文献がすぐに閲覧できる環境がなければ不可能であった。バイエルン州立図書館、またそこへの出張を可能にしてくれた科研費の助成にお礼申し上げる。

究極的には、本書の執筆は在外研究も含めて、勤務先の防衛大学校が自由な研究環境を与えてくれることによって可能となったものである。その意味で、本書はまぎれもなくわが国の防衛経費の成果物である。このことを心からの感謝とともにここに付記しておきたい。

二〇二三年三月三〇日

轟　孝夫

講談社現代新書　2711

ハイデガーの哲学《てつがく》　『存在《そんざい》と時間《じかん》』から後期《こうき》の思索《しさく》まで

二〇二三年六月二〇日第一刷発行

著者　轟《とどろき》 孝夫《たかお》

発行者　鈴木章一
発行所　株式会社講談社
東京都文京区音羽二丁目一二—二一　郵便番号一一二—八〇〇一
電話　〇三—五三九五—三五二一　編集（現代新書）
〇三—五三九五—四四一五　販売
〇三—五三九五—三六一五　業務
装幀者　中島英樹／中島デザイン
印刷所　株式会社新藤慶昌堂
製本所　株式会社国宝社
定価はカバーに表示してあります　Printed in Japan

N.D.C. 210.6　502p　18cm
ISBN978-4-06-532130-0

「講談社現代新書」の刊行にあたって

教養は万人が身をもって養い創造すべきものであって、一部の専門家の占有物として、ただ一方的に人々の手もとに配布され伝達されうるものではありません。

しかし、不幸にしてわが国の現状では、教養の重要な養いとなるべき書物は、ほとんど講壇からの天下りや単なる解説に終始し、知識技術を真剣に希求する青少年・学生・一般民衆の根本的な疑問や興味は、けっして十分に答えられ、解きほぐされ、手引きされることがありません。万人の内奥から発した真正の教養への芽ばえが、こうして放置され、むなしく滅びさる運命にゆだねられているのです。

このことは、中・高校だけで教育をおわる人々の成長をはばんでいるだけでなく、大学に進んだり、インテリと目されたりする人々の精神力の健康さえもむしばみ、わが国の文化の実質をまことに脆弱なものにしています。単なる博識以上の根強い思索力・判断力、および確かな技術にささえられた教養を必要とする日本の将来にとって、これは真剣に憂慮されなければならない事態であるといわなければなりません。

わたしたちの「講談社現代新書」は、この事態の克服を意図して計画されたものです。これによってわたしたちは、講壇からの天下りでもなく、単なる解説書でもない、もっぱら万人の魂に生ずる初発的かつ根本的な問題をとらえ、掘り起こし、手引きし、しかも最新の知識への展望を万人に確立させる書物を、新しく世の中に送り出したいと念願しています。

わたしたちは、創業以来民衆を対象とする啓蒙の仕事に専心してきた講談社にとって、これこそもっともふさわしい課題であり、伝統ある出版社としての義務でもあると考えているのです。

一九六四年四月　野間省一